JN093922

オールカラー よくわかる 最新

都市交通の基本と仕組み

これからの新しい鉄道や公共交通

秋山芳弘　監修
阿佐見俊介　磯部栄介　上野元嗣　川端剛弘　左近嘉正
田中圭介　山内康弘　鷲田鉄也　著

秀和システム

本書で使用している写真は、特記のない限り、著者による安全な場所からの撮影です。

はじめに

都市交通システムを中心とするまちづくりの技術的入門書

世界中にある環境問題・差別・貧困・人権問題などの課題を2030年までに解決することを目標とするSDGs（Sustainable Development Goals：持続可能な開発目標）は、2015年の国連サミットにおいて全ての加盟国が合意し、各国で各種の政策が実施されています。

17の目標のうち都市交通とまちづくりに関係するのは、主に次の3つが挙げられます。

- 目標9：産業と技術革新の基盤を作ろう
- 目標11：住み続けられるまちづくりを
- 目標13：気候変動に具体的な対策を

つまり、都市交通システムを有効かつ有機的に整備・活用して、住みやすく移動効率の高い都市を形成するとともに温室効果ガスの排出を抑制することを目標とした政策が実施されています。

すでに発展している都市では、より効率的な都市交通網を形成したり、交通システムを利用しやすい方策がとられています。また開発途上国の大都市では自動車渋滞を削減するために都市鉄道の建設や交通規制策が実施されています。

最近では、自動車に依存しない公共交通指向型の都市開発（TOD：Transit-Oriented Development）とか、複数の交通手段を情報通信技術（ICT：Information and Communication Technology）を活用して、ひとつのサービスに統合する仕組みMaaS（Mobility as a Service）という概念も注目されています。

本書では、軌道系都市交通システムの特長、各種都市交通システムの概要と実際の導入事例、日本を含めた世界各地のTODとMaaSの事例、都市交通関連の最新技術、交通システムの整備が進んでいる先進都市の紹介など、都市交通を取り巻く基本的な技術を解説し紹介しています。

なお、本書は「都市交通の基本と仕組み」、つまり都市交通に関して広く浅く紹介している本であり、専門的に詳しい内容は含んでいません。さらに詳しく知りたいかたは、この本をきっかけにして専門書を参考にしていただくことをお勧めします。本書が、都市交通システムや町づくりの入門書として、また趣味書として多くの方々に活用されることを願っています。

2023年2月

執筆者代表　秋山芳弘

よくわかる
最新都市交通の基本と仕組み

CONTENTS

第3章 リニアメトロ

第4章 モノレール

第5章 AGT

第6章 路面電車・LRT

第7章 BRT

第8章　特殊な都市交通システム

第9章　TOD

第10章 MaaS

第11章 都市交通システムとまちづくりを結ぶ要素技術

第12章 海外の先進的な都市交通の事例紹介

第13章 新技術

第1章

都市交通システムの基本

都市交通のあり方を考えるうえでまず基本となるのは、都市交通を担う公共交通機関にはどんなものがあるのか、そしてそれらをどういう観点からどう組み合わせていくのが最適かを考えることです。これは、行政と事業者が協力し、まちづくりや都市計画と一体で進める必要があります。

1-1 さまざまな都市交通の種類

都市における交通機関には、地上を走る鉄道や地下鉄などの都市高速鉄道だけでなく、モノレール、AGT、LRT、BRT、路線バスなどのさまざまな交通システムが混在しています。利用者は用途、所要時間、費用、快適性といった自身の求める条件に照らして最適と考える選択をします。

都市高速鉄道

定時性、大量輸送特性、速達性を兼ね備えている鉄道は、都市交通の中核としての機能があります。構築物として設置された走行路を外れて運行することはできませんが、少ない要員で多くの利用者を運ぶことができます。スケジュール通りの運行も得意とするところです。道路交通との平面交差を避けるため、線路を高架にしたり、地下を走るようにすることで、都市部での踏切数はかなり少なくなりました。

地下鉄、リニアメトロ

新たな用地確保が困難な都市中心部では、多くの輸送需要に対応するため、当初より主に道路下を利用してトンネルを作り、そこに線路を敷設する地下鉄が作られるようになりました。新規の路線は既存の路線の下のさらに深い位置を通るので、新線の建設費は後になるほど高騰します。その対策として、リニアモーターの採用で車両が小型化した地下鉄がリニアメトロです。トンネルの断面を小さくすることで建設費の抑制に寄与しています。

都市高速鉄道

▲西武池袋線と東急東横線の直通運転

地下鉄、リニアメトロ

▲仙台市営地下鉄東西線（リニアメトロ）

バス

ルートと本数の調整できめ細かな輸送需要に対応する路線バスと、高速道路を利用して都市間交通を担う高速バスに大別できます。運行台数の増減で波動輸送ができるので他の交通機関の隙間を補完する役割があります。反面、大量輸送には不向きであり、また一般の自動車やトラックなどと同じ道路上を走るため交通渋滞の影響を受けやすく、定時性には劣ります。

路面電車、LRT

路面電車は車と同じ道路上を走ることから、経済成長で交通量が増加する時代にそぐわず廃止が相次ぎ、衰退していきましたが、環境に優しく乗り降りしやすい点などが見直され、低床式車両など最新の技術を活かしたLRT(Light Rail Transit)として都市交通の新たな担い手となる期待が高まっています。都市高速鉄道やリニアメトロに比べ輸送力は劣りますが、街路を利用して駅などを建設できることから、建設コストを抑えることができます。小・中量輸送機関に分類されます。

バス

▲東武バスセントラル

路面電車、LRT

▲東京都交通局さくらトラム（荒川線）

モノレール

道路上の空間を利用して建設するため、用地確保が容易です。急勾配や急曲線に強く、ゴムタイヤを使用して走行するため騒音も少なくなっています。中量輸送に適しています。車両が軌道桁を跨ぐ跨座型と、ぶら下がる懸垂型に大別されます。

■モノレール（跨座型）■

▲東京モノレール

■モノレール（懸垂型）■

▲千葉都市モノレール

AGT

モノレールと同様に、道路の上方空間を利用する中量軌道系輸送機関として導入されているのが AGT(Automated Guideway Transit) です。小型車両が自動運転により専用軌道上の案内軌条に従ってゴムタイヤ車輪で走行する方式が主流です。日本では「新交通システム」とも呼ばれ、モノレールと同じく急勾配や急曲線に強く、騒音も少ないのが特徴です。

BRT

BRT（Bus Rapid Transit）は、一般道とは別にバス専用道路を設置し、バスを運行させる都市交通システムです。専用道路を走行するため定時運行が可能になっています。また、連接バスなど大型の車体を走行させ、輸送力を向上させることも可能です。小・中量輸送機関に分類されます。

■AGT■

▲東京都交通局日暮里・舎人ライナー

■BRT■

▲東京 BRT の連接バス

タクシー

1人あるいは少人数で直接目的地に移動する際に用いられます。相乗りで移動する交通手段と比較して移動の利便性は高いですが、輸送効率は低くなります。事業者は駅や集客施設に設けられたタクシー乗り場に乗り付けるか、街中を空車で流しながら利用者が手を挙げて呼び止めるのを待つスタイルが現在でも主流ですが、以前からあった無線での予約や迎車に加え、近年はスマートフォンアプリを利用した配車予約システムが急速に拡大しています。また、深夜でも営業できる自由度も強みです。

シェアサイクル

シェアサイクルとレンタサイクルはどちらも貸し出し用の自転車を一時的に借用する点で似ていますが、レンタサイクルでは原則として借り出した場所に戻って返却するのに対し、シェアサイクルでは、相互に利用可能な複数のサイクルポートを設置しており、移動先で返却できるのが特徴です。そのため、シェアサイクルは、公共交通の一部もしくは公共交通を補完するものと位置づけられています。

タクシー

▲駅前のタクシー乗り場で客待ち

シェアサイクル

▲貸出ステーションに並ぶシェアサイクル

徒歩

原始的な移動手段としては、徒歩連絡も考慮する必要があります。身体が不自由な方や、高齢で足腰に不安のある方などのいわゆる交通弱者にとっては、歩くのに不便がないか、ルートが確立しているかは大きな違いであり、都市交通を整備していくうえで重要な要素のひとつです。

水上交通

　陸上交通以外のものとしては、市内を流れる河川や運河などの水路を利用したり、港湾地区で対岸同士を結ぶ渡し船や水上バスのような船舶が都市内交通手段となっているところもあります。地上系の他の交通機関と比べて天候の影響を受けやすい傾向があります。

徒歩

▲人の往来で賑わう交差点

水上バス

▲シーバス（横浜港）

その他

　上記で紹介した以外にも、常電導磁気浮上式鉄道（HSST）、空気鉄道、ゴムタイヤ式トラム、ケーブルカー、ロープウェイなどの都市交通システムもあります。

ゴムタイヤ式トラム

▲メデジン（コロンビア）のトランビア

都市型ロープウェイ

▲YOKOHAMA AIR CABIN（横浜）

1-2 都市交通システムと都市づくりの概念

さまざまな種類がある都市交通システムには、それぞれ異なる技術特性や輸送特性があります。それを生かして各都市ごとに異なる社会的なニーズに応えるとともに、利用者の使いやすさにも配慮しながら都市機能を計画的に作り上げていきます。

都市交通が抱える問題

20 世紀の日本では、高度経済成長、都市圏への人口集中、モータリゼーションの進展などの背景から、都市交通において慢性的な渋滞、大気汚染などの地球環境問題が深刻化してきました。さらに、2008 年をピークに人口の減少が始まり、社会の少子・高齢化が急速に進んできたことから、特に地方では利用者の減少により既存の公共交通が維持できなくなる問題が生じています。

今後は自家用車を運転できなくなる年齢層の人口が増加することから、居住地域の公共交通をどう維持していくかが課題です。

都市機能の集約と効率化

また、昨今は高齢者や移動に制約がある者などの交通手段に制約のある人が、より便利に移動し、社会に参加できるような環境整備がますます求められています。これらの社会に対応するためにコンパクトシティという概念が提唱され、都市機能の集約と効率化を図る動きもあります。

海外にならう都市構造の政策的な転換

一方、海外に目を向けると、特に東南アジアでは 20 世紀の日本と同じく大都市部の人口集中で都市交通インフラの容量が足りなくなり、モータリゼーションの進展による交通渋滞の慢性化と交通公害の拡大、交通事故の増加など、日本と同様の問題に直面しています。

これらの問題を解決するためには、都市における効率的な交通システムを構築することが重要です。都市高速鉄道など基幹となる交通機関の導入により輸送量を増強し、モノレール、AGT、LRT、BRT などの交通機関を戦略的に整備して連携させることで、都市構造を政策的に転換していく必要があります。

都市交通システムの輸送特性

地下鉄を含む都市高速鉄道は、片道数万人／時間の輸送力があり、1 時間に 30km 程度の距離を大量かつ高速で移動することが可能です。都市圏における通勤や通学に必要不可欠な幹線となっています。

リニアメトロやモノレール、AGT は、片道数千～ 2 万人／時間の輸送力があり、中量輸送に適しています。10 数 km 程度の移動に利用される交通システムです。

LRT、BRT は片道数千～ 1 万人／時間の輸送力をもち、小・中量輸送に適しています。10km 程度の移動に利用されます。

システムの選定

交通システムを導入する際は、その都市の規模、交通の目的、需要などの実情に合わせてシステムを選択します。例えば、都心圏に人口が集中し、道路混雑によって公共交通機関がうまく機能しない傾向にある東南アジア各都市などでは、地下鉄といった大量・高速輸送が可能な輸送機関の導入や、より低廉に導入できる LRT や BRT の導入も考えられます。ヨーロッパでは、高齢者や車椅子を利用する方が乗降しやすい低床式の LRT の導入が盛んです。無人運転が可能な AGT やモノレールは人件費の高い先進国には適しますが、建設にかかる初期費用が高いというデメリットがあります。

これらの交通システムを有効に機能させるためには、輸送特性などの各システムの特徴を十分に理解したうえで、都市づくりに最適な交通システムを選択することが重要です。

都市交通システムのイメージ図

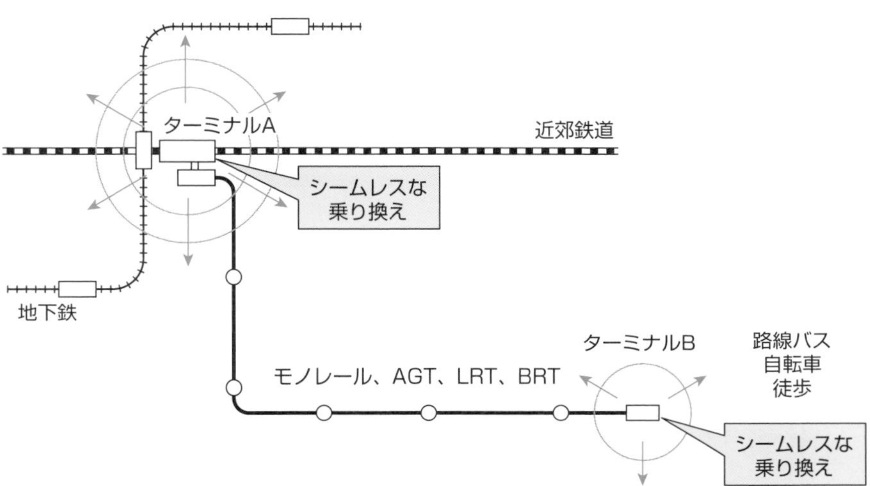

都市交通システムの輸送特性

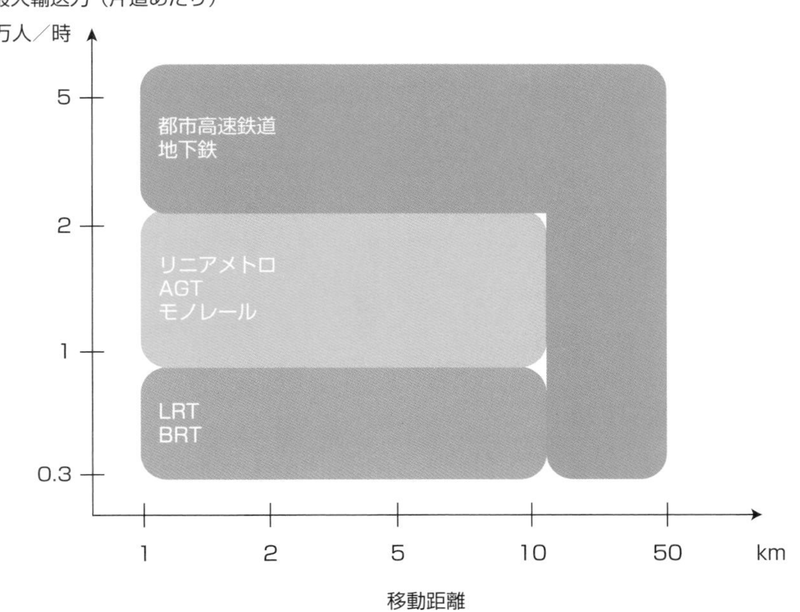

1-3 輸送力の考え方

大都市の交通機関、特に鉄道には、できるだけ大量の人々を、できるだけ早く、できるだけ頻繁に運ぶ能力が求められます。経済成長による需要拡大に応じて、鉄道はその姿を進化させていきました。

一度に運べる量を増やす

輸送力を増やす方法としてまず考えられるのは、一度に運べる量を増やすことです。具体的には、運搬具（車両）の大型化、編成両数の増強などがあります。都市近郊の私鉄には、1両単位の路面電車から始まり、それが2～3両を連結して専用軌道を走る電車になって、やがて車両の大型化や長大編成による運行へと移行していったところがいくつもあります。

ただし、それを実現するためには、加減速度の向上や運転保安設備の更新、対応する設備の拡充なども不可欠なので、これらをリンクさせて考える必要があります。

本数を増やす

もうひとつの方法が、本数を増やすことです。同じ路線で運転間隔を詰めることにより行なう「増発」のほか、複々線化や別なルートの路線を新たに開業するなどによりその区間の輸送力を一気に拡大する「線増」があります。

本数を増やす過程においては、停車駅を少なくする速達列車や途中駅までの着発とする区間運転列車を設定することで遠方からの利用者や区間によって異なる利用者数の差に対応していきます。

適正規模を重視する

どのような方法を採るにせよ、輸送力増強は多額の設備投資を伴い、完成まで長い年月を要します。できた時点で需要の想定を超えていたり、あるいは逆に想定外に需要が落ち込んでいては、せっかくの設備が有効に機能しない事態となりかねません。そうならないためにも、的確に長期的な需要予測をし、バランスのとれた供給となる投資をすることが不可欠です。

コロナ禍で変わる輸送需要

　2020 年以降、急激な感染拡大で猛威を振るった新型コロナウイルスにより、移動に対する考え方や交通需要は大きく変わってきています。テレワークや在宅勤務の普及など人々の働き方により、以前のような規模の輸送力では過剰となれば本数減を検討したり、交通事業者の体力にも陰りが見えて運賃を値上げせざるを得ないなど、状況は予断を許しません。交通事業者は、ワンマン運転やドライバーレス運転を進めるなど、これまで以上に適正規模を重視した経営が求められる時代になったといえるでしょう。

輸送力を増やす方法

①一度に運べる量を増やす

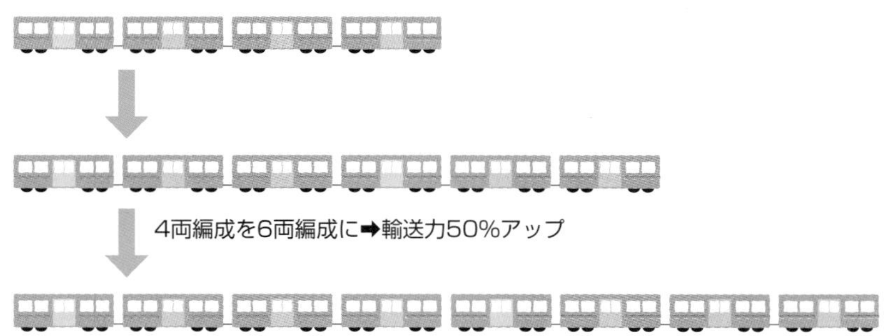

6両編成を8両編成に➡輸送力33%アップ

②本数を増やす

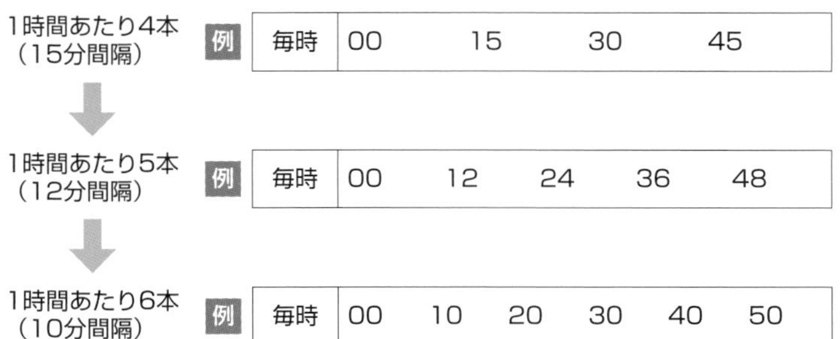

1時間あたり4本（15分間隔）　例

毎時	00	15	30	45

1時間あたり5本（12分間隔）　例

毎時	00	12	24	36	48

1時間あたり6本（10分間隔）　例

毎時	00	10	20	30	40	50

1-4 集中と分散

都市交通においては、長年にわたり混雑をいかに緩和するかを大きな課題として取り組んできました。そこでは、インフラの増強以外にも多くの試みがなされています。

輸送力増強だけでは混雑緩和は不十分

利用者の数は、時間帯や曜日、イベント開催など、さまざまな要因によって大きく変動します。交通インフラとしては、ピーク時の利用者数に対応できる能力を準備しておく必要がありますが、これらは利用者が少ない時には過剰となってしまいます。そのため、一時的な集中を避け、利用状況を平準化できれば、効率的な輸送ができるようになります。

ラッシュ時における運行ダイヤの工夫

日々繰り返される通勤時間帯のラッシュは、典型的な集中の状態です。鉄道では、列車の運転速度や停車駅を揃えて運転密度の高い平行ダイヤを組むことで輸送量を増やしたり、駅によって異なる利用者数に応じて停車駅や運転区間の組み合わせを工夫することで、同時間帯に運行する列車で混雑状況に極端な差が出ないようにしています。編成中の車両間においても主要駅で階段に近い車両が極端に混雑するといった場合に、停車位置をずらすといった方策が採られることもあります。

利用者を分散するための試み

利用する人が同じ時間帯に集中せず、ピークを外して前後の時間帯で利用してくれれば、平準化することができます。もっとも、ニーズがあるから集中するので、それでも利用者が自主的に分散するよう促す施策としては、時差通勤（オフピーク）の推奨キャンペーンでインセンティブとなるポイントを付与したり、利用時間帯によって運賃設定を変える変動運賃制の導入などが考えられます。

新型コロナウイルスの流行で混雑を避ける意識が高まり、仕事でテレワークや時差出勤が大幅に増えるといった状況の変化があったり、運賃収入の減少で鉄道会社の経営状況が逼迫するなか、オフピーク利用を割り引くのではなく、ピーク時の利用を割高に設定することも考えられています。

千鳥停車の例（西武池袋線）

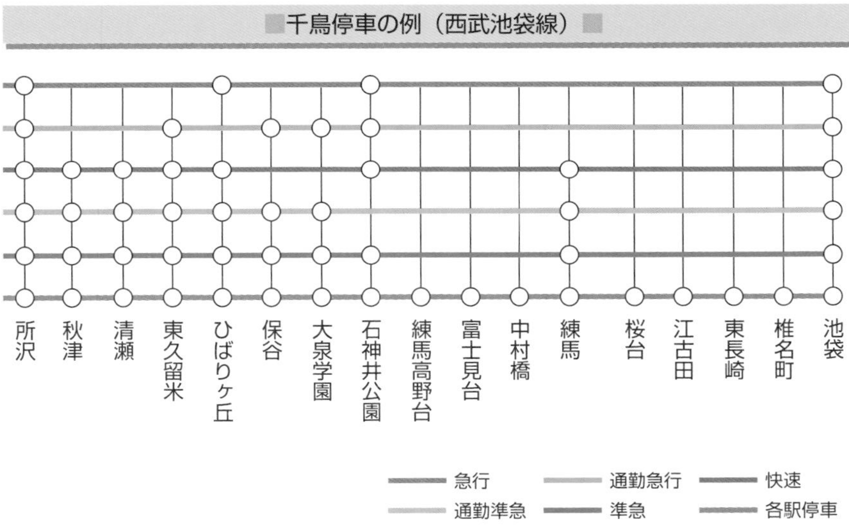

分散利用を呼びかけるキャンペーンの例

▲オフピークポイントサービス（JR 東日本）

▲オフピークマイル（東武）

1-5 複数の事業者

同じエリア内で同種の輸送を担う事業者が複数ある場合は、運賃が別々にかかる、乗り換えが不便、サービスが不連続になるといったデメリットがあります。ライバルとしての競争原理が働き、輸送の質が向上する面もありますが、近年は互いを補完する協力関係を築くことを重視するようになってきました。

大正期の市内交通一元化

都市内交通を整備するにあたり、複数の事業者が入り交じるより一元的な経営で担うほうが計画的な輸送を実現できるという考え方が、特に行政側に強くありました。郊外から中心部の外周に位置するターミナルまでは私設鉄道による輸送とし、そこから市内各所までは路面電車、バスなどを公営交通として整備するというものです。

日本では、大正期の大阪市に始まり、東京や神戸、京都、横浜、名古屋と相次いで私鉄の形態で経営されていた市内電車が市に買収されて市営となりました。

高度成長期の新線建設

交通機関の建設には多額の資本が必要となります。戦後の高度成長で短期間に輸送需要が爆発的に増えた時期には、新規路線を急いで整備する必要から、都市内交通、都市間交通ともに複数の事業者に建設許可が与えられ、新規路線が相次いで開業していきました。東京の地下鉄事業者が帝都高速度交通営団（現・東京メトロ）と東京都交通局の二本立てとなっているのもそのためです。

また、郊外に造成されるニュータウンへのアクセス鉄道路線新設などでは、同一の既存事業者による路線延伸という形態から、新規開業部分は関連自治体も出資する第三セクター会社が運行し、双方を直通運転するケースが増えていきました。ここでは、運賃が割高になるという問題が常にクローズアップされています。

事業者が複数入り交じる問題点

都市間交通では、ライバル会社との競争によるサービスの向上や運賃の抑制などのメリットもありますが、乗り継ぐ運賃が割高になる、動線や案内に不便があるなどのデメリットもあり、その解消が課題となります。乗り継ぎ割引の拡大や均一運賃制の導入もその一例です。事業者の垣根を越えて案内表示をわかりやすくしたり、動線を改良する工夫は、バリアフリー意識の向上とともに近年強く求められています。

2つの事業者がある東京の地下鉄

▲東京メトロ有楽町線・南北線と都営新宿線

▲東京メトロ半蔵門線と都営大江戸線

延伸部にあたる路線が別事業者により運行されている例

都心側の路線	延伸部の事業者	区間	主要株主
東京メトロ東西線	東葉高速鉄道	西船橋～東葉勝田台	千葉県／船橋市／八千代市／東京地下鉄
東京メトロ南北線	埼玉高速鉄道	赤羽岩淵～浦和美園	埼玉県／川口市／東京地下鉄／さいたま市
京成電鉄本線	北総鉄道	京成高砂～印旛日本医大	京成電鉄／千葉県／都市再生機構
大阪メトロ御堂筋線	北大阪急行	江坂～千里中央	阪急電鉄／大阪府
南海高野線	泉北高速鉄道	中百舌鳥～和泉中央	南海電気鉄道（開業時は大阪府）

1-6 交通結節点

いくつもの路線が 1 か所に集まり、多くの利用者がそこで乗り換えるターミナル駅は、都市交通を考えるうえで欠かせない地域の重要な拠点です。

複数の路線が交わる交通の要衝

鉄道の路線が通るルートは、地形その他の要因で決まってきます。そして、交通網が整備されていく過程で、複数の路線が交差するところには駅が設けられ、それぞれの目的地へ向かうための乗り換え客で賑わうようになります。

このような駅が交通の要衝として機能していくと、新たに路線を建設するときも、そこを通るルートを選択する計画が策定され、さらにその重要性を増すこととなります。そこには鉄道だけでなく、それを補完するバスやタクシーも多く乗り入れ、その都市の中核ターミナルとして発展していきます。

このようにさまざまな交通機関が集合離散し、行き先が多方向に分かれるところを「交通結節点」といいます。新幹線の停車駅や、郊外鉄道と市内交通網の接点も、典型的な交通結節点です。

人が集まることの意義

交通結節点では、到着した列車から降りた利用者が目的地に向かう列車に乗り換える人の流れが複雑に入り交じり、幅広い時間帯で混み合う傾向にあります。人が集まれば駅前も開発が進んで集客力がある大型施設ができ、それがさらに人の流れを増やすことにつながります。交通の便がよいということは、そこ自体が目的地になる要素を秘めているというわけです。

課題への取り組み

多方面に乗り換えられる利便性は、多くの人で混雑する、乗り換えが大変といった不便さを併せ持っています。交通結節点での乗り換えを少なくする直通運転も、その対策のひとつです。もし仮に直通運転がなかったと仮定した場合の交通流動を想像すると、おそらく駅としての機能不全に陥っていることでしょう。

また、連絡する路線の数が増えれば、それだけ駅の規模も大きくなります。乗り換えのルートが複雑になり、人の流れが錯綜する問題は、交通結節点にとっての宿命ともいえます。人の流れをスムーズにするため、バスターミナルやタクシー乗り場の配置を見直す、新たに連絡通路を設ける、ホームの位置を移設する、あえて交通結節点を通らない路線を新設するなど、単独の事業者だけでなく乗り入れ各社や駅周辺の商業施設、行政を含めた総合的な取り組みによる工夫が進められています。

交通結節点の例

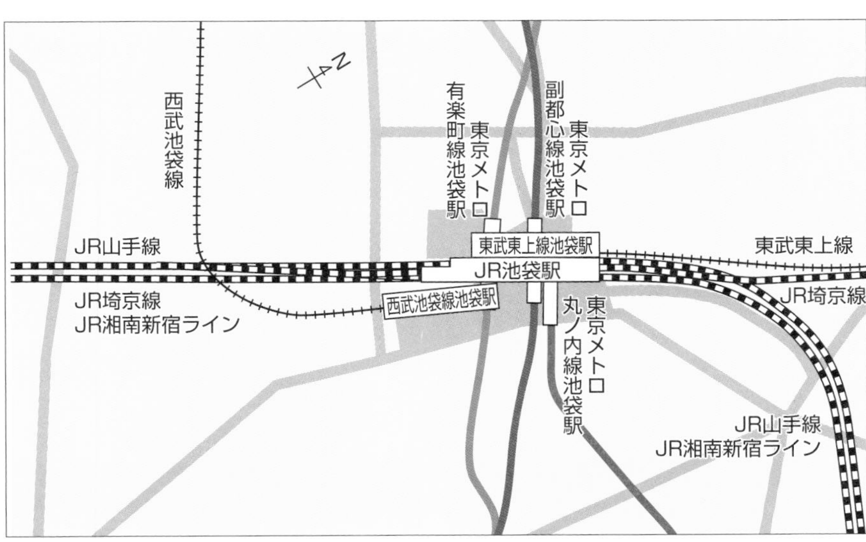

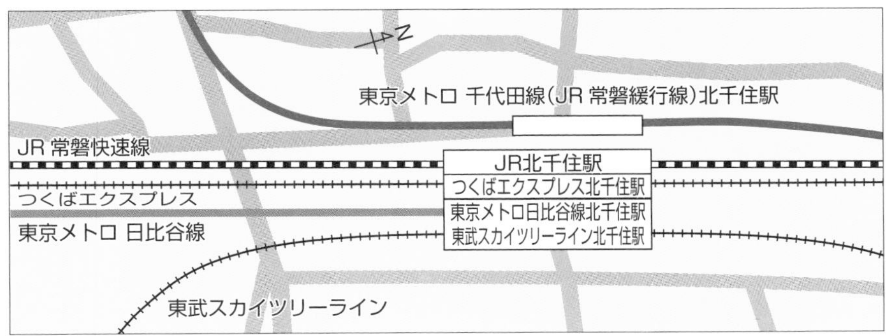

1-7 利便性の確保と向上

都市交通システムは、利用者にとって便利で使いやすいものであることが常に求められます。その便利さ、使いやすさとは何かを考えることで課題が見え、不便を解消するための改善・改良の糸口とすることができます。

フリーケンシー

都市交通においては、その中心部で輸送需要が集中しているところではフリーケンシー（frequency：頻度）すなわち運転密度が利便性の指標となります。

人によって待ち時間の許容度はさまざまですが、待たずに乗れるのは大多数の人にとってメリットになります。また、頻度を上げることで乗り切れず積み残すような事態を避ける輸送能力を確保することも重要です。

移動のしやすさ

移動のしやすさの視点から考えると、乗り継ぎの際の移動距離や時間はできるだけ短いほうが便利です。エレベーター、エスカレーター、階段などの位置が適切に設置されているか、交通弱者のためのスロープや手すりがきちんと配備されているかなども重要です。

▲改札階とホーム階を結ぶエレベーター（竹ノ塚駅）

▲高速バス乗り場に続く改札付近のエスカレーター（新宿駅）

わかりやすさ

公共交通機関はタクシーのように利用者のオーダーによって運行するものを除き、定められた運行計画に基づいて走行し、利用者はその時間に合わせて行動します。いつ発車するかは時刻表などで確認することになりますが、行き先や種別が一定のパターンの繰り返しで運行されていれば、利用者にとって使いやすいものとなります。また、誘導のための案内や列車の発着情報が目立つ色で明確に区別されていれば迷わずに済むでしょう。使う側の立場に立った工夫が求められます。

乗り換えに便利な駅、不便な駅

同一ホーム上で 1 分以内に乗り換えられる場合もあれば、改札口をいったん出て、距離や高低差のある通路を経由して再び改札口に入場するため十数分を要する、あるいは屋根のない地上区間を歩かなくてはならない場合もあるので、利用者はどこで乗り換えればよいのかを事前に注意する必要があります。

▲中央緩行線と山手線の同一ホーム乗り換え（新宿駅）

▲駅構内に設けられた LRT 停留所（富山駅）

シームレス

複数の事業者が運行するさまざまな交通機関を乗り継いで移動するには、それぞれの乗車券を用意し、乗り換えの都度、改札や通路、階段などを通る不便さが生じます。都市交通では、こうした障壁をなくすシームレス（seamless：継ぎ目がない）を推進することが大切です。

共通IC乗車券の普及は、乗り継ぎにおけるシームレス化に多大な貢献をしています。運賃を確認する手間、小銭を用意する手間、きっぷを買う手間、お釣りをしまう手間、きっぷを改札機に通す手間、きっぷを持ち運ぶ手間……これらを不要にした効果は革命的ともいえます。

また、直通運転は乗り換えの回数を少なくし、乗り換え客によるターミナル駅の混雑解消に寄与していますが、一方で事故等で生じたダイヤ乱れの影響が広範囲に拡大するという課題もあり、迅速にダイヤ復旧するためのシステム作りが求められています。

▲動くスロープ（武蔵小杉駅）

▲ICカード対応自動改札（竹ノ塚駅）

▲入り交じる直通運転（武蔵小杉駅）

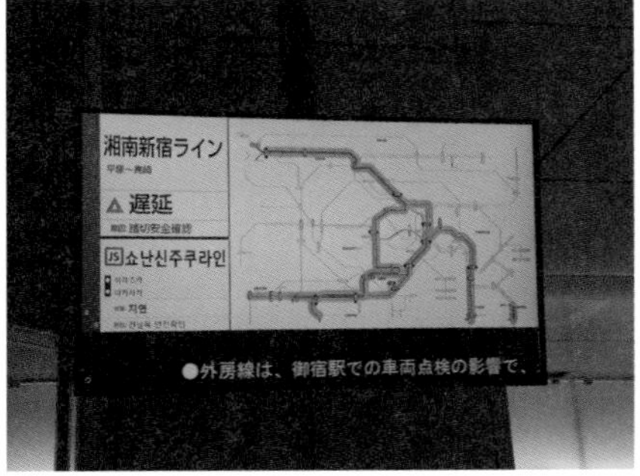

▲遅延の影響が広範囲に及ぶ（蒲田駅）

1-8 環境面の優位性

世界中で地球温暖化問題に対する関心が高まり、その対策として二酸化炭素（CO_2）をはじめとする温室効果ガス排出量の削減が求められています。鉄道は交通機関の中でもエネルギー効率が非常に高く、CO_2 排出量が少ないことが特徴です。

地球温暖化防止への貢献

大都市における自動車の排ガスによる大気汚染は、呼吸器障害など人間の健康に重大な害を及ぼす深刻な問題です。また、自動車の排ガスによって発生する光化学スモッグの被害は深刻で、大型トラックなどディーゼル車の排ガスに含まれる微粒子が喘息を誘発したり、発癌性のある疑いが強いことから、排出ガス規制が強化されています。

温室効果ガスの代表である CO_2 の排出量を交通機関別に旅客の単位輸送量あたりの数字で比較すると、自家用自動車は鉄道の約 7.6 倍、航空機は約 5.8 倍、バスは約 3.4 倍の CO_2 を排出しています（2019 年度）。ひとりひとりができる CO_2 削減努力として、より CO_2 排出量の少ない公共交通機関の利用が求められています。

エネルギー消費量

温暖化と並んで世界的に重要な課題になっているのが、エネルギー問題です。化石燃料は限りのある資源であり、原油の高騰は経済状態を大きく左右します。そのため、近年ではガソリンなどの化石燃料に依存しない水素やバイオエネルギーなどによる燃料電池の開発も行なわれています。

単位輸送量（人キロ）あたりのエネルギー消費量原単位を比較すると、鉄道は営業用バスの 44%、営業用乗用車の 5%、航空（国内線）の 25%という数字（2016 年）があり、省エネルギーの面でも優れていることがわかります。一般にも、化石燃料（ガソリン）を直接消費する自動車に比べて、鉄道が「クリーンな乗り物」であるというイメージはかなり浸透しているといえます。そのため、近年はガソリンによらない電気や天然ガスで駆動するエコカーの普及が急速に進んできました。

鉄道車両における環境対応も常に進化しています。エネルギー効率が良く消費電力の少ない駆動系の導入や車両の軽量化、バッテリーを活用した回生エネルギーの吸収と再利用、リサイクルを考慮した素材の採用、非電化区間を蓄電池や水素・酸素を利用した燃料電池で走る車両の開発など、あらゆる角度からの総合的な取り組みです。

騒音・振動対策

鉄道沿線の環境を良好な状態に保つために、騒音・振動に関する環境基準が定められています。この分野において、日本の鉄道は人口が密集する市街地を走ることが多いため、騒音・振動対策の技術が早くから研究・開発されてきました。

たとえば、線路の両側に設置される各種の防音壁、レールを溶接して継ぎ目をなくすロングレール、重いレールに変更する重軌条化、レールやまくら木の下に防振マットを敷く方法や分岐部の可動ノーズ化など、さまざまな対騒音・対振動技術が実用化されています。

輸送量あたりの二酸化炭素の排出量（旅客）

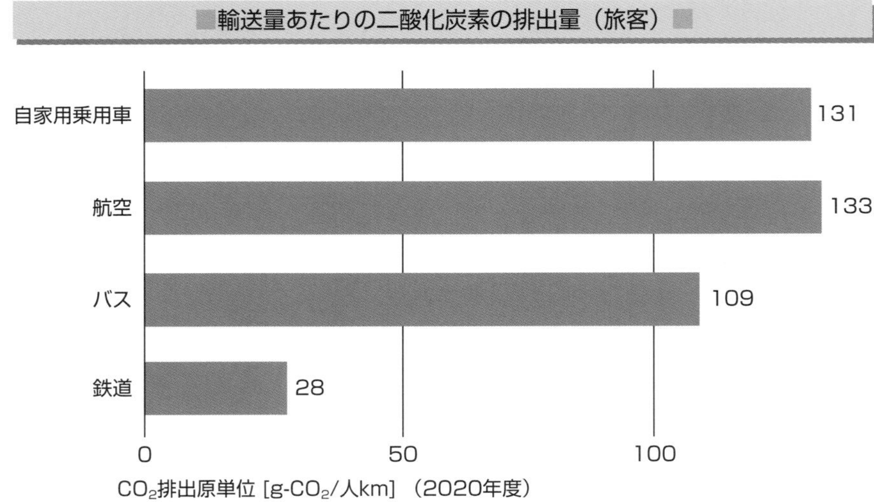

出典：国土交通省環境政策課作成資料

1-9 都市交通をめぐる世界的なトレンド

日本だけでなく、世界各地の都市にはそれぞれの実情に応じた公共交通が発達しています。成熟期や停滞期、発展途上期までさまざまな過程がある中で、どこの都市でも共通する世界的な傾向を見てみましょう。

生活環境の変化と公共交通

人々が生活する都市を取り巻く環境は、近年ますます厳しくなっています。人口の高齢化、地球温暖化とこれに伴う自然災害の深刻化、新型コロナウィルスの感染拡大などの問題は出口が見えない状況です。一方で、5G※やスマートフォンの普及といった情報技術の発展により、新たな交通サービスにも新たな展開が生まれています。このような社会の中で、生活の足の確保、グローバル化、観光などのニーズに対し、公共交通はその解決ツールの一つとしての大きな役割が期待されています。

都市の人口と公共交通

日本では2008年をピークに人口の減少が始まり、少子高齢化が加速しています。公共交通には一定の維持費用がかかるので、利用者が減少すると、これまでのインフラが維持できなくなることが懸念されます。その反面、高齢化が進むと自家用車を運転できなくなる層が増加することから、今後も居住地域の公共交通を維持していく必要もあります。

人口の減少が続く中で公共交通を維持するため、都市機能の集約と効率化を図る「コンパクトシティ※」という概念が提唱され、各地で実現の兆しを見せています。

一方、東南アジアをはじめとする人口が増加傾向にある国においては、特に大都市部の人口集中により、都市交通インフラの容量が足りなくなり、渋滞やこれに伴う交通公害が深刻化しています。そこで、大量輸送システム（MRT：Mass Rapid Transit）の導入による輸送量の増加や、都市構造の

※**5G**：第5世代移動通信システム。高速大容量、高信頼・低遅延通信、多数同時接続という3つの特徴がある。
※**コンパクトシティ**：都市内に点在する拠点を公共交通機関で結ぶことで利便性を高める街づくりの考え方。

転換などの政策により、これらの解消が図られています。

防災と公共交通

近年、地球温暖化に伴う気候変動により、各地で大規模な自然災害が発生しています。都市部においても、台風や集中豪雨による都市洪水の頻度が増しています。このため、鉄道においても、災害時の対応として駅の浸水対策や避難経路の確保は重要です。また、地震への対策として、トンネルや橋梁などの構造物について耐震補強を実施しています。

さらに、2011 年に発生した東日本大震災の教訓から、帰宅困難者向けに飲料水や救急用品等を配備し、マニュアルを準備するなど、安全安心な公共交通を目指した対応が進められています。

情報技術の発展と公共交通

5G やスマートフォンの普及といった情報技術の発展は、公共交通にも大きな変化をもたらしています。時刻、位置、運賃といった移動に必要な情報がスマートフォンから簡単に閲覧できるようになり、1つのアプリによって複数の交通モードを組み合わせたルートの検索も可能になりました。

このようなサービスは MaaS（マース：Mobility as a Service）と呼ばれ、大都市を中心に世界的に急速に普及し、公共交通の利便性を格段に向上させつつあります。すでに一部の国では実現されていますが、出発地点から目的地までのルートの検索のみならず、予約から運賃の決済までが可能になります。

さらに、観光や医療サービスが MaaS の一部となることで、観光地のチケットや病院の予約も併せて予約できることが期待され、ますます便利になることが期待されます。

■MaaSの概念図■

出典：国土交通省「日本版MaaSの推進」

公共交通のニューノーマル

2019年末から始まった新型コロナウィルスの世界規模での感染拡大によって、日常生活は激変しました。その影響は公共交通にも及んでいます。不特定多数の利用者と接触リスクのある公共交通では感染予防対策として、密を避けるオフピークなどの分散利用の推奨、マスク着用や会話を控えめにすることの呼びかけ、窓開けや空調装置による車内換気の強化、車内の抗ウイルス・抗菌加工や消毒の徹底などを行なうようになりました。

こうした公共交通におけるニューノーマル（新しい日常）は、ウィズコロナ、アフターコロナの時代においても安心して公共交通に乗車できる新たな生活様式になるでしょう。

また、テレワークやオンライン会議などを導入する企業が増え、教育の現場でもオンライン授業の導入が進むなど新しい働き方、住まい方で社会の仕組みが変わりつつあります。生活のオンライン化が進めば人々の外出の機会が減り、公共交通の需要や収支にも大きな影響が出ます。こうした社会の変化に対し、交通事業者も運行形態の見直しや時間帯別運賃制度の導入、ドライバーレス運転などの拡大による運転要員の削減などの検討を進めています。

窓開けによる換気

▲窓を開ける幅の目安を付ける

車内を抗ウイルス・抗菌処理

▲処理施工済をステッカーで表示

第2章

都市高速鉄道網の形成

都市交通における鉄道の役割は、都市圏が拡大し、通勤需要が急増したことでその重要性が一気に高まりました。日本の鉄道が輸送力をどのようにして強化してきたのか、その取り組みの過程を振り返ります。

2-1 人口の集中と通勤圏の拡大

都市圏の拡大、職住分離によって生まれた通勤需要に対応する社会的インフラとして、鉄道はその特性を生かし、発展しました。現在の JR の前身である国鉄と、地域の総合企業グループの中核を担う私鉄がその両輪です。

住宅と職場を往復する通勤需要の急増

都市への人口の集中が進むと、都心近くに住居を確保することが難しくなり、比較的安価で居住できる土地が広がる郊外に住む傾向が強くなります。朝に自宅を出て都市中心部の職場に向かい、仕事が終わる夜に自宅へと戻る、この住宅と職場を往復する「通勤」の需要を担うインフラとして、短時間に集中する利用者を大量に輸送できる特性を持つ鉄道が大きな役割を果たすようになりました。

郊外と都心を結ぶ鉄道の役割

都心部と郊外を結ぶ鉄道は放射状に発達し、朝は郊外から都心へ、夕方から夜にかけては都心から郊外へと移動する人の流れを正確な運行により輸送します。増大する輸送需要に対応するため、蒸気運転だった路線は電車による運行へ切り替わり、単線区間は複線化されるなどの整備が進められました。

沿線で団地やニュータウンといった計画的大規模住宅の開発が行なわれると、その路線の利用者数が大幅に増加します。これに対応するため、運転本数や編成両数を増やしたり、より遠くから乗車する利用者への便宜を図る狙いから日中に速達列車を運行する施策もよく見られます。

国鉄と私鉄

鉄道の路線は、古くからの街道に沿って地方主要都市との貨物輸送のために敷設された幹線から整備が始まり、敷設時には私設鉄道であったものも国策によって官営になった路線が多数あります。これらは後に日本国有鉄道（国鉄）を経て現在は JR の路線となっています。

一方、地元企業などの民間資本による私設鉄道（私鉄）も各地で誕生しました。都市部と郊外を結ぶ路線も、需要が多く見込める区間では一部を他の路線と競合しつつ整備・発展を遂げていきます。都心部には多くの列車本数、集中する利用者をさばける大きなターミナル駅を設けてランドマークとしている会社もあります。

私鉄では不動産や流通、レジャーなど関連する産業をグループ会社で運営し、沿線価値を高める形で発展させていきました。国鉄では副業が原則として認められていなかったため、他産業との連携はほとんどありませんでしたが、民営化後はさまざまな事業展開が可能となりました。

都市の変化と鉄道輸送の関係

小さい都市圏	人口が増加し、郊外に住宅エリアが広がる	都市部にあった大学や工場などが郊外に移転	・コロナ禍の影響でテレワークや在宅勤務が拡大 ・時差通勤が浸透
↓			
市内交通で日常の人の動きが完結	都市部と郊外を結ぶ通勤需要が増大	逆向きの通勤・通学需要が生じる	・ラッシュ時の混雑集中が緩和 ・運転本数を調整

国鉄と私鉄・民鉄

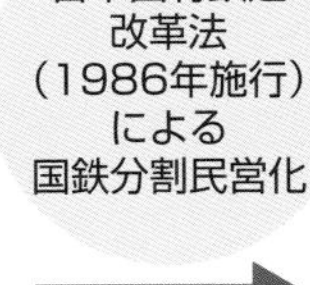

1987年3月まで	準拠法律		1987年4月から	準拠法律
国鉄（日本国有鉄道）	日本国有鉄道法（1949年施行）	→	JR	鉄道事業法（1987年施行）
私鉄・公営	地方鉄道法（1919年施行）	→	JR以外の鉄道（民鉄）	鉄道事業法（1987年施行）
私鉄・公営	軌道法（1924年施行）	→	JR以外の鉄道（民鉄）	軌道法（1924年施行）

2-2 地下鉄

地下鉄は都市部の路面電車に代わる交通機関として日本や世界の主要都市で整備が進められました。定時性に優れ、大量輸送力や高頻度運転に対応できる、都市交通の中心的な役割を果たしています。

路面電車から地下空間を走る「高速鉄道」へ

都市内の交通機関は、歴史的に見ると馬車に始まり、それが乗合バスやタクシーといった自動車や馬車鉄道、路面電車などの公共交通へと発展しました。これらはいずれも地上（路面）を行き交うため、経済発展とともに都市内の移動需要が大幅に増加すると、輸送能力の不足、道路交通渋滞による運行の遅延が深刻化し、排ガスや騒音など環境への悪影響も大きな問題となりました。

軌道系の交通機関を路面から地下空間に移せば、渋滞もなく定時運行が可能となる、という着想から生まれたのが地下鉄道（地下鉄）です。都市化が進むほど地上はビルをはじめとする建物施設が輻輳しており、新たな鉄道ルートをつくるには必然的に地下を通さざるを得ません。今日では、地下鉄は都市生活における大量移動交通手段として欠かすことのできない大きな都市基盤設備となっています。

また、地下鉄のことを「都市高速鉄道」と呼ぶことがありますが、ここでいう「高速」とは従来の路面交通機関に対するものであり、新幹線などで使われる高速とは意味が異なります。

世界初の地下鉄は蒸気運転

世界で初めての地下鉄は 1863 年、イギリスのロンドンで誕生しました。ロンドン市街の周辺部にある 4 つの幹線鉄道のターミナル駅と中心部を相互に結ぶ 6.4km の路線です。蒸気機関車牽引であったため、トンネルと掘割を組み合わせて比較的浅い掘削で建設し、換気の確保を図りましたが、乗客はトンネル内の排煙に悩まされたと伝えられています。

世界最初の電気運転による地下鉄は 1896 年にハンガリーのブダペストで開業しました。地下鉄としては唯一の世界遺産に登録されています。ロンドンの蒸気運転も 1905 年以降に電化され、電車による運転に置き換えられました。

その後は欧米の主要都市で地下鉄網の形成が進み、近年では上海、北京、広州、ソウル、デリー、シンガポールなどアジアの各都市においても地下鉄の整備が急ピッチで行なわれています。

日本の地下鉄

日本の地下鉄は、1927 年 12 月に現在の東京メトロ銀座線の一部である上野～浅草間 2.2km を民間の東京地下鉄道が開業したのが始まりです。これは同時にアジアで最初の地下鉄ともなりました。その後、9 回にわたる延伸開業を重ね、1939 年 1 月に浅草～渋谷間の全線が完成しました。現在の東京は、東京メトロ・都営地下鉄を合わせて 304.0km を有し、世界有数の地下鉄ネットワークを形成しています。

その後、大阪でも開業して、戦前はこの 2 都市まででしたが、戦後は名古屋、札幌、横浜、神戸、京都、福岡、仙台の各都市で地下鉄の建設が進められました。事業主体は従前の軌道系交通機関である路面電車の代替として建設されたこともあり、政令都市の交通局が運行し、バス事業も合わせて手がける方式が多くなっています。

■日本の初期の地下鉄車両（戦前）■

▲東京地下鉄道 1000 形（地下鉄博物館で保存）

▲大阪市交通局 100 形（大阪メトロで保存）

東京では、戦前に民間企業２社が有していた路線を国策で設立した帝都高速度交通営団が引き継ぎ、戦後は東京都交通局も加わって２事業者による路線網の拡大が進められました。現在では、帝都高速度交通営団が東京地下鉄（東京メトロ※）、大阪市交通局が大阪地下鉄（大阪メトロ※）にそれぞれ民営化されています。

■日本で地下鉄が走る都市■

都市名	路線数	路線名	営業キロ（km）	乗車人員（万人／日）	事業開始
札幌市	3	南北線、東西線、東豊線	48.0	44.6	1971年12月
仙台市	2	南北線、東西線	28.7	1.9	1986年7月
東京都（東京メトロ※）	9	銀座線、丸ノ内線、日比谷線、東西線、千代田線、有楽町線、半蔵門線、南北線、副都心線	195.0	498.5	1927年12月
東京都（都営地下鉄）	4	浅草線、三田線、新宿線、大江戸線	109.0	191.8	1960年12月
横浜市	2	ブルーライン、グリーンライン	53.4	48.4	1972年12月
名古屋市	6	東山線、名城線、名港線、鶴舞線、桜通線、上飯田線	93.3	94.9	1957年11月
京都市	2	烏丸線、東西線	31.2	26.7	1981年5月
大阪市（大阪メトロ※）	8	御堂筋線、谷町線、四つ橋線、中央線、千日前線、堺筋線、長堀鶴見緑地線、今里筋線	137.8	182.2	1933年5月
神戸市	3	西神･山手線、北神線、海岸線	38.1	26.4	1977年3月
福岡市	3	空港線、箱崎線、七隈線	29.8	30.4	1981年7月

（注）2023年1月現在。ただし、乗車人員は2021年度実績

※**東京メトロ**：東京地下鉄株式会社
※**大阪メトロ**：大阪市高速軌道株式会社（Osaka Metro）

COLUMN 混雑率

都市鉄道の主要路線の混雑率は、各路線の「最混雑区間における 1 時間あたりの平均混雑率」として国土交通省が発行する「鉄道統計年報」で毎年公表されています。平均混雑率は、ある路線の最混雑区間のピーク 1 時間あたりに通過する実際の利用者数を、その時間に運行される全列車の定員の合計で割って算出されます。

現在では、混雑緩和を図るための都市鉄道の整備水準として、最混雑時の主要区間の平均混雑率を 150% 以下とすることが目標とされています。

混雑率の目安

定員乗車（座席につくか、吊革につかまるか、ドア付近の柱につかまることができる）。

広げて楽に新聞を読める。

折りたたむなど無理をすれば新聞を読める。

200%

体がふれあい相当圧迫感があるが、週刊誌程度なら何とか読める。

250%

電車がゆれるたびに体が斜めになって身動きができず、手も動かせない。

新型コロナウイルス感染拡大前の 2019 年度の平均混雑率をみると、東京圏が 163%、大阪圏が 126%、名古屋圏が 132% となっています。いずれの都市圏においても、混雑率は長期的に低下傾向となっていますが、東京圏では依然として 150% 以下の目標を達成できていません。

一方、2020 年度は新型コロナウイルス感染拡大による在宅勤務の普及拡大等により輸送人員が大幅に減少しました。輸送力はこれまでの水準が維持されたことから混雑率は大幅に低下し、主要路線の平均混雑率は東京圏が 107%、大阪圏が 103%、名古屋圏が 104% となり、いずれも目標を大きく下回りました。

コロナ禍がやや落ち着きを見せた 2021 年度は東京圏が 108%、大阪圏が 104%、名古屋圏が 110%といずれも前年を上回りましたが、これは鉄道各社が需要に合わせた運行本数の見直しによる減便を進めたことも影響していると考えられます。

2-3 相互直通運転

都市交通では、異なる鉄道会社が運行する複数の路線を、乗り換えることなく直通する運転形態が多く見られます。乗り入れる事業者がそれぞれ車両を有し、相手方の路線を互いに走行することを相互直通運転と言います。

ターミナル駅の乗り換え混雑を解消

朝の通勤ラッシュ時には沿線の途中駅で乗り込んだ利用者が市街地の外周部に設けられたターミナル駅で一斉に下車し、都心中心部にあるそれぞれの目的地へ向かう移動手段に乗り換えようと移動するため、大変な混雑が生じます。市街地内の移動手段としてまず発達したのは路面電車で、一時は碁盤の目のような路線網を形成していましたが、自動車の増加や輸送力の限界から、これに代わる交通手段として登場したのが地下鉄でした。

郊外鉄道の各社も自社の路線をそれぞれ都市中心部へと延伸する計画を立てましたが、都市内交通網の整備や建設資金などの観点から公的事業体による地下鉄建設が進められることになります。ただし、そのままではターミナル駅での乗り換え客による混雑は拡大する一途となるため、これを解消する手段として考えられたのが、郊外鉄道と地下鉄との直通運転です。

事業者が異なる市内交通と郊外鉄道を一本化

日本の地下鉄で最初に相互直通運転が行なわれたのは、1960 年の東京都営地下鉄 1 号線（現・浅草線）と京成電鉄で、地下化された押上駅が接続駅となりました。東京ではこのほか、東京メトロで銀座線、丸ノ内線を除く 7 路線、都営地下鉄で大江戸線を除く 3 路線の計 10 路線で相互直通運転が行なわれています。京都、名古屋、大阪、福岡でも他社線との相互直通運転を実施しており、ターミナル駅の混雑緩和と同時に、乗り換え時間の減少による所要時間の短縮が図られています。

日本では郊外鉄道と地下鉄が直通する場合は相互直通運転が主流ですが、京都市交通局東西線と京阪電鉄京津線のように相互ではなく片乗り入れをしている例もあります。また、車両は直通しますが、乗務員は自社線内を担当して相手先には入らず、接続駅で交代する方式が大半を占めています。

直通するためには、従来のターミナル駅を地下化したり、別ルートを設けたりといった大規模な工事が必要となり、また実施後は運転本数も増加することが多いため、後述する複々線化、立体交差化事業などと絡めて計画が進められるケースが主流です。

相互直通運転の特徴

郊外鉄道と地下鉄の相互直通運転は、鉄道が持つ大量輸送機関としての特性を生かせる反面、運行する事業者が異なることで生じる課題を解決する必要があります。

相互直通運転を行なうためには、車両規格や電気方式の統一、各線における保安設備の搭載、列車ダイヤや乗務員運用の調整、運賃や施設使用料の精算方法といったさまざまな項目について入念に協議し、取り決めなければなりません。それぞれが車両を有し、相手方へ乗り入れることにより生じる車両使用料については、他線内での走行距離を調整して相殺する精算方法が採用されています。

ターミナル駅の混雑緩和と同時に乗り換え時間の減少による所要時間の短縮が図られますが、事故などによるダイヤ乱れが乗り入れ先にも波及する影響も出ます。近年では相互直通運転をする範囲が拡大する傾向にあり、各社ともダイヤ乱れの際の対応を工夫して迅速に正常ダイヤへ復旧させる対策を講じています。

地下鉄事業者以外との相互直通運転

交通ネットワークの拡大が進むと、地下鉄ではない別の鉄道事業者同士が相互直通運転するケースも増えてきました。東京では臨海部を走る東京臨海高速鉄道（りんかい線）とＪＲ埼京線・川越線が新木場～川越間の相互直通運転をしています。埼京線はさらに相模鉄道にも乗り入れ、直通運転網を拡大しました。

大阪でも、阪神電鉄が阪神なんば線の開業で近鉄との相互直通運転を開始、神戸と奈良を一本で結ぶようになりました。

■相互直通運転の取り決め内容（例）■

軌道間隔の統一（1435㎜、1067㎜、1372㎜）
建築限界
車両限界
集電方式（架空線、第三軌条）
集電電圧（DC1500V、DC750V）
車両規格
列車編成両数
分担車両数
乗入列車本数、運転間隔、運転時間帯
運転保安設備（ATC、ATS）
境界駅の設備・配線
直通運転区間と列車種別
乗務員担当区間と引継方式
運転取扱規則、運転指令と連絡方法
運賃精算方法

■地下鉄との相互直通運転区間■

①東京地区

地下鉄路線	直通する郊外鉄道事業者	郊外側の主な直通区間
東京メトロ日比谷線	東武鉄道	北千住〜南栗橋
東京メトロ東西線	JR 中央線	中野〜三鷹
	JR 総武線	西船橋〜津田沼
	東葉高速鉄道	西船橋〜東葉勝田台
東京メトロ千代田線	JR 常磐線	綾瀬〜我孫子、取手
	小田急電鉄	代々木上原〜伊勢原
東京メトロ有楽町線	西武鉄道	小竹向原〜飯能
	東武鉄道	和光市〜森林公園
東京メトロ半蔵門線	東急電鉄	渋谷〜中央林間
	東武鉄道	押上〜南栗橋、久喜
東京メトロ南北線	東急電鉄・相模鉄道※1	目黒〜海老名、湘南台
	埼玉高速鉄道	赤羽岩淵〜浦和美園

地下鉄路線	直通する郊外鉄道事業者	郊外側の主な直通区間
東京メトロ副都心線	東武鉄道	和光市～森林公園
	西武鉄道	小竹向原～飯能
	東急電鉄・横浜高速鉄道・相模鉄道※1	渋谷～元町・中華街、海老名、湘南台
都営浅草線	京急電鉄	泉岳寺～羽田空港、三崎口
	京成電鉄・北総鉄道・芝山鉄道	押上～成田空港、印旛日本医大、芝山千代田
都営三田線	東急電鉄・相模鉄道※1	目黒～日吉、海老名、湘南台
都営新宿線	京王電鉄	新宿～橋本

②関西地区

地下鉄路線	直通する郊外鉄道事業者	郊外側の主な直通区間
大阪メトロ中央線	近畿日本鉄道	長田～学研奈良登美ヶ丘
大阪メトロ堺筋線	阪急電鉄	天神橋筋六丁目～北千里、京都河原町
京都市交烏丸線	近畿日本鉄道	竹田～近鉄奈良
京都市交東西線	京阪電鉄	山科～浜大津※2
神戸高速鉄道※3	山陽電鉄	西代～山陽姫路
	阪神電鉄・近畿日本鉄道	元町～阪神梅田、近鉄奈良
	阪急電鉄	神戸三宮～大阪梅田
	神戸電鉄	湊川～三田、粟生

③名古屋地区

地下鉄路線	直通する郊外鉄道事業者	郊外側の主な直通区間
名古屋市交鶴舞線	名古屋鉄道	赤池～豊田市、上小田井～犬山
名古屋市交上飯田線	名古屋鉄道	上飯田～犬山

④福岡地区

地下鉄路線	直通する郊外鉄道事業者	郊外側の主な直通区間
福岡市交空港線	JR 唐津線	姪浜～唐津

※1　相模鉄道との相互直通運転は 2023 年 3 月開始
※2　京阪電鉄による片乗り入れ
※3　神戸高速鉄道は車両を保有していない

2-4 東京の通勤五方面作戦

1960年代の東京圏では、通勤鉄道の殺人的な混雑が大きな社会問題となっていました。これを抜本的に改善するために、日本国有鉄道（国鉄）が実施した一大プロジェクトが通勤五方面作戦です。これにより、東京圏の鉄道インフラは大きく変わりました。

線路の増設による抜本的な輸送力増強

第二次世界大戦後の高度経済成長と都市部の過密化により、東京圏では居住地の遠隔化が進みました。そのため、通勤ラッシュ時の混雑は物理的な限界といわれる300%近くに達し、「通勤地獄」と称されるほどのひどい状態でした。

増大する通勤通学需要に対応する方策として、列車運行間隔の縮小（列車本数の増加）、列車編成両数の増大などによりラッシュ時の輸送力を増強していきましたが、混雑はひどくなるばかりでした。

当時の国鉄では、輸送需要は今後さらに増加するとの予測に基づき、線路の増設（線増※）による抜本的な輸送力増強を図る方針を打ち出し、通勤輸送力と幹線輸送力の増強を主な目標とした第三次長期計画（1965年度～1971年度）を1964年に策定しました。

▲乗降客で大混雑する国鉄中央線新宿駅3・4番線ホーム（1967年）（左右とも）

写真提供：鉄道博物館

※**線増**：線路増設。複線化や複々線化など、同一区間の線路の本数を増やすこと。

この第三次長期計画の中で、東京圏における抜本的な通勤輸送力増強策として計画・実施されたのが「通勤五方面作戦」です。その内容は、国鉄が1960年頃から1980年頃までの約20年間に総額1兆3500億円（1980年価格）を費やして、東京から放射状に延びる五方面の路線（東海道線・中央線・東北線・常磐線・総武線）に大規模な鉄道インフラ投資を行なうというものでした。

3つの基本方針

通勤五方面作戦の展開にあたっては、次の3点を基本方針としました。

1. 現有施設の能力を超える輸送需要に対しては、新規の投資によって抜本的な設備改善を行ない対処すること。
2. ダイヤの過密化を解消し、安全輸送を確保するために、幹線輸送と競合する通勤輸送は極力線路を分離すること。
3. 必要な線区については、都心に直通する地下鉄への国電（国鉄の電車）の乗り入れを行なうこと。

具体的には、東京駅を中心として約30km圏において、複々線化、別線線増、連続立体交差化、列車の長大編成化、地下鉄との相互直通化などが進められました。

各路線の具体的な改良内容

上記の改良方針に基づき、東京圏の主要5路線において、次のような輸送力増強策が実施されました。

①東海道線

東京～小田原間（延長83.9km）を対象に線増が行なわれました。東京～大船間では同じ線路を共用していた東海道線と横須賀線を別線に分離し、平塚～小田原間では旅客列車と貨物列車の分離が図られています。具体的には、1976年に東京～品川間（延長6.5km）が地下別線で複線線増を完成して総武快速線の延長として供用を開始、1979年には鶴見～戸塚間（延長

15.4km）の貨物別線が完成して東京～小田原間の客貨分離を実現しました。さらに 1980 年には東海道線と横須賀線を分離し、横須賀線は品川から地下線を経由して総武快速線との直通運転を開始しました。

②中央線

中野～三鷹間（延長 9.4km）を在来線に併設する複線線増により複々線化することになり、1966 年に中野～荻窪間の線増、1969 年に荻窪～三鷹間の線増が完成しました。これにより、緩行列車の三鷹までの延長運転と地下鉄東西線との相互直通運転が始まりました。

③東北線

赤羽～大宮間（延長 17.1km）において、在来線に併設して複線線増を実施し、従前の旅客線と貨物線による複々線だったものを 3 複線にする工事が 1968 年に完成しました。これにより、東北・高崎線の中距離旅客列車と緩行列車（京浜東北線）の運転を分離し、東北･高崎線は増発と長編成（15 両）化を実施しました。

④常磐線

綾瀬～取手間（延長 32.2km）を在来線に併設する複線線増により複々線化し、中距離旅客列車と緩行列車を分離運転することになり、1972 年に綾瀬～我孫子間の線増、1982 年に我孫子～取手間の線増が完成しました。上野～取手間で快速列車が新規に設定され、緩行列車は綾瀬から都心側を地下鉄千代田線との相互直通運転で運行する形になりました。

⑤総武線

東京～千葉間（延長 39.2km）を対象に線増が行なわれました。東京～両国間（延長 3.2km）は地下構造で別線を新設し､両国～津田沼間（23.4km）は在来線に併設して複線を線増することになり、1972 年に東京～津田沼間の線増が完成、快速列車が新規に設定されました。1980 年から横須賀線との相互直通運転が始まり、1981 年には津田沼～千葉間（12.5km）の在来線と並行する複線線増が完成しました。

通勤五方面作戦の評価

国鉄が東京圏で実施した通勤五方面作戦により、鉄道の輸送力が抜本的に増強されただけでなく、鉄道を連続・単独で高架化または地下化することにより、合計 235 か所の踏切が除却されました。これにより、道路整備による都市交通の円滑化、鉄道によって分断されていた市街地の一体化など、都市づくりに大いに貢献しました。

また、都心のターミナル駅で乗り換えをすることなしに目的地まで到着できるように地下鉄との相互乗り入れを実現したことにより、利用客の利便性は大きく改善されました。

このように、国鉄の通勤五方面作戦により 1980 年代までに改良・強化された都市鉄道インフラは東京圏の発展と町づくりに大きく寄与しており、今日の東京圏の都市鉄道の基盤を築いた大規模な通勤鉄道改善プロジェクトといえるでしょう。

東京の通勤五方面作戦（赤い太線が線増・改良区間）

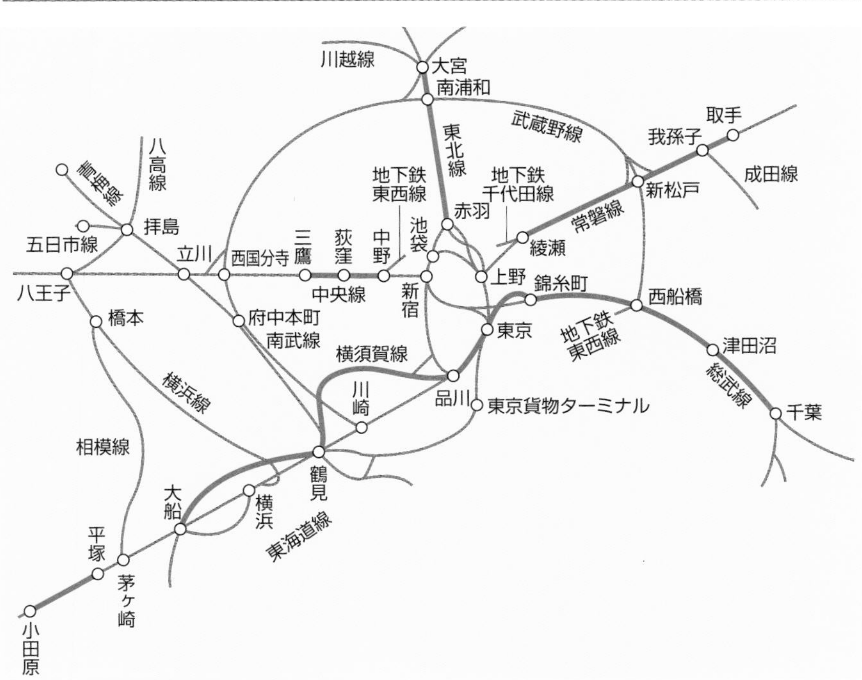

2-5 民鉄の複々線化

複々線化とは、既設線の輸送力を大幅に増強し、ラッシュ時の混雑を緩和することを目的に大都市で進められてきた鉄道整備事業の一つです。抜本的な輸送力強化の切り札ですが、実現には用地確保と建設期間の長期化が課題となります。

複々線化の目的と効果

鉄道の軌道には、上下列車が同じ線路を共有する単線と、上下列車がそれぞれ別の線路で走る複線があります。同じ時間に一方向にしか列車を走らせられない単線より、それぞれ同じ方面に向かう列車を続けて運転できる複線のほうが格段に大きな輸送力があります。しかし、複線でも列車と列車の間隔は一定の距離を空ける必要があり、1 時間あたりに運転できる列車の本数には限界があります。

そこで、利用者の増加による混雑を緩和する抜本的な解決策となるのが複々線化です。複々線とは、上り線と下り線をそれぞれ 2 本ずつ敷設し、同一方向へ向かう列車を同時に運転できるようにするものです。これにより、運転できる列車の本数を大幅に増やすことができます。三組の複線が並ぶものは「三複線」と呼ばれ、日本の民鉄では阪急電鉄の大阪梅田駅〜十三（じゅうそう）駅間が有名です。

複々線になると大幅に運転本数を増やすことができ、特にラッシュ時の混雑緩和に効果を発揮します。

緩急分離運転

複々線ではほとんどの場合、同じ方向へ向かう 2 本の線路のうち、一方を途中駅全てに停車する緩行線、もう一方を主要駅のみに停車する急行線に分ける「緩急分離」で運転しています。こうすることで徐行運転や通過待ちがかなり減少し、所要時間が短縮できます。また、各駅停車のみが停車する駅では急行線にホームを作らなくて済むので、建設コストの削減にも寄与します。

線路別複々線と方向別複々線

複々線は、線路の配置により大きく2種類に分かれます。上下線で1組の複線を2組並べたのが「線路別複々線」、上下線をそれぞれ1本から2本に増やしたのが「方向別複々線」です。

運行する車両がそれぞれ別系統だったり、走行ルートが緩急で分かれている場合は「線路別複々線」のほうが運用しやすいですが、優等列車と各駅停車を同一ホームで乗り換えられない不便さがあります。

その点、「方向別複々線」は乗客の緩急乗り換えが容易で、準急や区間急行のような途中から各駅停車になる列車が緩行線と急行線を渡って走行するのにも適しています。「方向別複々線」では、外側の2線を急行線にして各駅停車のみ停車する駅を島式ホームにする場合と、内側に急行線を配して各駅停車のみ停車する駅を相対式ホームにする場合があります。

複線と複々線の比較

●複線の場合

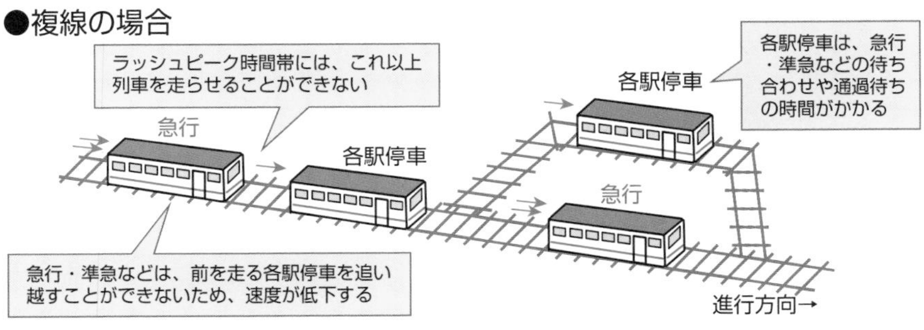

●複々線の場合

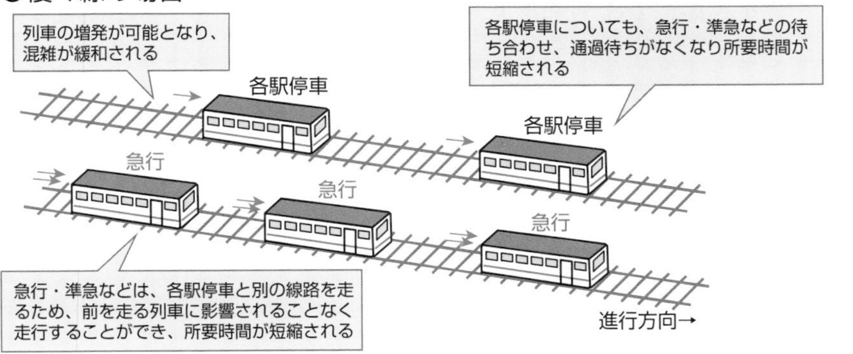

複々線化の事例

複々線化の工事方法としては、既設線の横に並行して線路を増設するほか、既設線の真下に線路を新設する方法もあります。一般的に複々線化事業は連続立体交差事業とともに都市計画として進められ、「地形的条件（その地域の地形と鉄道の線形との関係）」、「計画的条件（踏切の除去数や駅の移動の有無など）」、「事業的条件（事業費や事業期間）」の３つの観点から検討されます。

ここでは、代表的な民鉄の複々線化の事例として、東武鉄道の北千住駅～北越谷駅間および小田急電鉄の代々木上原駅～登戸駅間の２つを紹介します。

◆東武鉄道伊勢崎線

東武伊勢崎線（東武スカイツリーライン）では、1962 年に営団地下鉄（現・東京メトロ）日比谷線との直通運転が始まったことが一大転機となり、沿線で宅地整備が急速に進みました。現在の獨協大学前駅（旧駅名称は松原団地駅）付近に当時、東洋最大規模のマンモス団地と呼ばれた草加松原団地が建設されたこともあり、伊勢崎線の利用者数は一気に増加していきました。

そのため、伊勢崎線は通勤ラッシュの改善が最大の課題となり、北千住駅以北を複々線化する工事に着手します。1967 年に着工し、1974 年には関東の民鉄で初となる複々線が北千住駅～竹ノ塚駅間に誕生しました。その後も、竹ノ塚駅以北で順次工事が進められ、工事着工から約 30 年後の 2001 年に北千住駅～北越谷駅間の複々線化工事が完了しています。なお、同区間は日本の民鉄では最長の複々線区間であり、その長さは 18.9 ㎞に及びます。また、2019 年度のピーク時 1 時間あたりの最大列車本数は 41 本です。

◆小田急電鉄小田原線

東武鉄道と同様に、小田急電鉄でも沿線の急速な都市化に直面し、増発と編成両数の増強に努めたものの、従来の複線では限界がありました。このような状況を抜本的に改善するために、小田急でも複々線化が進められました。

小田急電鉄における複々線化事業の構想は、1964 年に都市交通審議会の答申改訂で当初は別線新設で検討されていた地下鉄 9 号線（現・東京メトロ千代田線）の喜多見駅～代々木上原駅間を小田急線の線増とする都市計画を決定したことに遡ります。これに基づき、1978 年には千代田線が代々木上原駅まで延伸するのと合わせて代々木上原駅～東北沢駅間の 0.7 ㎞が小田急電鉄初の複々線区間として供用開始されました。

しかし、その後は東京都や地元区市等との協議が難航したこともあり、すぐに工事着手とはいきませんでした。複々線化区間の大部分は高架式ですが、2004 年に着工した下北沢地区（東北沢駅～世田谷代田駅間）は地元の強い要望もあり 2 線 2 層の地下式構造を採用、工事着工から約 30 年後の 2018 年にようやく 11.7km に及ぶ代々木上原駅～登戸駅間の複々線化工事が完成しました。複々線化の事業化構想から実現まで、約 50 年の歳月を費やしたことになります、なお、2019 年度のピーク時 1 時間あたりの最大列車本数は 36 本です。

■下北沢地区における 2 層式複々線化工事の進め方■

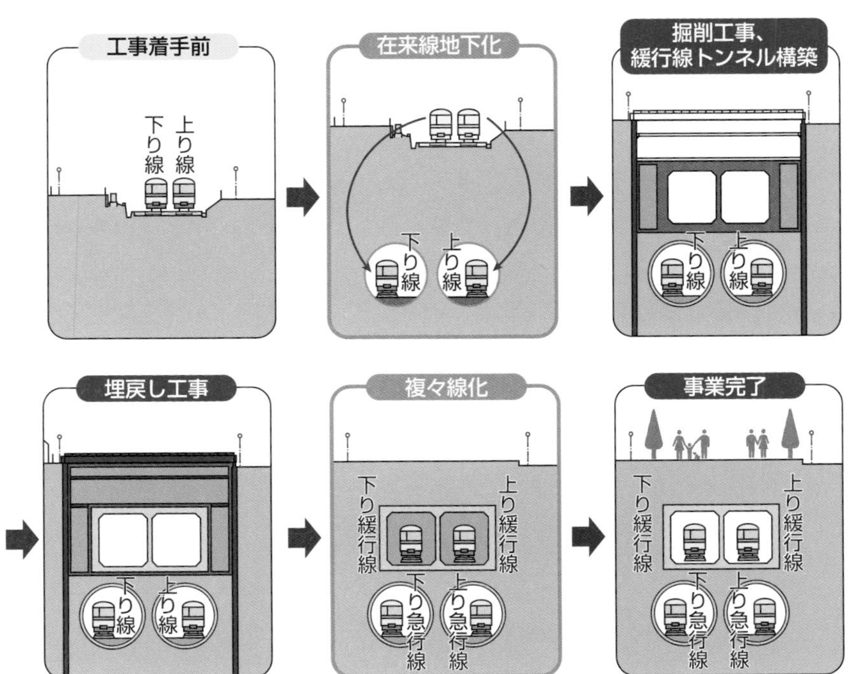

民鉄の複々線化区間

事業者名	線名	区間	営業キロ	供用開始年
東武鉄道	伊勢崎線	北千住～北越谷	18.9	2001年
	伊勢崎線	曳舟～とうきょうスカイツリー押上	1.3	2003年
	東上本線	和光市～志木	5.3	1987年
西武鉄道	池袋線	練馬～石神井公園	4.6	2012年
京成電鉄	本線	青砥～京成高砂	1.2	1985年
京王電鉄	京王線	新宿～笹塚	3.6	1978年
小田急電鉄	小田原線	代々木上原～登戸	11.7	2018年
東急電鉄	東横線	田園調布～日吉	5.4	2011年
	田園都市線	二子玉川～溝の口	2.0	2010年
東京地下鉄	有楽町線	小竹向原～池袋	3.2	1994年
京浜急行電鉄	本線	金沢文庫～金沢八景	1.4	1999年
名古屋鉄道	名古屋本線	神宮前～金山	2.2	1990年
近畿日本鉄道	大阪線	大阪上本町～布施	4.1	1978年
南海電気鉄道	南海本線	難波～住ノ江	6.7	1995年
京阪電気鉄道	京阪本線	天満橋～萱島	11.5	1982年
阪急電鉄	宝塚本線	大阪梅田～十三	2.4	1959年

※事業者が違うものや別線扱いのものは除く。

2-6 連続立体交差

連続立体交差事業とは、鉄道と道路が平面交差しているところに対し、鉄道を連続的に高架化または地下化することです。その区間に存在する踏切をなくし、踏切が原因となる渋滞や事故を解消するのが目的で、自治体等と連携して工事が進められます。

立体交差の直接的効果

連続立体交差事業が完成すると、その区間における踏切を一斉に除去できるため、踏切における列車通過の待ち時間がなくなり、交通渋滞を緩和することができます。特に「開かずの踏切」と呼ばれるような箇所がある列車本数の多い路線では、その効果は大きいと言えます。

また、地平に敷かれた線路と、踏切の遮断時間が長いことによる地域分断を解消し、列車と車や人とが接触する踏切事故が発生する危険性をなくすことができます。

1960 年には約 7 万か所あった踏切は、立体交差化や統廃合が進められ、2020 年には 3 万 2733 か所まで減少しました。

踏切の数の推移

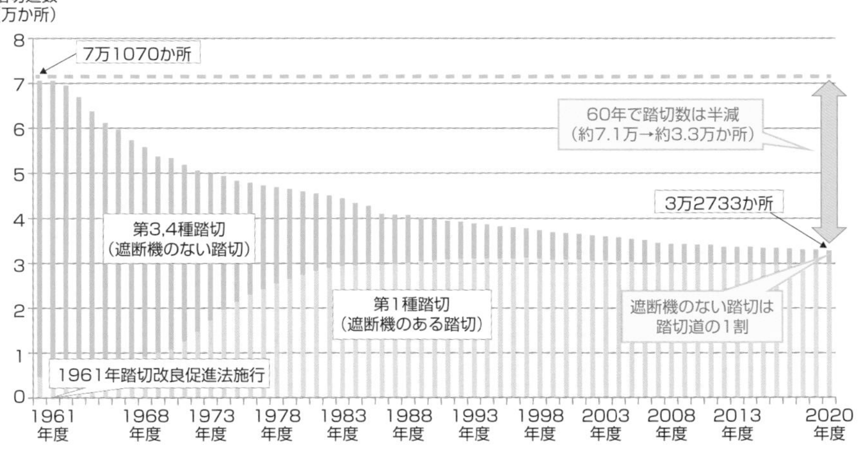

出典：数字でみる鉄道 2021

プラスαの効果

連続立体交差事業は大規模な土木工事と工事用地が必要となるので、施工にあたっては線路の複線化、複々線化事業を同時に実施することが多くなります。そのため、これらの工事が完成すると、鉄道の輸送力が大幅に増加し、混雑率の緩和や所要時間の短縮につながります。また、駅やホームの改良や、駅周辺の開発も同時に行なうことが可能です。

京王電鉄京王線の初台～笹塚間、西武鉄道池袋線の桜台～大泉学園間、小田急電鉄小田原線の東北沢～登戸間などの連続立体交差事業ではこの方式がとられ、完成後は列車の運行本数を大幅に増やし、混雑率を減少させることができました。

行政の都市計画事業として推進

連続立体交差事業は鉄道事業者が単独で行なうのではなく、都道府県や政令市、特別区などの地方自治体が施行者となり、まちづくりの一環である「都市計画事業」として進められます。

事業費用の約 9 割を行政が、残りの約 1 割を鉄道事業者が負担することとし、複々線化など立体交差化と同時に行なわれる鉄道機能の強化にかかる費用については鉄道事業者が全額を支出します。なお、行政が負担する部分の内訳は、5.5 割を国庫補助事業として国が、4.5 割を地方自治体がそれぞれ負担する形です。

高架化と地下化

道路交通との平面交差を解消し、立体交差にする方法としては、鉄道を高架化する例が大半ですが、鉄道を地下線に移行する形で立体交差を実現するケースもあります。小田急電鉄の下北沢駅付近や京王電鉄の調布駅付近、東急電鉄の大岡山駅付近はその一例です。地下化すると事業費は高額になりますが、地上に利用可能な土地が増えるメリットがあります。

また、連続立体交差化の計画区間に幹線道路を跨線橋あるいはアンダーパスにして既に立体交差としている箇所が含まれている場合には、道路を地平に戻す逆立体交差化工事が必要になることもあり、その場合の工事手順は複雑なものとなります。

連続立体交差事業の概要

事業イメージ

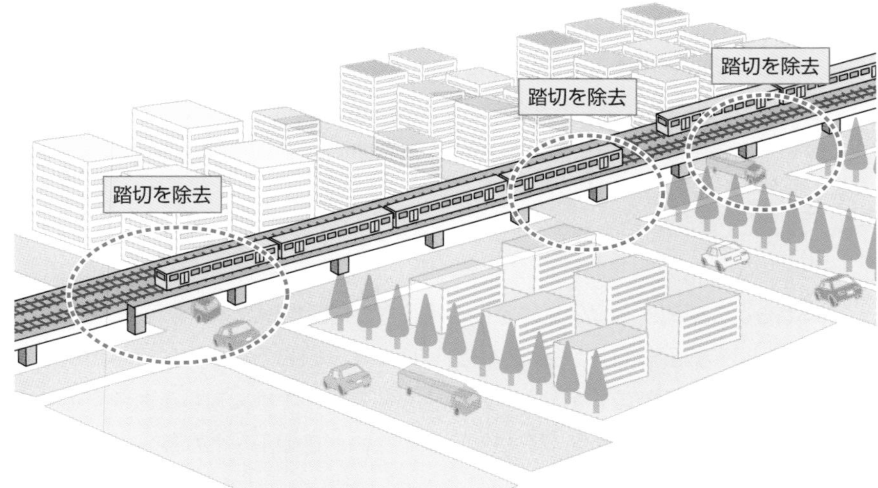

連続して高架化することで、複数の踏切を一挙に除去

費用負担

行政が約9割、鉄道事業者が約1割※を負担

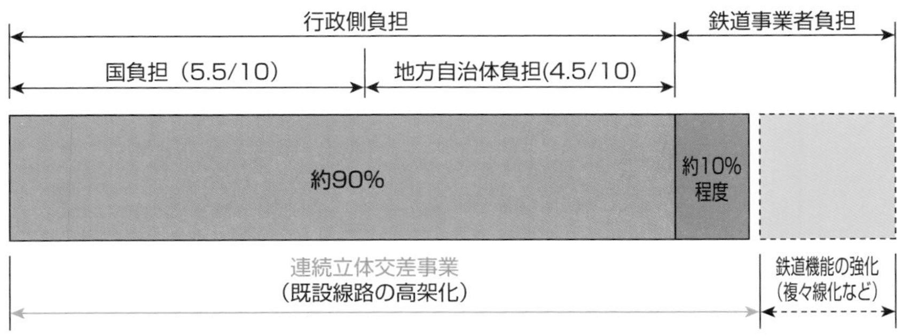

※鉄道事業者は、鉄道高架に伴う受益（高架下利用益、踏切事故解消益等）分として、地域ごとに決められている割合を負担

出典：国土交通省「連続立体交差事業」

2-7 貨物線の旅客化

新たな用地取得が難しい大都市部では、もともとは貨物線として建設されたものを旅客線に転用したケースが多く見られます。鉄道による貨物輸送の需要が減少する一方で、沿線人口の増加などによる旅客鉄道需要の増加に対応するため、用途を変更して再整備した事例です。

品鶴線

品川駅と鶴見駅を新鶴見操車場（現・信号場）を経由して結ぶ品鶴線は、もともとは東海道本線の支線として建設された貨物線でした。

「通勤五方面作戦」の一環として1980年（昭和55年）に行なわれた東海道線と横須賀線の完全分離（別線化）に際し、本線に対して大きく迂回するものの、新たな用地買収をせずに済むため、このルートが旅客線化されることとなりました。

品鶴線の旅客転用

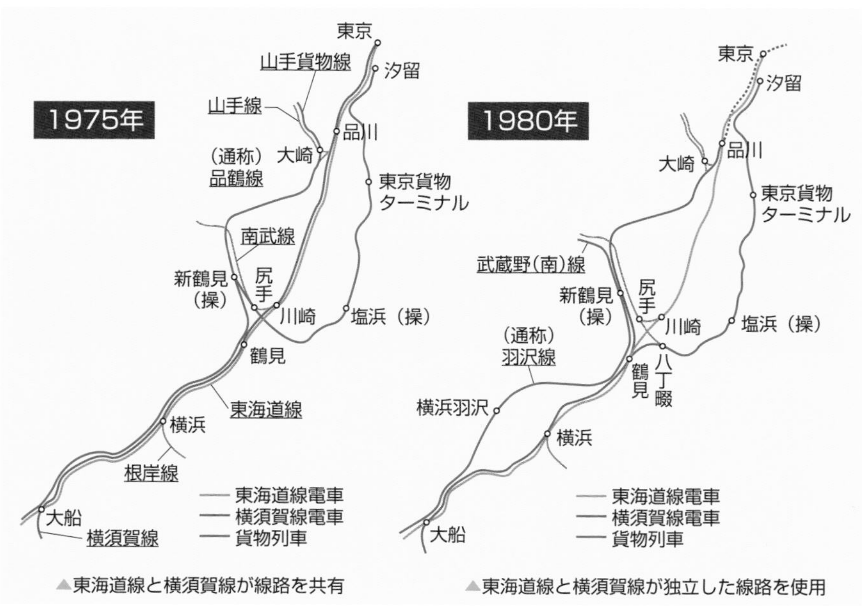

▲東海道線と横須賀線が線路を共有

▲東海道線と横須賀線が独立した線路を使用

品鶴線には横須賀線と、直通する総武快速線の電車が走るようになり、その後の 2001 年（平成 13 年）からは宇都宮線・高崎線と直通する湘南新宿ラインのルートにもなっています。現在はこれに相模鉄道との直通運転も加わり、さらに賑わうようになりました。

武蔵野線

現在の武蔵野線は、鶴見駅から神奈川県北部、東京都多摩区、埼玉県南部、千葉県西部を通って西船橋駅に至る路線です。

都心部から放射状に各地へと伸びる主要路線を相互に行き交う貨物列車は従来、都心部の山手貨物線を経由していたため、旅客列車の増発に支障が出ていました。そこで、東京圏の外周を大回りして、都心部を通ることなく物流ができるようにする「東京外環状線」の一部として計画されました。

鶴見駅から府中本町駅間は貨物列車専用（旅客列車は臨時列車のみ）、府中本町駅から西船橋駅は旅客列車と貨物列車の併用で運行されています。当初の旅客列車は日中は 1 ～ 2 時間に 1 本しかない時間帯もあるような貨物主体の路線でしたが、次第に沿線の宅地開発が進んで人口が増加するに伴い、運転本数も徐々に増え、いまでは欠かせない生活路線へと成長しました。

▲品鶴線を走る横須賀線 E217 系

▲武蔵野線 E231 系

京葉線

京葉線も、武蔵野線と同じくもともとは貨物主体の「東京外環状線」として川崎市の塩浜から東京湾沿いを通り千葉県木更津へと至るルートが計画されていました。ところが、路線整備中の 1970 年代から自動車による貨物輸送が増大し、鉄道貨物輸送の需要が減少したことから、貨物線としての整備を見直し、建設が中断されました。その一方で千葉方面から東京へ向かう旅客需要が増加し、総武線の輸送力を補完する必要が生じていたことから、京葉線の旅客転用が具体化し、1986年（昭和61年）からまず西船橋〜千葉みなと間で旅客営業を開始しました。

1988年（昭和63年）には貨物線として計画されていた区間であった新木場〜南船橋間、市川塩浜〜西船橋間、千葉みなと〜蘇我間での旅客営業が始まり、さらに1990年（平成2年）には用地の一部などを凍結された成田新幹線計画から転用するなどして東京駅への乗り入れを果たしています。

りんかい線（東京臨海高速鉄道）

東京臨海高速鉄道りんかい線は、京葉線の新木場駅と山手線の大崎駅を結ぶ旅客線ですが、このうち新木場駅から東京港トンネルを通った先の信号場から分岐して東京貨物ターミナルに隣接する八潮車両基地に至る区間はもともと東京外環状線の一部として計画されていた旧国鉄京葉貨物線の一部を転用したものです。

国鉄時代には旅客線転用計画がなく、分割民営化後は国鉄清算事業団が所有していましたが、東京臨海副都心地区の開発計画が進み、またその後に中止となったものの同地区で世界都市博覧会の開催が予定されたことで、それらの旅客輸送のために第三セクターによる旅客鉄道に転用することが決まりました。

1996年（平成8年）に新木場〜東京テレポート間が開業、品川埠頭分岐部信号場から大崎駅までは新規に建設され、2002年（平成14年）に全線開業しています。

▲京葉線 E233 系

▲りんかい線 70-000 形

あおなみ線（名古屋臨海高速鉄道）

東海道本線の支線の一つである「西名古屋港線」は笹島駅から西名古屋港駅に至る、もともとは貨物専用の路線でした。沿線の名古屋西南部は既存の鉄道網から外れていて移動は自動車やバスなどの道路交通に頼っている地域で、交通渋滞が著しい問題がありました。港湾エリアの開発整備や沿線で大規模住宅等の建設計画が進むことになり、これに対応した鉄道整備が強く求められるようになりました。

西名古屋港線は複線電化や高架化などの全面改良を実施して旅客・貨物共用化され、第三セクターの名古屋臨海高速鉄道が 2004 年（平成 16 年）に名古屋～金城ふ頭間の旅客営業を開始しました。

おおさか東線

JR 西日本のおおさか東線は新大阪駅から久宝寺駅に至る鉄道路線であり、このうち神崎川信号場～久宝寺間は片町線の貨物支線である城東貨物線を改良して旅客線化したものです。南区間の放出（はなてん）～久宝寺間は 2008 年（平成 20 年）に開業、北区間の新大阪～放出間は 2019 年（平成 31 年）に開業しました。

大阪外縁部において都心部から放射線状に広がる各路線を相互に連絡するルートなので、鉄道の広域ネットワークの形成に寄与しています。久宝寺から大和路線に乗り入れて奈良まで直通する快速列車も設定されています。2023 年（令和 5 年）3 月からは大阪駅（うめきたエリア）への乗り入れも始まりました。

▲あおなみ線 1000 形＊

＊写真提供：大井孝弘

▲おおさか東線 221 系

2-8 都心スルー運転

都心を挟んで反対側にある別々の路線を一本につなぐことにより、それぞれのターミナル駅での列車折返しや利用客の乗り換えをなくす都心スルー運転は、移動のシームレス化を図る有効な手法の一つです。

東京圏の都心スルー運転

埼玉県の大宮と神奈川県の横浜を結ぶ京浜東北線は、東京圏における都心スルー運転の端緒であり、大正末期から京浜線電車が東北線側に乗り入れるようになり、徐々に運転区間を拡大していったものです。

昭和に入り、1932年に総武線の両国～御茶ノ水間の高架線による延伸、翌年に中央線御茶ノ水～中野間の複々線化が完成すると、中央線と総武線の直通運転が始まりました。現在のような緩行線の一体運行となったのは1959年からです。

高度成長期の急速な輸送需要の増加に対応するため国鉄が整備を進めた「通勤五方面作戦」では、横須賀線と総武快速線の直通が実現しました。また、常磐線緩行の地下鉄千代田線乗り入れも、国鉄の都心スルー運転の一種といえます。

2000年代に入ると、中距離を走る路線をつなげて北関東と神奈川県を結ぶ系統の整備がJR東日本により進められました。

▲京浜東北線 E233系

▲総武・中央緩行線 E231系

湘南新宿ライン

湘南新宿ラインは、2001 年 12 月から運行を開始しました。それまでは、東海道本線は東京駅、高崎線と宇都宮線は上野駅を発着するのが基本で、その先の目的地へ乗り換えが必要でした。特に新宿や渋谷、池袋など山手線沿いの副都心へ向かう利用者は多く、それまでの東京駅、上野駅といった旧来のターミナル駅を使わずに池袋、新宿、渋谷へ直通するルートの利便性はかなり高くなります。もともと山手線と並行する形で山手貨物線があり、池袋～大崎間は埼京線により既に旅客線に転用されていました。赤羽～池袋間もやや大回りながら貨物線を経由して走ることで、東海道線や横須賀線から高崎線や宇都宮線に乗り継ぎをせずに直通することができるようになりました。運転開始後は、その利便性から利用者が増え、運行頻度も上がっています。

■湘南新宿ライン路線図■

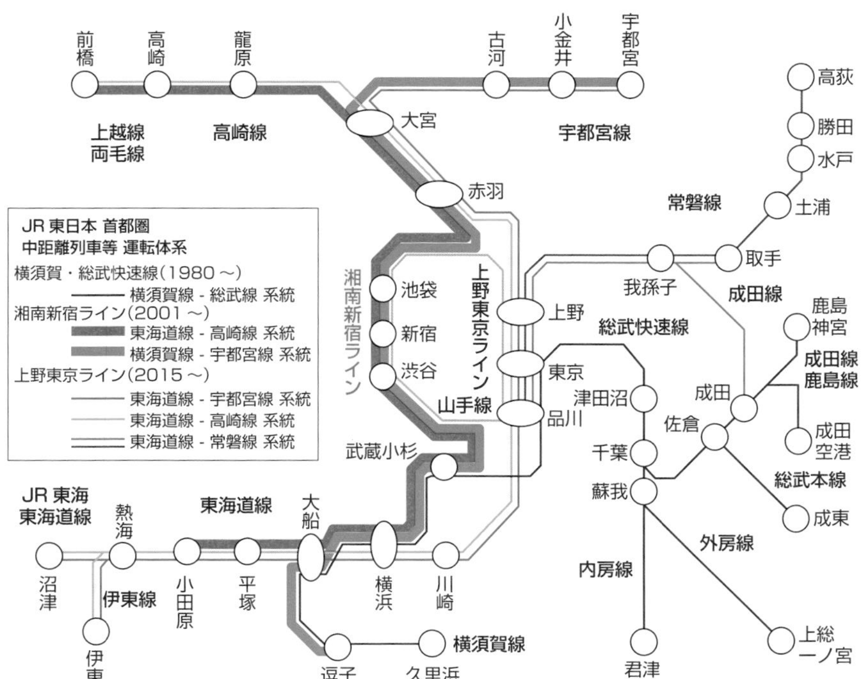

上野東京ライン

湘南新宿ラインはどちらかというとバイパス的な性格であり、東海道線、高崎・宇都宮線では東京駅、上野駅発着が依然としてメインのルートになっています。これを結んで直通する構想は古くからありましたが、湘南新宿ラインの成功を受けて実現へと動き出し、2015年3月から上野東京ラインとして運行を開始しました。上野～東京間にはかつて在来線の線路がつながっていましたが、新幹線の敷設により分断されていました。ここを再び結ぶことになり、都心の狭小な用地を工夫により活用して線路を敷設したものです。

完成後は東京駅、上野駅で折り返していた多くの列車が直通するようになり、乗客の利便性向上に加えて、車両の共通化と運用の効率化がコストダウンにつながました。また、田町にあった車両基地をなくし、跡地が再開発されています。

■上野東京ライン路線図■

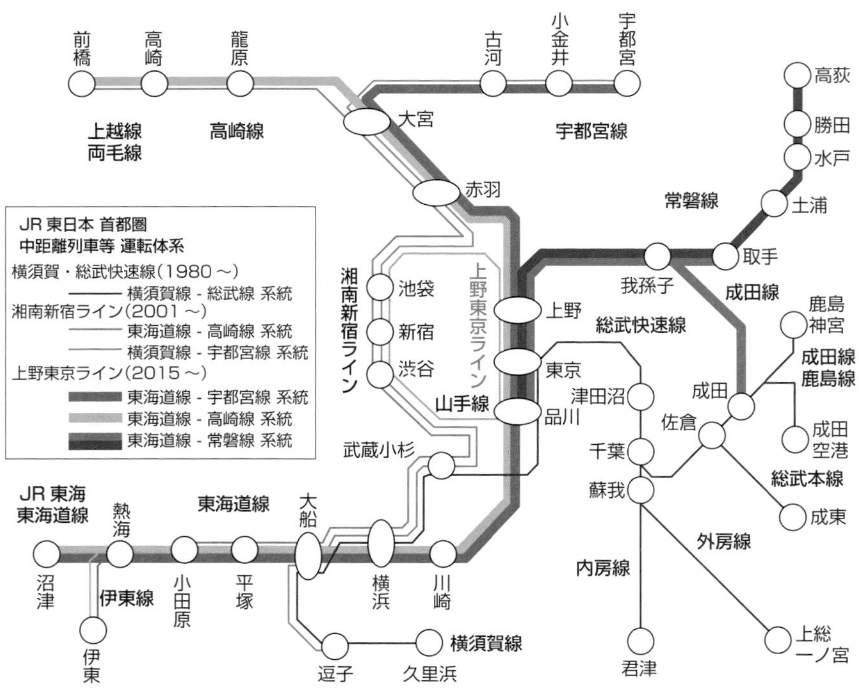

関西圏の都心スルー運転

関西の国鉄ではもともと東海道線が京都、大阪、神戸のいわゆる京阪神を結ぶスルー運転をしていました。関西線の大阪環状線直通も都心スルー運転の一種といえます。JR になってからの一大プロジェクトとしては、JR 東西線が挙げられます。

JR 東西線

JR 東西線は、宅地開発など沿線の都市化が進んでいた学研都市線（片町線）と宝塚線（福知山線）の利用客増加に対応するため、それらを結ぶ片福連絡線（当時）を敷設する必要性から建設が検討され、1997 年 3 月に開業しました。大阪府にある京橋～尼崎間を結ぶ路線で、大阪市の中心を東西に横断し、京橋駅では片町線、尼崎駅では福知山線と接続して直通運転をしています。JR 東西線の開業により、大阪中心部へのアクセスが大幅に改善されました。

■ JR 東西線路線図 ■

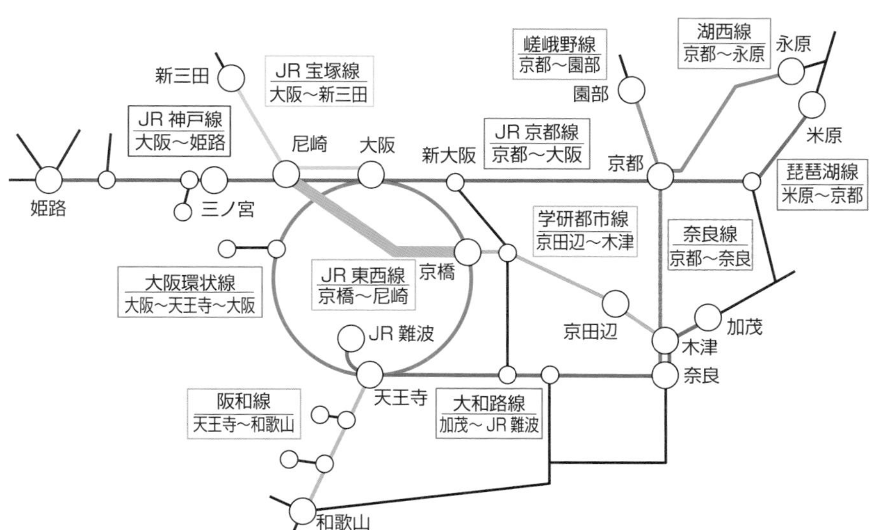

2-9 空港アクセス鉄道

鉄道（新幹線）と航空は長距離の都市間交通としてはライバル関係にありますが、都市中心部と空港を結ぶアクセス輸送においては、定時運転と大量輸送という鉄道の利点を活かした協力関係を築いています。

都心部と空港を鉄道で結ぶメリット

遠く離れた都市間を移動する交通機関として代表的なものは新幹線や航空機です。都市交通は、その発着点となる新幹線駅や空港にアクセスする手段としての機能も求められます。特に空港は航空機の離着陸に広大な敷地と長い滑走路が必要なため、都市中心部から離れた立地となることが多く、空港へのアクセス交通に乗車する時間が長かったり定時性が確保できないと、いくらフライト時間が短くてもトータルの所要時間が長くなってしまいます。

航空利用がまだ大衆化していなかった時代はまずタクシーが用いられ、次に空港専用バスや路線バスが輸送を担うようになりましたが、これらは道路渋滞の影響を受けやすく、遅れることを含めた余裕時間が必要でした。航空利用者の増加に対するアクセス交通の輸送力を強化し、速達性・定時性を確保する点において、空港アクセスは鉄道の特性が活かせるジャンルだといえます。

輸送力と運転頻度

空港へのアクセス手段には、適切な輸送規模とフライトスケジュールに見合った輸送頻度が必要です。発着便数の多い空港では、一度に大量の人員をまとめて輸送する方法ではなく、1 回の輸送力は小さくてもこまめに多い本数でピストン輸送するほうが適しています。そのため、モノレールや AGT などの中量輸送機関であったり、編成両数の少ないシャトル列車で運行する例が多くなります。待ち時間を気にすることなく次の列車に乗れる、あるいは一定の間隔で発車するのがわかっていれば、利便性が高く安心して使うことができます。

また、使用する車両や駅施設が、大型の荷物を持って移動することを考慮した仕様になっているのも特徴です。

空港アクセス鉄道の事例

首都東京の玄関口である羽田空港（東京国際空港）への足として1964年の東京オリンピック開催に合わせて開業した東京モノレールは、日本で初めての本格的な空港アクセス鉄道であるとともに、モノレールの実用化第1号でもあります。長らく空港利用者の最もポピュラーなアクセス手段として機能してきましたが、1998年に京急電鉄が空港の近くまでだった既存路線を整備して空港ターミナルの地下まで乗り入れると、地下鉄で都心部に直通する利便性などから急速にシェアを伸ばし、利用者の選択肢の幅を広げています。

都心部から離れて立地する成田空港や関西空港へは、それぞれJRと民鉄の2社が路線を持ち、有料特急も運行しています。また、地方空港でも空港利用者の利便性向上に鉄道アクセスは重要なファクターとの認識が高まっており、熊本では新たな空港アクセス鉄道建設の検討を進めています。

▲東京モノレール2000形

▲大阪モノレール2000形

▲名鉄空港線2000系「ミュースカイ」

▲神戸新交通ポートライナー2020型

空港アクセス鉄道の例

空港名	事業者名	路線名	空港側の発着駅	主な都市側の発着駅	供用開始年
新千歳空港	JR 北海道	千歳線	新千歳空港駅	札幌駅	1992 年
仙台空港	仙台空港鉄道	仙台空港線	仙台空港駅	仙台駅	2007 年
成田国際空港	京成電鉄	本線（現・東成田線）	成田空港（現・東成田）駅	日暮里駅	1978 年
	JR 東日本	成田線	成田空港駅、空港第 2 ビル駅	東京駅	1991 年
	京成電鉄	本線	成田空港駅、空港第 2 ビル駅	日暮里駅	1991 年
東京国際空港	東京モノレール	羽田空港線（旧・羽田線）	羽田空港第 1 ターミナル駅、羽田空港第 2 ターミナル駅、羽田空港第 3 ターミナル駅（供用開始時は、羽田駅）	浜松町駅	1964 年
	京急電鉄	空港線	羽田空港駅	品川駅	1998 年
中部国際空港	名古屋鉄道	空港線	中部国際空港駅	名鉄名古屋駅	2005 年
大阪国際空港	大阪モノレール	本線	大阪空港駅	蛍池駅、千里中央駅	1997 年
関西国際空港	JR 西日本	関西空港線	関西空港駅	天王寺駅	1994 年
	南海電気鉄道	空港線	関西空港駅	難波駅	1994 年
神戸空港	神戸新交通	ポートアイランド線	神戸空港駅	三宮駅	2006 年
福岡空港	福岡市交通局	空港線	福岡空港駅	博多駅	1993 年
宮崎空港	JR 九州	宮崎空港線	宮崎空港駅	宮崎駅	1996 年
那覇空港	沖縄都市モノレール	ゆいレール	那覇空港駅	県庁前駅	2003 年

…… モノレール　　…… AGT

第3章

リニアメトロ

リニアモータを採用し車両を小型化でき、トンネル断面が小さくなることにより建設費を縮減できる中容量の都市交通システムです。リニアモータ駆動方式のため、台車に操舵機構が容易に設備できるので急曲線走行や非粘着駆動のため雨や雪にも強く、また急勾配走行ができるので、路線計画の自由度が高く、道路下の地下のみでなく、地上や高架も走行可能な全天候型都市交通システムです。

3-1 リニアメトロとは

地下鉄は、都市の基幹的な公共交通機関として、市民の生活基盤を支え、都市の活性化と地域の発展を図り、都市機能を充実させる上で極めて重要な交通手段です。また、地下鉄は、主として道路の下に建設されるため土地の有効活用が図られ、騒音が少なく、都市景観に影響を与えないなど、魅力あるまちづくりに適したシステムとして、世界的に整備が進められています。

開発実用化の経緯

地下鉄の建設には長期的な計画と多額の資金を必要とし、特に近年は建設費の高騰から各都市での整備が遅々として進まないのが現状です。このため、輸送需要に応じた適正規模の低コスト地下鉄が求められ、駆動方式にリニアモータを採用した「リニアメトロ」が開発されました。

この「リニアメトロ」は、産学官一体で 1981 年度から研究開発を開始し、1985 年度から 3 か年にわたる大阪南港（なんこう）での長期試験をはじめとした実用化に向けた取組みが進められ、大阪市・長堀鶴見緑地線での「リニアメトロ」導入決定（1987 年）を皮切りに、各都市で「リニアメトロ」が導入された。同路線での開業以来、既存の地下鉄路線の延伸や相互直通乗入れによるものを除く地下鉄路線は、全て「リニアメトロ」が採用されました。

リニアメトロの現状

1990 年 3 月に長堀鶴見緑地線が、大阪で開催された「花と緑の博覧会」のアクセス輸送の要として、世界で初めての本格的なリニアメトロとして開業しました。以来、2020 年度末までの 6 都市 7 路線・総計 115km で、累計約 92 億人を無事故で輸送しており、現在でも無事故輸送実績を更新しています。この時点で約 5.8 億人／年、約 160 万人／日を輸送し、世界に誇るべきものであると言えます。

特に、東京都・大江戸線は、8 両編成の大量輸送手段として、首都東京の第二山手線としての環状鉄道の役割を果たしています。

さらに、福岡市・七隈線で博多駅方面への延伸が図られる等、今や「リニアメトロ」は、都市における基幹的な公共交通機関としての一翼を担うとともに市民生活や経済活動を支える足として極めて重要な役割を担っています。

リニアメトロの発展

急激に進展する少子高齢化、地球環境への配慮を考えたとき、人と環境に優しい「リニアメトロ」は、その役割とともに、期待と重要性が高まっています。そして、延伸計画や新線計画も検討中です。

リニアメトロは、日本では6都市7路線が営業して、都市交通の重要な一翼を担い、小断面の小型・中量輸送システムで、急勾配・急曲線を地下・地上・高架をスムーズに走行できる全天候型の都市交通システムです。

■リニアメトロの特徴を活かした都市のイメージ■

▲リニアメトロの非粘着駆動の特徴を活かして、急曲線・急勾配走行が可能な全天候型の駆動システムです。

提供：一般社団法人日本地下鉄協会

■日本のリニアメトロ一覧■

都市	路　線	区　　間	営業キロ（km）	開業初年	駅数	記　事
大阪市	長堀鶴見緑地線	大正～門真南	15.0	1990年	17	延伸計画有
	今里筋線	井高野～今里	11.9	2006年	11	
東京都	大江戸線	都庁前～光が丘	40.7	1991年	38	延伸計画有
神戸市	海岸線	三宮時計台前～新長田	7.9	2001年	10	
福岡市	七隈線※	天神南～橋本	12.0	2005年	16	延伸計画有
横浜市	グリーンライン	日吉～中山	13.0	2008年	10	延伸計画有
仙台市	東西線	八木山動物公園～荒井	14.4	2015年	13	
6都市7路線			114.9	－	115	

※福岡市七隈線は、2023年3月に天神南～博多間1.4㎞延伸開業予定

■リニアメトロの輸送実績（2021年度末）■

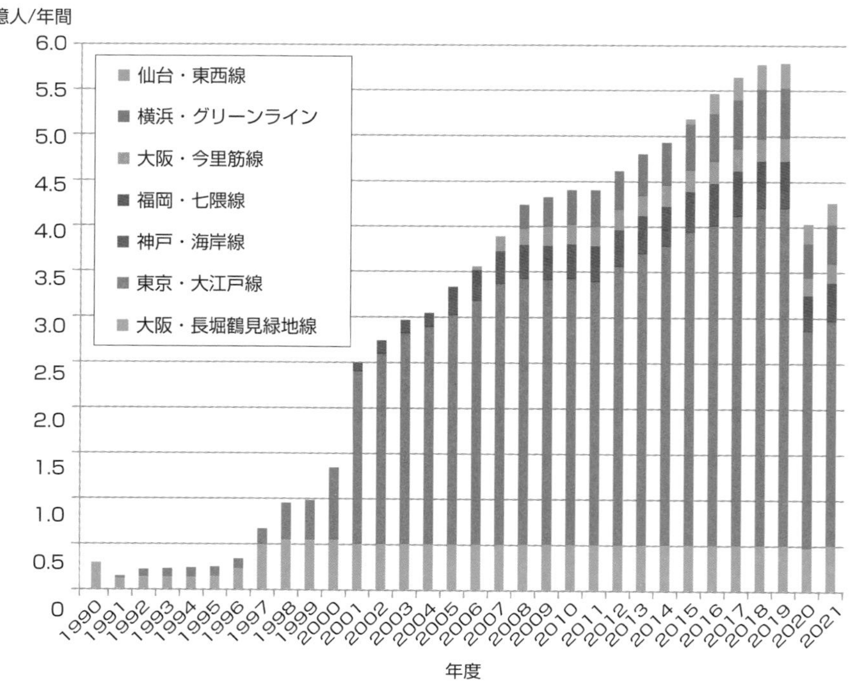

出典：一般社団法人日本地下鉄協会

3-2 リニアメトロの必要性と開発の経緯

地下鉄建設費の高騰で 1995 年にはコスト縮減の必要に迫られていました。そこでコスト低減のために、リニアモータ駆動方式による小断面地下鉄の開発が計画されました。
リニアメトロは、都市機能の持続的発展、都市機能のネットワーク化、大都市地下鉄網の補完、中核都市への新規建設が求められています。建設の自由度の向上をしながら建設費の縮減をおこない、現在では都市交通システムの一翼を担うまで発展しました。

地下鉄建設費の推移

地下鉄建設促進の課題は、建設費の縮減でした。当時、350 ～ 400 億円 /km まで跳ね上がり、そのために小型地下鉄開発が推進され目標 160 ～ 250 億円 /km への大幅な縮減が世の中のニーズであり、その開発が急務でした。

■地下鉄建設費の推移■

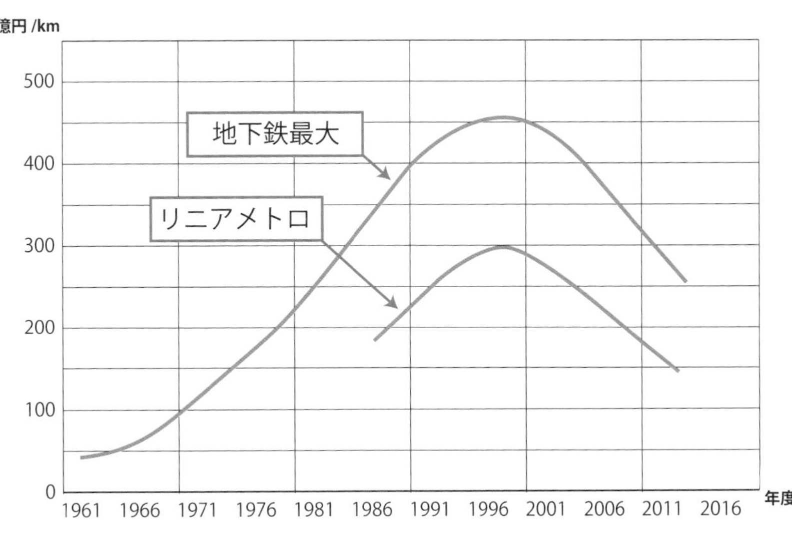

リニアメトロの開発の経緯

「リニアメトロ」など、鉄道にリニアモータを応用する技術の研究開発のルーツは、1962年（昭和37年）に、旧国鉄の鉄道技術研究所が車輪とレールの摩擦力に頼らない非粘着駆動システムの実用化を目指したことに始まります。旧国鉄の貨物ヤードでの貨車仕分装置で採用したL4カーに引き継がれ、これを地下鉄の建設コスト縮減策として研究開発が進められました。大阪南港実験線での3か年にわたる走行試験を経て、大阪花博のアクセス線として開業（大阪市·長堀鶴見緑地線）を皮切りに、その後各都市で導入が進み、今日に繋がっています。

こうした「リニアメトロ」の開発・発展の経緯は、大きく【研究開発】（システム機能性の確立）、【実用化】（システムの安全性・経済性の検証）、および【普及促進】（都市交通システムの地位確立、実路線の採用）に区分されます。

■リニアメトロの研究開発、実用化、普及推進の経緯■

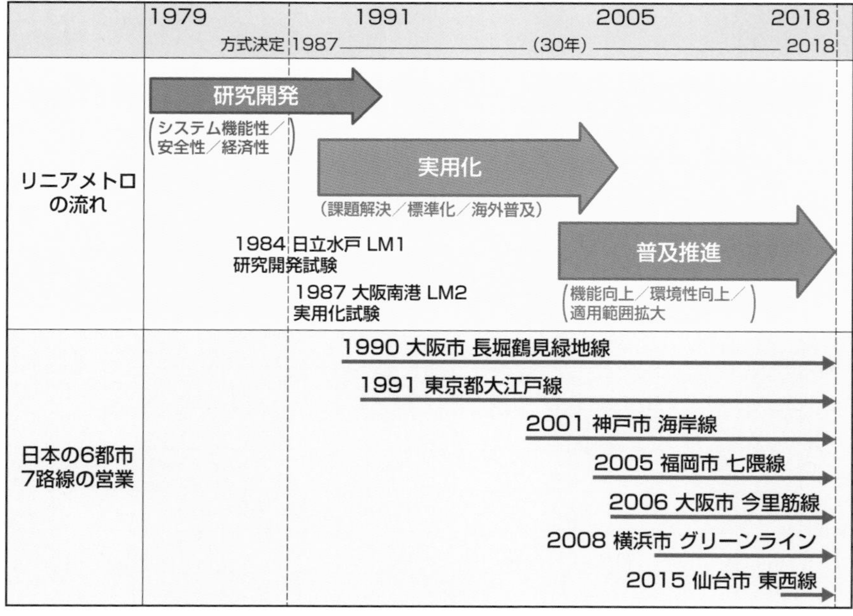

LM1 実験車による基礎実験

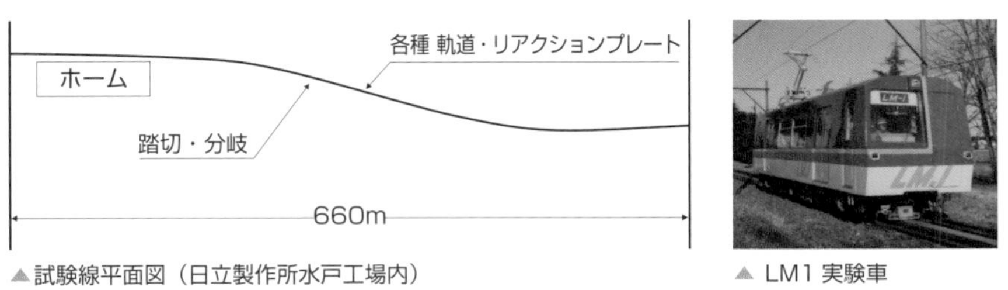

▲試験線平面図（日立製作所水戸工場内）

▲ LM1 実験車

＊写真提供：株式会社日立製作所

LM2 試験車による実用化試験（大阪南港実験線）

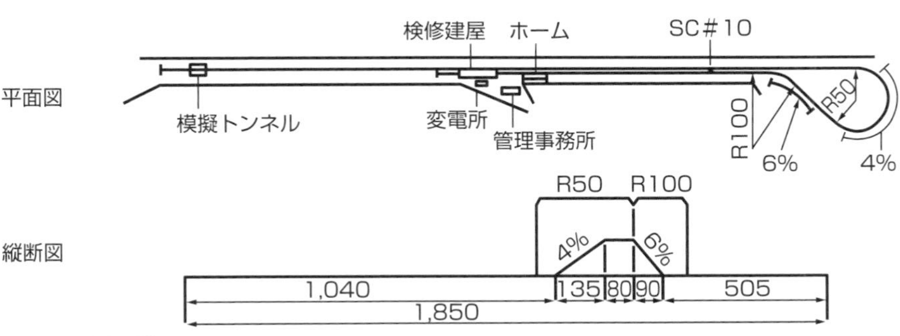

▲大阪南港実験線

▲大阪南港実験線　全景

▲大阪南港実験線　LM2 実験車

提供：一般社団法人日本地下鉄協会

3-3 リニアメトロの原理

リニアモータによる非粘着駆動で、車体は浮上しない車輪支持方式を採用し、通常のレール上を架線から給電して走行する電車です。
車両は通常のレール上を車輪支持で走行し、台車装荷のリニアモータと地上レール間に敷設されたリアクションプレートとの間の磁気力による非粘着駆動方式で加速・減速します。

リニアモータはその名の如く、従来の回転モータを切り開き、電機子側を台車の中央に取付、回転子側を地上の軌道のレール間に施設します。その電機子をリニアモータ、回転子をリアクションプレートとして、架線から直流電力を受電し、インバータで交流電力をリニアモータの電機子コイルに供給し交流磁界を発生させ、相互誘導で相対するリアクションプレートに磁界を誘起させて、その間の磁気力で電車を加速・減速するシステムです。

■リニアモータの原理（回転モータを直線状に切り開く）■

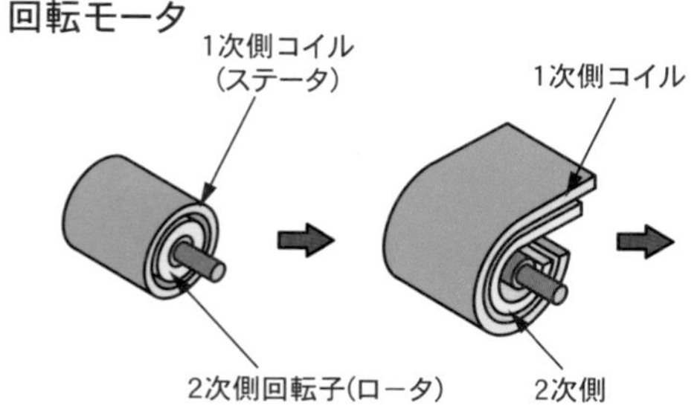

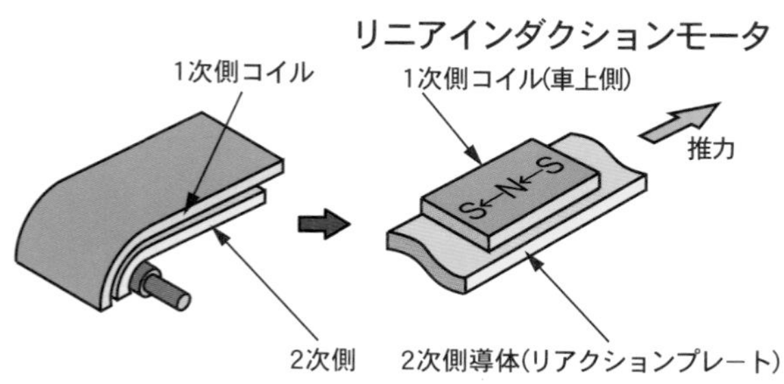

提供：一般社団法人日本地下鉄協会

■リニアモータを取り付けた台車とリアクションプレート■

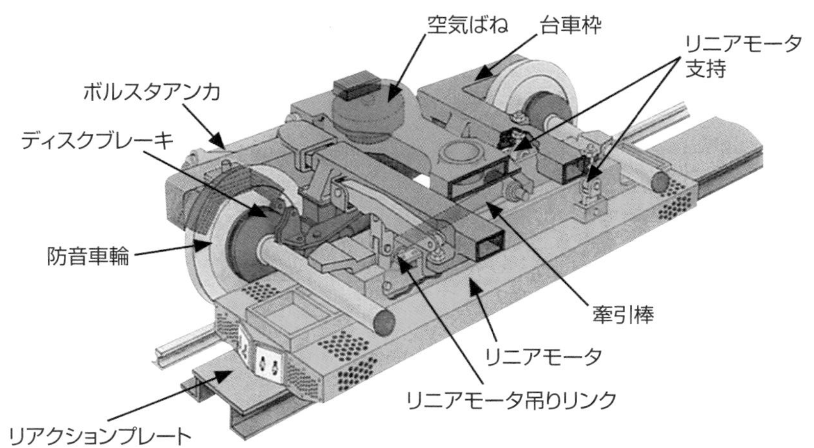

提供：一般社団法人日本地下鉄協会

一方、従来の電車の駆動方式は、インバータから交流電力を回転モータに供給し、歯車装置を介して、車輪にその回転力を伝えて、電車を加速・減速するシステムです。そのため、従来の電車は、車輪とレールの摩擦力で電車を加速·減速する方式に対して、リニアメトロは、リニアモータとリアクションプレート間の磁気力、すなわち非粘着で駆動するために、従来の電車にあった雨天や雪の影響での空転・滑走の問題が無くなりました。その特徴により全天候型の駆動システムです。

■リニアモータ■

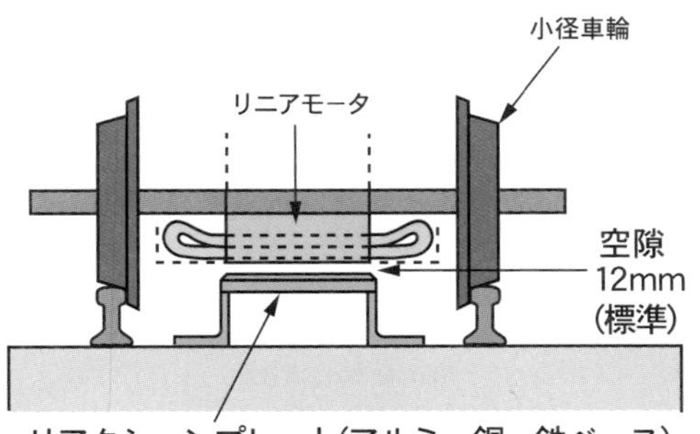

リニアモータの断面例

■リニアメトロ車両のイメージ図■

提供：一般社団法人日本地下鉄協会

■リニアモータ車両と鉄輪式車両の基本システム比較■

非粘着駆動方式(リニアモータ電車)

リニアモータの磁石の吸引力・反発力で推進

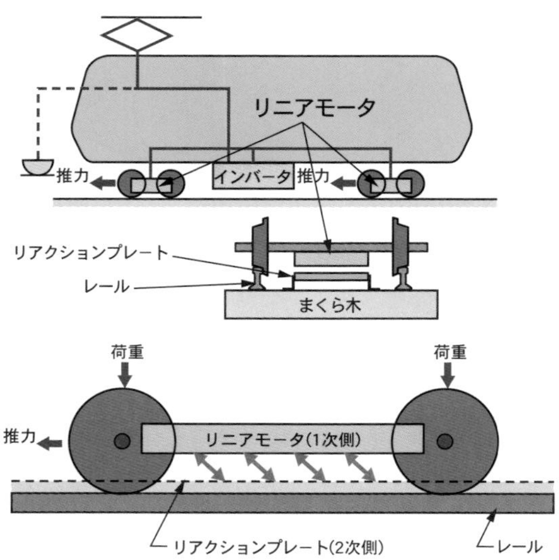

粘着駆動方式(従来の電車)

車輪の回転力によりレールとの摩擦で推進

車輪を電動機で回転させて推進するため、回転力が大きいと空転が生じる。

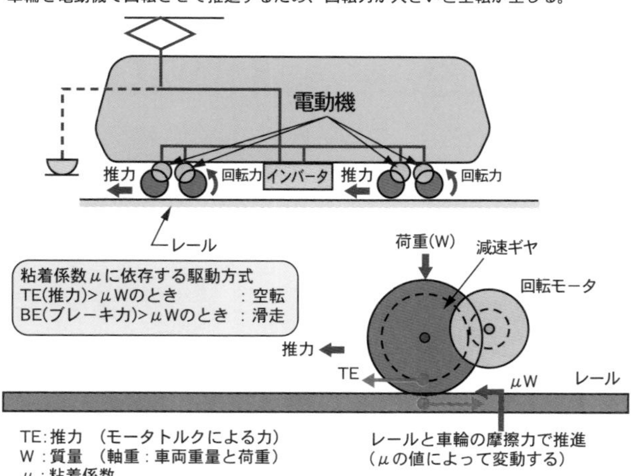

提供：一般社団法人日本地下鉄協会

この車輪とレール間の駆動力の伝達が無くなったことで、操舵方式の採用が容易に可能となり、車輪の踏面形状の工夫と台車の連節構造の採用で、急曲線走行が実現しました。仙台市東西線では、さらに操舵機能を改良したリンク式操舵台車※を採用し、急曲線の採用により、道路下でのトンネルが実現でき、建設費の縮減や騒音低減他に繋がっています。

■リンク式操舵台車（左）と自己操舵台車（右）■

▲リンク式操舵台車　▲自己操舵台車

提供：一般社団法人日本地下鉄協会

■リンク式操舵機構■

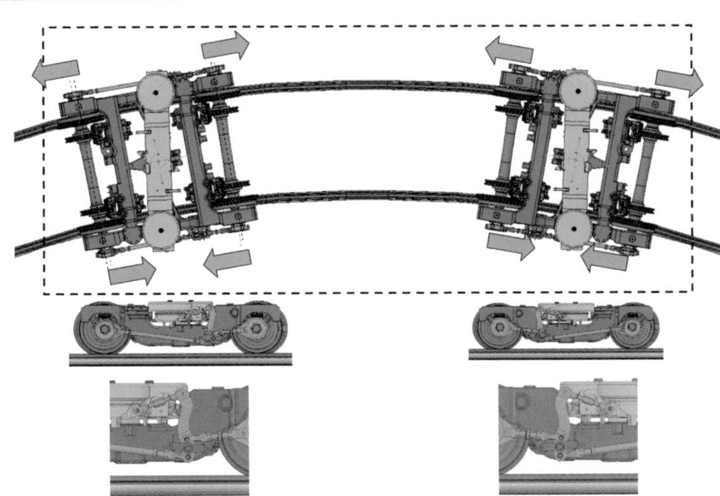

提供：一般社団法人日本地下鉄協会

※**操舵台車**：曲線に合わせて舵を切る台車

3-4 リニアメトロの特徴

自動車交通の地下鉄道化で低炭素化、建設費縮減、駅を浅くして駅へのアクセスが容易で、都市の持続的発展に貢献できます。
小型・小断面地下鉄、道路下をトンネル断面積を半分にし建設費の縮減、リニアモータ駆動のため操舵台車の活用が容易で急曲線走行やリニアモータの非粘着駆動方式により急勾配走行も可能で、導入空間が多様で路線設計の自由度が高く、適切な都市交通システムが実現できます。

なぜリニアメトロか

理想的な都市交通システムは、安く、速く、静かで快適な特徴が必要です。そのためには、建設費の低減、維持管理費の低減、利便性の向上、および快適な環境の保全などのリニアメトロの特徴が必要です。

建設費の低減

①扁平なリニアモータの採用で、床下高さを低くし室内空間を適正に保つ車両を実現しつつ、トンネル断面を縮小化が可能となり、トンネル建設費の低減が可能

②リニアモータの非粘着駆動により急勾配の活用が可能になり、地下空間の利用自由度が向上し、駅の深さを浅くすることが可能

③急曲線の活用で、道路下のみでの路線建設が可能になり、民有地の利用の削減が可能

④急曲線・急勾配の活用で、地下から地上・高架線への地上部の土地利用の削減が可能

維持運営費の低減

①従来地下鉄に比べて、回転モータから可動部を無くし、歯車装置を無くして、維持点検部を削減

②操舵台車の採用で、車輪やレール摩耗による交換頻度を減らし維持費用を削減

利便性の向上

①小断面地下鉄なので大都市の補完地下鉄や地方都市地下鉄など、比較的狭い道路下や急曲線での路線建設が可能で、鉄道不便地域にも地下鉄建設が可能

②駅を浅くすることで、地上へのアクセスの容易性向上

③急勾配・急曲線の活用で、他路線の駅との接続・乗換の容易性向上

快適な環境

①小断面車両ですが、適正な室内空間を確保

②操舵台車で、曲線通過時のきしり音を低減可能

③非粘着駆動方式のため、空転・過走の機会が減り定位置停止、安定運行が可能。全天候型駆動システムの実現

■リニアメトロの特徴■

理想的な都市交通システム
安く、早く、静かで快適な新都市交通システムの実現へ

建設費の低減
- 小断面トンネルにより建設費を低減
- 急勾配・急曲線走行への対応で路線計画の自由度を拡大

維持・運営費の低減
- 車両・軌道保守費の低減
- 鉄輪の採用と電力回生ブレーキによる電力費の低減

利便性の向上
- 高加減速度の実現で表定速度を向上
- 天候に影響されない走行で安定したダイヤを確保

快適な環境
- 排気ガスゼロの電気駆動方式による無公害交通システム
- セルフステアリングにより急曲線路もスムーズで静かな快適走行
- 回転モータ、駆動ギア不要で静かな車内

非粘着駆動
- 急勾配の走行可能
- 天候に影響されない走行(雨・雪に強い)
- 保守の省力化・レールのメンテナンスの軽減

扁平リニアモータを使用
- 容易な車両保守で省力化を実現
- モータ軸受け、駆動ギア、継手のメンテナンス不要
- 小径車輪、短軸距、ステアリング機能の採用
- 急曲線路を容易に走行
- 低床化によりトンネル断面の小径化を実現
- 停止まで電気ブレーキが作用
- 制輪子のメンテナンスを大幅に低減

リニアメトロ

出典：一般社団法人日本地下鉄協会提供

3-5 リニアメトロの導入事例

日本では現在6都市7路線（大阪、東京、神戸、福岡、横浜、仙台）、海外ではカナダ、アメリカ、マレーシア、中国、韓国で活躍しています。

日本の導入事例：

日本では、LM1・LM2実験車に始まり、大阪市70系試作車を経て、世界初の地下鉄方式のリニアメトロは、1963年に開業した長堀鶴見緑地線です。その後、東京都、神戸市、福岡市、横浜市、および仙台市で開業しました。

■導入実績表（合計115km）■

都市	路線	区間	営業キロ		開業年
大阪市	長堀鶴見緑地線	①京橋～鶴見緑地	5.2km		1990年
		②京橋～心斎橋	5.7km		1996年
		③心斎橋～大正、鶴見緑地～門真南	4.1km	15.0km	1997年
	今里筋線	今里井～高野	11.9km	11.9km	2006年
東京都	大江戸線	①光が丘～練馬	3.8km		1991年
		②練馬～新宿	9.1km		1997年
		③新宿～国立競技場	2.1km		1999年
		④国立競技場～都庁前	25.7km	40.7km	2000年
神戸市	海岸線	三宮時計台前～新長田	7.9km	7.9km	2001年
福岡市	七隈線	天神南～橋本	12.0km	12.0km	2005年
		天神南～博多	1.4km		（建設中）
横浜市	グリーンライン	日吉～中山	13.1km		2008年
仙台市	東西線	八木山動物公園～荒井	14.1km		2015年

■日本における実験車から 6 都市 7 路線の「リニアメトロ」車両■

神戸市海岸線
5000系(2001年7月)

(一社)日本地下鉄協会
LM2試験車(1987年)

(一社)日本鉄道技術協会
LM1実験車(1983年)

仙台市東西線
2000系(2015年12月)

福岡市七隈線
3000系(2005年2月)

東京都大江戸線
12-000系(1991年12月)

大阪市70系試作車
(1988年)

東京都12-000型試作車
(1990年)

大阪市長堀鶴見緑地線
70系(1990年3月)

大阪市今里筋線
80系(2006年12月)

横浜市グリーンライン
10000系(2008年3月)

写真提供:一般社団法人日本地下鉄協会

海外の導入事例

世界初の高架式リニアメトロは、カナダのトロントで 1985 年に開業したスカボロ線です。カナダでは、バンクーバーで、1986 年エキスポ(バンクーバー交通博覧会)を機にスカイトレイン(エキスポ線)が開業、その後ミレニアム線が開業しました。

地下鉄ではクアラルンプール(マレーシア)Kelana Jaya 線(1998 年開業)広州(中国)4 号線(2005 年開業)5 号線(2009 年開業)の路線にリニアメトロが採用されました。

海外の導入実績表

国	都市	路線	営業キロ	駅数	開業年	路線形状
カナダ	トロント	スカボロ線	6.4	6	1985	高架
	バンクーバー	エキスポ線 (Sky Train)	28.9	22	1986	高架(2駅地下)
		ミレニアム線 (Sky Train)	25.5	17	2002	高架(一部地上)
アメリカ	ニューヨーク	空港線 (AirtrainJFK)	13	2	2003	高架(空港内線含む)
マレーシア	クアラルンプール	Kelana Jaya 線	46.4	37	1998	高架(5駅地下)
中国	広州	4 号線	60.0	23	2005	高架(中心部地下)
		5 号線	31.9	24	2009	地下
		6 号線	42	32	2013	地下
	北京	機場線 (Airport Exprss)	28.1	4	2008	高架(中心部2駅地下)

世界のリニアモータ車両

▲カナダのバンクーバー*
＊写真提供：陸康思

▲マレーシアのクアラルンプール

▲カナダのトロント スカボロ線

▲中国の北京 機場線

▲中国の広州 4 号線

▲アメリカの JFK 空港線*
＊写真提供：松本陽

3-6 大阪メトロ長堀鶴見緑地線・今里筋線

大阪メトロには、わが国初のリニアメトロを導入した長堀鶴見緑地線と今里筋線の２路線があります。長堀鶴見緑地線は、当初、大阪環状線の京橋から鶴見緑地に至る５駅 5.2km で 1990 年３月 20 日に開業しました。同年に開催された「国際花と緑の博覧会」のアクセス交通機関として重要な役割を果たしました。

路線概要

急勾配：最急勾配 60‰、急曲線：最小曲線半径 105m（今里筋線：最小曲線半径 80m）の採用で多くの河川を横断し、できるだけ道路下を活用して建設されました。

都心内では、複数の地下鉄やＪＲ路線と接続し利便性の向上を図り、大阪地下鉄の碁盤の目のネットワーク化を形成しています。

建設理由

大阪地下鉄のネットワークの充実を図り、その建設路線は、河川が縦横に流れる大阪市の都心を通り、建設費を縮減する目的で、小断面で急勾配・急曲線走行が可能な機能を持つリニアメトロが採用されました。今里筋線は大阪市東部の交通不便地域の解消を目的に建設されました。

車両写真

▲長堀鶴見緑地線：70 系車両

▲今里筋線：80 系車両

路線 / 車両仕様

開業年：長堀鶴見緑地線：1990年3月20日、京橋～鶴見緑地5.2㎞
1996年12月11日、京橋～心斎橋5.7㎞
1997年8月29日、大正～心斎橋2.8㎞、鶴見緑地～門真南1.3㎞
今里筋線：2006年12月24日(井高野～今里)
路線：長堀鶴見緑地線：15.0㎞(門真南～大正)、16駅
今里筋線：11.9㎞(井高野～今里)、11駅
軌道：軌間1435㎜、最急勾配60‰、最小曲線半径105m(80m※)
車両編成：15m車両、4両編成(15×2.49×3.12m)、
車両数：100両、(68両※)
給電方式：DC1500V架線集電方式
駆動方式：110kWリニアモータ非粘着駆動
車両性能：最高速度70km/h、加速度2.5㎞/h/s、減速度3.5㎞/h/s
台車：軸距1900㎜、車輪径660㎜、自己操舵台車
運転方式：ATOワンマン運転(TASC制御ワンマン運転※)

※今里筋線のみ、その他は長堀鶴見緑地線共通

■長堀鶴見緑地線の路線図■

■今里筋線の路線図■

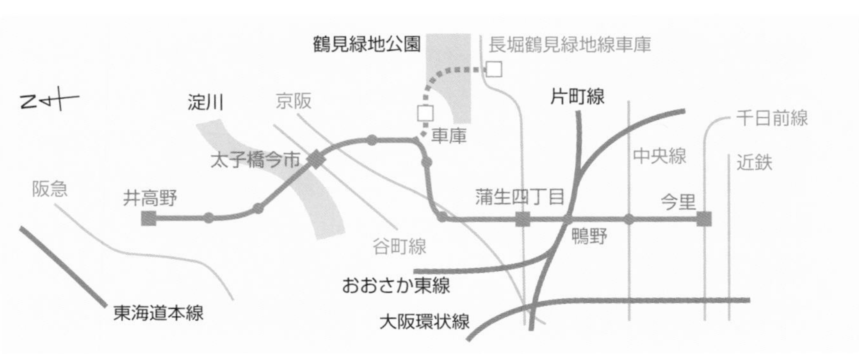

■トンネルの防水扉と鶴見緑地駅タイル壁画■

▲トンネルの防水扉

▲鶴見緑地駅タイル壁画

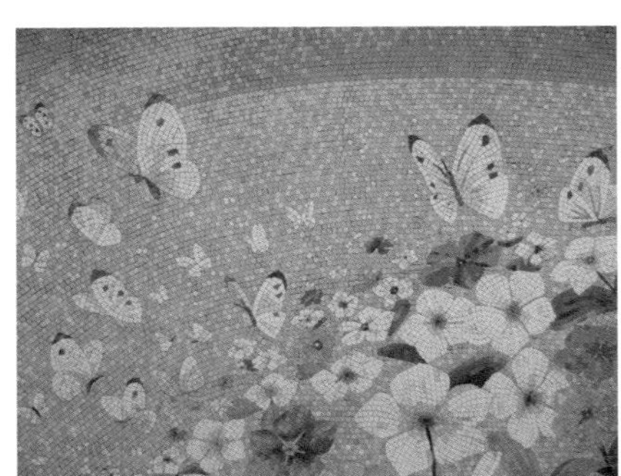
▲鶴見緑地駅タイル壁画

▲70 系試作車（大阪南港実験線）

3-7 東京都営大江戸線

放射状に都心に接続する鉄道路線を環状鉄道で繋ぎ補完し、首都東京の多心型都市構造への再編成を促進する交通機関としての役割が期待されています。第二山手線として鉄道ネットワーク化の充実、都心部の交通渋滞の分散化、鉄道不便地域の解消、沿線各地域の再開発と活性化などに大きく寄与する路線であり、東京全体の均衡ある発展を目指す街づくりに欠くことのできない重要な路線です。

路線概要

路線形状に合わせて、急曲線でも急勾配でもしなやかな走りで、「リニアメトロ」の持ち味は首都東京でも遺憾なく発揮されています。都心部の複雑な地下空間選定をリニアメトロの特徴である急勾配・急曲線機能の活用で実現しました。放射部と環状部からなる6の字形の都営地下鉄大江戸線は、30路線以上の既存の鉄道ときめ細かく連絡し、東京における交通ネットワーク形成や交通不便地帯の解消、沿線地域の活性化に重要な役割を果たす40.7kmの路線です。

建設理由

郊外から都心部への放射状の鉄道線を環状線で繋ぎ、都心部の既存地下鉄と容易な接続を行ない、都心の高速道路橋脚の基礎や複雑な地下埋設物を避け、港湾地区の河川を地下で潜り、かつ駅部を浅くして利便性を上げ、道路下の地下空間をできるだけ利用し、狭い道路下では上下2段化等も採用し、小断面地下鉄を走行可能な小型地下鉄を採用した路線です。その路線計画を可能にするために、リニアメトロの特徴である急曲線・急勾配を多用して建設費を縮減して実現できた地下鉄です。

車両と案内

▲12-000 型 1 次車

▲12-000 型 3 次車

▲12-600 型 1 次車

▲12-600 型 3 次車

▲都営大江戸線による地下鉄のネットワーク化

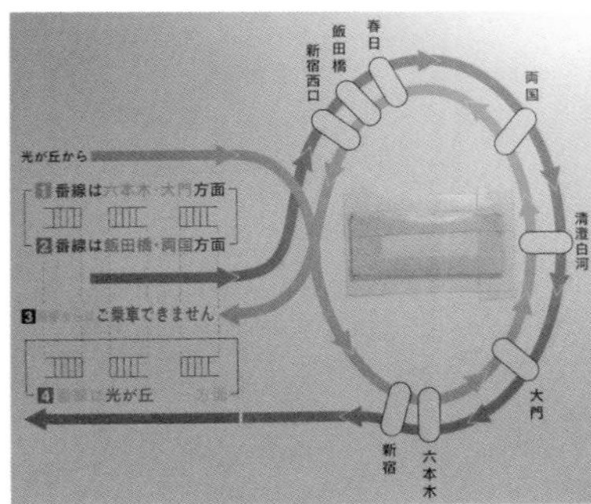

▲都庁前駅乗車案内（6 の字運転）

路線 / 車両仕様

開業年： 1991年12月10日、放射部：光が丘～練馬、3.8km
1997年12月19日、放射部：練馬～新宿、9.1km
2000年4月20日、環状部：新宿～国立競技場前2.1km
2000年12月12日、環状部：国立競技場前～都庁前25.7km
路線： 40.7km(光が丘～都庁前6の字)、38駅
軌道： 軌間1435mm、最急勾配55‰、最小曲線半径105m
車両編成：8両編成(16.5×2.5×3.15m)、車両数：480両
給電方式：DC1500V架線集電方式
駆動方式：120kWリニアモータ非粘着駆動
車両性能：最高速度70km/h、加速度2.5km/h/s、減速度3.5km/h/s
台車： 軸距1900mm、車輪径610mm、自己操舵台車
運転方式：ATOワンマン運転

■大江戸線の路線図■

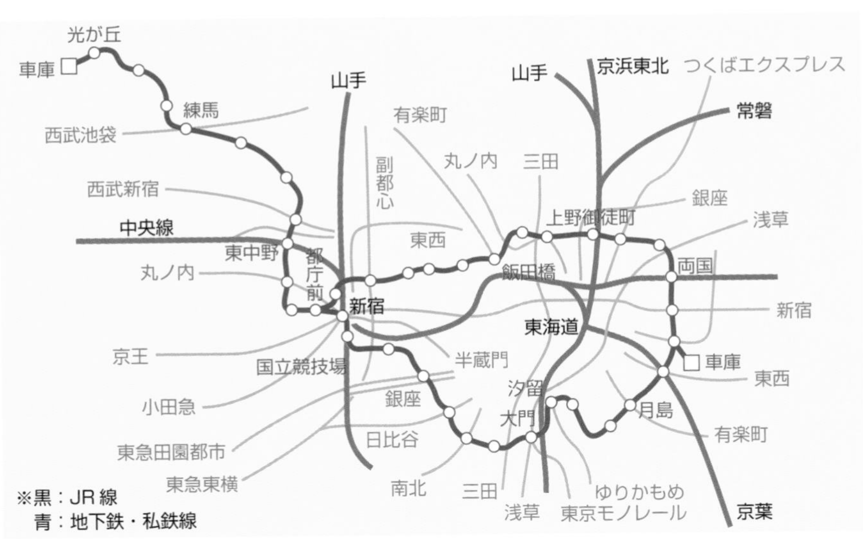

※第2山手線として、放射路線を含め30路線以上と接続しています。

3-8 福岡市営地下鉄七隈線

福岡市のまちづくりの広域発展を目的に、西南部の交通不便・交通渋滞地域を解消するために、リニアメトロで天神南から橋本までが 2005 年に開業し、大幅な通勤・通学の時間短縮が実現できました。

路線概要

天神南から橋本まで全線 12㎞ 16 駅が 2005 年 2 月 3 日に開業しました。さらに、都心部での利便性を高めるため、天神南から博多駅間 1.4km が 2023 年 3 月に開業予定です。

建設理由

福岡市の中でも西南部の発展は特に目覚ましく、福岡市人口の約 40% を抱える住宅地を中心として都市化が進展しています。この地域は、十分な幅員を持つ道路が少ないことから、朝夕の通勤・通学時間帯を中心に交通渋滞が常態化していました。この慢性的な交通渋滞の解消、将来の交通需要の増大に対処、高速輸送サービスの提供、および均衡あるまちづくりの推進を目的に建設されました。このルートは急勾配が多いことや急曲線も多く、急曲線での道路下の活用もあることと将来の輸送需要などからリニアメトロが採用されました。

車両写真

▲3000 系車両

▲地下走行 3000 系車両

▲3000 系増備車両*

＊写真提供：福岡市交通局

路線 / 車両仕様

開業年：　2005年2月3日
路線：　12.0km(天神南〜橋本)、16駅
軌道：　軌間1435mm、最急勾配60‰、最小曲線半径105m
車両編成：4両編成(16.5×2.49×3.15m)、車両数：68両
給電方式：DC1500V架空線方式
駆動方式：150kWリニアモータ非粘着駆動
車両性能：最高速度70km/h、加速度3.5km/h/s、減速度4.0km/h/s
台車：　軸距1900mm、車輪径660mm、自己操舵台車
運転方式：ATOワンマン運転(自動運転システム)

この七隈線は、自動運転を目指した地下鉄で、ドアの閉扉抑止のみを乗務員が行なう以外は全て自動運転システムで運転を行ない、運転台もオープン構造ですが、後部運転台は運転機器が全て閉じられているので、乗客も座れます。

■七隈線路線図■

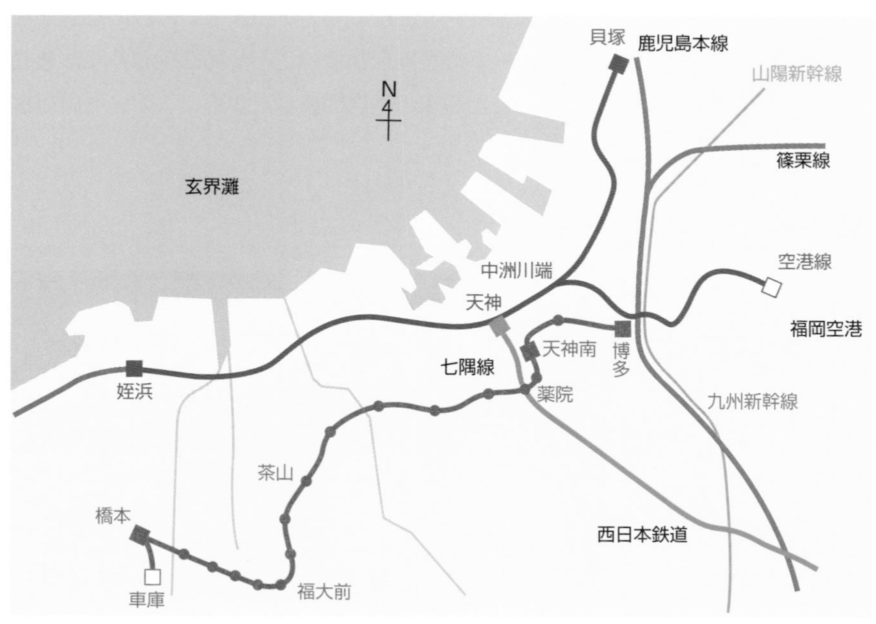

設備と車両

▲橋本車両基地全景

▲橋本車両基地留置線 3000 系車両*

▲複線シールドトンネル

▲トンネル走行 3000 系車両

▲天神南駅全景

▲天神南駅停車 3000 系車両

▲出発整備された 3000 系*

＊写真提供：福岡市交通局

3-9 仙台市営地下鉄東西線

仙台市では、今後、人口減少、少子高齢化社会を迎える中、地球環境にも配慮し、自動車交通に過度に依存しない、鉄道を基軸とした集約型の市街地形成を目指しています。こうした新たな仙台の創造に向けて、東西方向の都市機能を連携させ、既設の南北線と一体となって仙台市の骨格となる都市軸を形成するため、2本目の地下鉄東西線を2015年に建設しました。

路線概要

仙台市南西部の八木山動物公園付近から、東北大学のある青葉山を経由し、商業中心の都心部を貫き、流通業務が集積し将来の住宅地化が期待される東部地区に至る13.9kmの路線です。

建設理由

仙台市営東西線は、日本で7番目のリニアメトロで、急勾配と積極的な道路下の急曲線を多用して、鉄道利用が困難な南西部の丘陵地区と東部の交通環境の改善を図り、自動車に頼らないまちづくりを目指して、仙台都心部に道路下で結ぶ路線であるです。曲線が多く勾配が大きい路線条件に適合したシステムとして、トンネル断面積が小さく、建設費の低減が可能であることに加え、曲線半径を小さくでき、登坂能力にも優れているリニアメトロを採用した。そのため新しくリンク式操舵台車を採用しました。

路線／車両仕様

開業年：　2015年12月6日
路線：　13.9km（荒井～八木山動物公園）、13駅
軌道：　軌間1435mm、最急勾配60‰、最小曲線半径105m
車両編成：4両編成（16.5×2.5×3.15m）、車両数：60両
給電方式：DC1500V架空線方式
駆動方式：135kWリニアモータ非粘着駆動

車両性能：最高速度70km/h、加速度3.5km/h/s、減速度4.0km/h/s
台車：　軸距1900mm、車輪径660mm、リンク式操舵台車
運転方式：ATOワンマン運転

東西線の路線図

▲商業中心の都心部から東部流通業務・住宅化地区へ半径 100m の急曲線を多用し道路下空間を活用

▲急曲線

▲急勾配

▲竜の口橋梁

車両写真（2000系）

▲広瀬川橋梁

▲地下鉄走行

▲荒井車両基地*

＊写真提供：仙台市交通局

3-10 カナダのバンクーバー

バンクーバーはカナダ第３の都市であり、メトロバンクーバーの交通行政を管轄するトランスリンクが運営し、運行業務はブリテッシュコロンビア高速度交通会社他に委託されています。スカイトレインは、カナダのトロントに次ぐリニアモータ駆動方式の鉄道です。高架鉄道のため、積雪もある寒冷地で、勾配や曲線も多い路線なので、非粘着方式のリニアモータ駆動方式を採用しています。

リニアモータ駆動の高架鉄道

バンクーバー国際交通博覧会（Expo86）に合わせてエキスポ線（Expo）が 1986 年開業、続けて 2002 年にミレニアム線（Me）が開業、ミレニアム線が延伸しました。その後、ミレニアム線からエバーグリーン線の分岐を計画しましたが、現在ではミレニアム線に統合されました。

当初、エキスポ線からミレニアム線が分岐して６の字運転をしていましたが、現在ではエキスポ線からミレニアム線への接続用の分岐線になりました。全線開業時から全自動運転で、途中駅の併解結も全自動です。昼間時は、定時隔運転ですが、朝夕のラッシュ時は、90 秒運転も可能で、ダイヤレス運転（乗客の多寡に対応した自動のダイヤでの運転）も行なっています。

路線形状

都心部から郊外住宅地を結ぶ路線で主要駅に駐車場を設けパーク＆ライドで都心への道路交通の渋滞を緩和しています。路線のほとんどが高架鉄道であり、都心部の一部が上下２段の地下鉄で、途中の丘陵部の一部が地平路線で、急曲線・急勾配を多用したリニアモータ駆動方式です。

路線 / 車両仕様

開業年：1985年(EXP：Expo線)、2002年(ME：Millennium線)
路線：　EXP線：28.9km(Waterfront ～ King George)、22駅
　　　　ME線：20.5km(VCC-Clark ～ Lafarge Lake-Dougias)、16駅
軌道：　軌間1435mm、最急勾配62.5‰、最小曲線半径70m(車庫35m)
車両編成：2両・4両・6両編成
車両：　MⅠ：12.7×2.50×3.13m(130両)
　　　　MⅡ：16.9×2.65×3.28m(108両)
　　　　MⅢ：17.4×2.65×3.28m(28両)
給電方式：DC600V(±300V)、側方集電方式(第3、4軌条)
駆動方式：120kW(MⅠ)・180kW(MⅡ・MⅢ)強制風冷リニアモータ
　　　　　非粘着駆動(空隙：11mm)
車両性能：最高速度90km/h、加速度3.6km/h/s、減速度3.6km/h/s
台車：　リンク式操舵台車、軸軌1.7m(MⅠ)・1.9m(MⅡ・MⅢ)
車輪径：　470mm(MⅠ)、585mm(MⅡ・MⅢ)
運転方式：全自動運転(巡回員付ドライバレス)、ダイヤレス運転

※車両種別：MⅠ：Mark Ⅰ、MⅡ：Mark Ⅱ、MⅢ：Mark Ⅲ

路線図

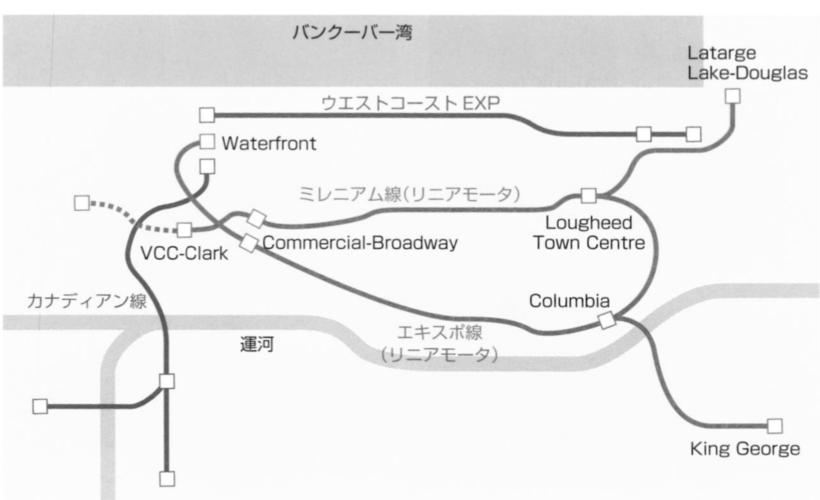

(注) ミレニアム線は VCC-Clark からの 6 駅の延伸工事中 (地下鉄)

車両写真 Mark Ⅰ、Mark Ⅱ、Mark Ⅲ

▲Mark Ⅰ

▲Mark Ⅱ

▲Mark Ⅲ＊

▲4両編成のMark Ⅲ＊

▲車両基地脇のMark Ⅱ

▲高架区間のMark Ⅱ

＊写真提供：陸康思

▲高架路線

▲地上路線

▲運河橋梁

▲車両基地

3-11 マレーシアのクアラルンプール

クアラルンプールの Kelana Jaya（ケラナ・ジャヤ）線は、マレーシアの首都の都心部を地下鉄道で、郊外部を高架鉄道で結び、大クアラルンプール / クランバレー統合トランジットシステムを形成する Rapid KL Rail が運行する路線です。このケラナ・ジャヤ線は、以前はプトラ LRT（PUTRA Line LRT）と呼ばれていました。地形に合わせて急勾配・急曲線を利用したリニアモータ駆動方式の完全自動運転の鉄道です。

建設概要

ケラナ・ジャヤ線は、クアラルンプールを Kampung から Kelana Jaya を経由して Putra Heights まで走っています。1998 年 9 月に Pasar Seni から Kelana Jaya 駅間 8 駅が開業しました。1999 年 6 月にその中間駅として KL Sentral 駅が開業しマレーシア鉄道と接続し、2016 年 6 月に北の住宅地の Gombak へ、南西の Putra Heights へ延伸し全線が開通し、複数の LRT、MRT、空港アクセス鉄道やモノレールと接続しました。

すべての駅のうち、31 駅は高架で、Sri Rampai LRT 駅は地上にあり、5 駅（Masjid Jamek LRT 駅、Dangi Wangi LRT 駅、Kampung Baru LRT 駅、KLCC LRT 駅、Ampang Park LRT 駅）は地下にあります。

路線 / 車両仕様

開業年：	1998年9月
路線：	46.4㎞(Gombak ～ Putra-Heights)、駅数37駅(5駅地下)
軌道：	軌間1435㎜、最急勾配60‰、最小曲線半径70m(車庫35m)
車両編成：	2両・4両編成
車両※：	MⅡ：16.9×2.65×3.44m(108両)
	MⅢ：17.4×2.65×3.28m(28両)
給電方式：	DC750V(±375V)、側方集電方式(第3、4軌条)
駆動方式：	186kW強制風冷式、リニアモータ非粘着駆動、空隙11㎜

※**車両種別**：MⅡ：Mark Ⅱ、MⅢ：Mark Ⅲ

車両性能：最高速度80km/h、加速度3.6km/h/s、減速度3.6km/h/s
台車：　　軸距1900mm、車輪径585mm、リンク式操舵台車
運転方式：全自動運転（巡回員付）

軌道、車両写真

▲Mark Ⅱ車両

▲高架線

▲Mark Ⅲ車両

■Kelana Jaya（ケラナ・ジャヤ）線■

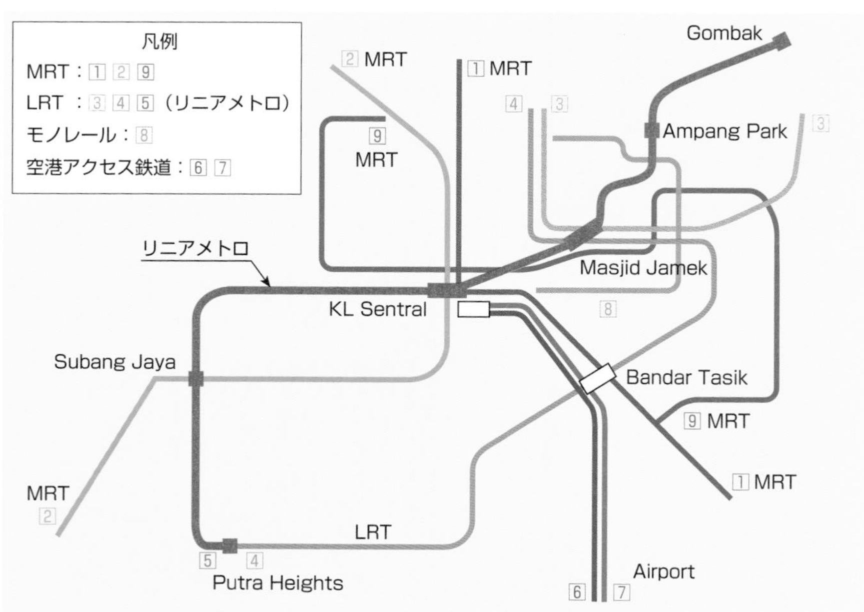

第4章

モノレール

モノレールは、1本の走行路上にゴムタイヤの車両が跨座または懸垂して走行する交通機関です。日本では1964年に本格的な公共交通機関として東京モノレールが開業して以来、各地で導入がなされたほか、日本製のモノレールは海外でも導入されています。この章では、モノレールの方式や構造、導入事例について紹介します。

4-1 モノレールとは

モノレールは 1 本の走行路（軌道桁）の上をゴムタイヤの車両が跨座または懸垂して走行する交通機関です。日本では 1964 年に本格的な都市モノレールとして東京モノレールが東京都心と東京国際空港（羽田空港）を結ぶ路線の開業以来、各地で整備がなされています。

モノレールの 2 つの方式

モノレールには大きく分けて 2 つの方式があります。車体が軌道桁の上にまたがって走る（車体の重心が走行軌道の上部にある）方式を跨座型モノレール（Straddle-type）、軌道桁を走る台車から車体がぶら下がる（車体の重心が走行軌道の下部にある）方式を懸垂型モノレール（Suspended-type）といいます。

モノレールの特徴

モノレールはゴムタイヤとボギー台車の使用により、他の軌道系交通機関と比較して、急勾配（100‰）、急曲線（30 ～ 50m 程度）の線形を通過することができ、導入空間の自由度が高い特徴があります。

跨座型モノレールと懸垂型モノレールの比較は次ページの表のようになります。

モノレールの駅

駅の設置間隔は、沿線の需要量や位置および他の交通機関との接続などの利用者の利便性を考慮して、おおむね 0.3km ～ 1.0km 程度になっており、駅の位置条件によって島式ホームや相対式ホームの形式となっています。

道路上に設置される駅では、道路上の建築限界（高さ 4.5m 以上）とコンコース階や駅諸設備等の関連から、ホーム面は地上から高くなるため、エスカレーターやエレベーターが設置されています。

跨座型モノレールと懸垂型モノレール

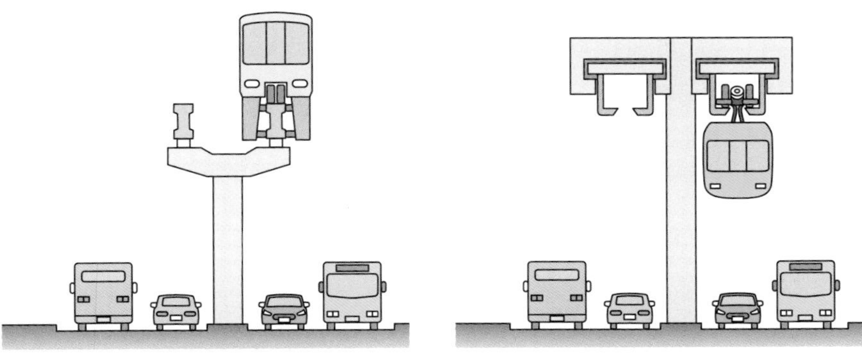

▲跨座型モノレール　　▲懸垂型モノレール

モノレールの比較

	跨座型モノレール	懸垂型モノレール
導入空間	・角柱または円柱（1 ～ 1.5m 程度）により構造物全体を支持する構造 ・支柱の道路中央分離帯への設置が可能	
運転 乗り心地	・ゴムタイヤとボギー台車の使用により、100‰の勾配と曲線半径 30 ～ 50m 程度の通過が可能 ・車両はゴムタイヤで走行するため、乗り心地は良好	
曲線走行性	・最小曲線半径に制約がある（車両床下スペース、車輪と軌道桁の関係、乗り心地等）	・小さい曲線をスリップなしでの通過が可能（台車駆動装置に作動ギヤを使用）
道路交通に対する安全性	・軌道桁上に車両があるため、道路上の自動車等による限界支障がない ・台車部品等は車体下部でスカート状に覆われているため、部品等の道路への落下、飛散はない）	・建築限界を侵した自動車等との接触のおそれがある。 ・台車からの部品、油類等の道路下への落下物は車体が受け皿となり、直接地上へは落下しにくい
ホームにおける転落防止	・ホームと転落防止床の高さは 2m 程度 ・昇降施設や手摺り等を設置	・ホームと転落防止床の高さは 0.5m 程度 ・比較的安全であり、特別な施設は不要

4-2 モノレールの構造

モノレールの構造は、跨座型モノレールと懸垂型モノレールに分類されます。日本では跨座型モノレール6路線、懸垂型モノレール3路線が運行されており、車両や軌道の特徴はそれぞれ異なっています。

跨座型モノレール

都市交通用のモノレールは、東京、多摩、大阪、北九州、沖縄の各都市にあり、これにディズニーリゾートラインを含めると計6社線が運行されています（4-9参照）。

◆車両

台車は2軸ボギー台車、走行車輪はゴムタイヤを用い、1軸に2輪を備えて車軸を台車枠に固定し、タイヤの交換を行なう構造となっています。台車枠側面には、上方に案内車軸2対、下方に安定車輪1対が設けられており、これらの安定走行車輪は万一のパンクに備えて、走行輪・補助車輪が設けられています。また、走行車輪にはパンク検知装置が設けられています。電気方式は直流750Vまたは1,500Vが使用され、軌道桁側面に設置した電車線（剛体架線）により集電しています。

◆軌道

軌道桁はプレストレストコンクリート（PC）製が標準となっていますが、長スパンの場合など特殊な立地条件では、必要により鋼桁や合成桁（鋼とコンクリートを合成させた桁）が採用されています。

支柱はT型の鉄筋コンクリート製が標準となっていますが、地形や用地等の諸条件によって、鋼製のT型支柱や門型形式が採用されることもあります。

また、跨座型モノレールの分岐器は、軌道桁そのものを分岐桁としてその一端を移動させる方式となっており、分岐桁は移動用台車に強固に支持され、これを電動気により駆動します。分岐器は本線用の関節可とう式（分岐桁の側面が曲線を形成）と、車庫内など本線以外の低速走行部で使用する簡易式の関節式（分岐桁の側面が直線）の2種類があります。

跨座型モノレールの概要

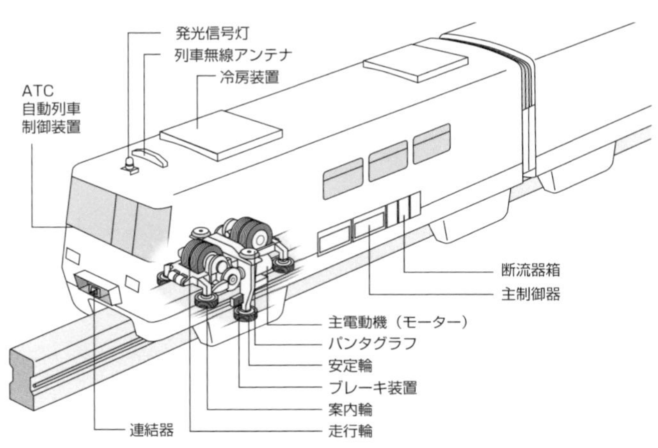

軌道構造（PC 軌道桁）

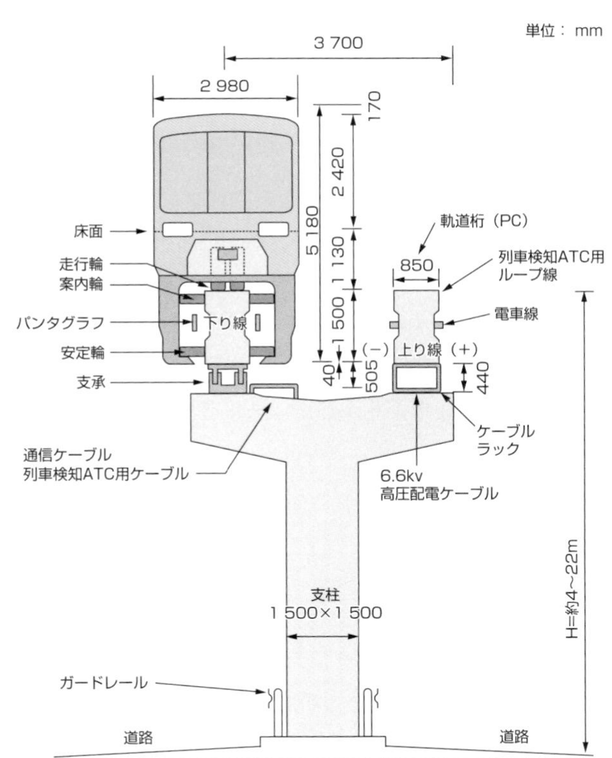

懸垂型モノレール

都市交通用としては、湘南モノレールと千葉モノレールが運行されており、これに広島のスカイレール（8-6 参照）を含めると 3 社線が運行されています（4-9 参照）。

◆車両

台車はゴムタイヤ空気バネ式 2 軸ボギー方式となっており、各台車には走行車輪および案内車輪ともゴムタイヤ 4 輪を有し、空気抜け時の安全のためにそれぞれ補助車輪が設けられています。懸垂装置は台車と車体とを連結するもので、懸垂リンク、安全鋼索、オイルダンパー、ストッパーにより構成されています。

電気方式は直流 1500V が使用され、軌道桁内面に設置された電車線（剛体架線）により集電しています。

◆軌道

軌道桁は全て鋼製であり、その中を台車が走行し、懸垂装置を介して車体が吊り下げられているため、底部が開いた箱型断面となっています。軌道桁の内部には、走行案内用の設備や信号通信等の諸設備が取り付けられています。

支柱形式は T 型が標準形式ですが、その他に地形や用地等の諸条件によって門型やブラケット型もあります。

また、懸垂型モノレールの分岐器は二差分岐器が標準タイプであり、走行および案内レールが付いた逆 T 字形断面の可動レールが動作するようになっており、走行レール面を修正する補正レールを備える構造となっています。

懸垂型モノレールの概要

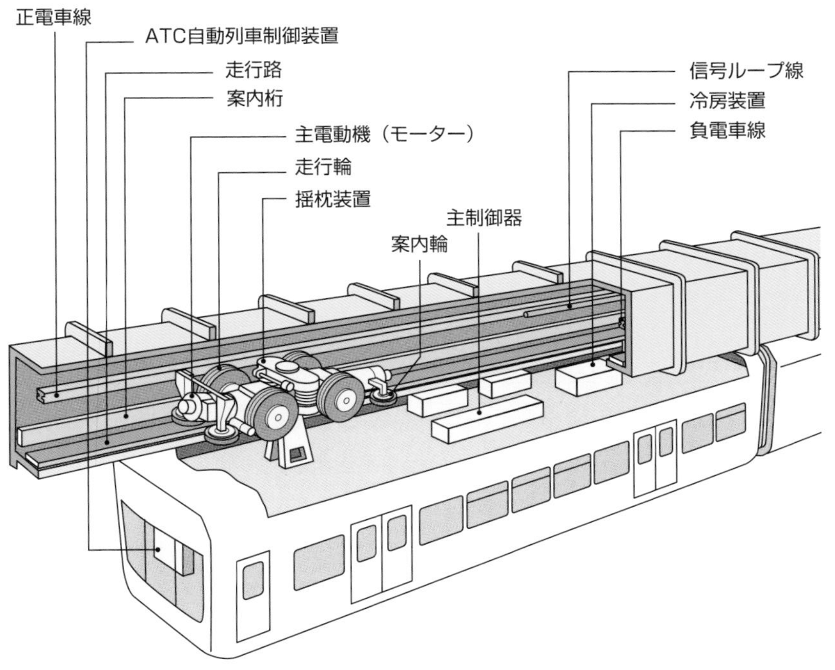

支柱の形式

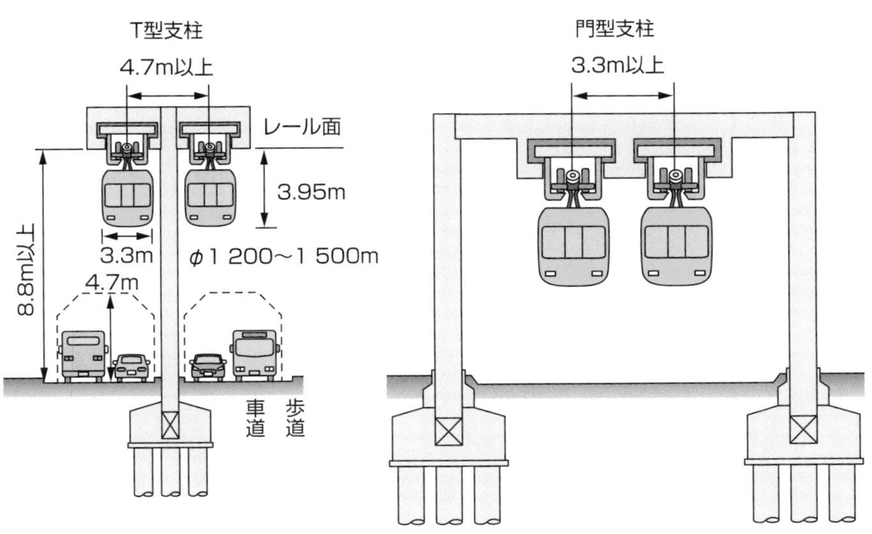

4-3 東京モノレール

東京都心と東京国際空港（羽田空港）を結ぶ公共交通機関として、1964年10月10日の東京オリンピック開催23日前の9月17日に開業しました。開業当時は国内外からの東京オリンピックの観客輸送を担い、その後も空港への唯一の軌道系公共交通として長く運行されてきました。競合路線の参入後は、駅ホームの改築や乗車カード導入等による乗換え利便性の向上や、待避線整備による速達性の向上を果たすなどのサービス向上を続けて対抗しています。

路線概要

世界で初めて実用跨座型モノレールとして開業した東京モノレールは、1960年代から羽田空港アクセスを担ってきました。開業当初はモノレール浜松町駅～羽田間の途中駅はなく、15分で終点に到着しましたが、現在でもモノレール浜松町駅から終点の羽田空港第2ターミナルビル駅間を最速18分で結んでいます。

羽田空港へのアクセス線という役割を担う一方で、モノレール沿線地域も発達していて沿線輸送としての重要な役割も果たしています。羽田空港アクセスに必要な速達性と沿線輸送に必要な細かなフォローという異なる2つの機能を両立するため、浜松町と羽田空港を結ぶのが目的の空港快速、浜松町と羽田空港以外の主要駅に停車する区間快速、各駅に停車する普通が運転されています。

モノレール浜松町駅を出発して、高層ビルの隙間をすり抜け、首都高速道路や運河を眼下に望み、飛行機が並ぶ駐機場や整備場を車窓に映していく東京モノレールは、その景色も見どころのひとつとなっています。

車両の特徴

2014年7月に導入された「10000形」車両は、「スマートモノレール」をコンセプトに設計された車両であり、羽田空港アクセスとして国内外の利用者のニーズに応えるため、車内にはスーツケース用の置場が設けられているほか、インテリアには、座席や車両間貫通扉などに「和」のおもてなしを演出するデザインが採用されています。情報サービスでは、4 言語表示にも対応可能な案内用液晶ディスプレイが各ドア上部に設置されています。公衆無線 LAN サービスを設置し、車内高速インターネットが利用可能となっています。

また、人と環境に優しい“スマート”な車両を目指す工夫として、安全性向上に加え冷房機能を高めるため、車両間の仕切りとしてガラスドアが採用され、車内の快適性向上を図るなど最新技術が導入されています。

運行路線図

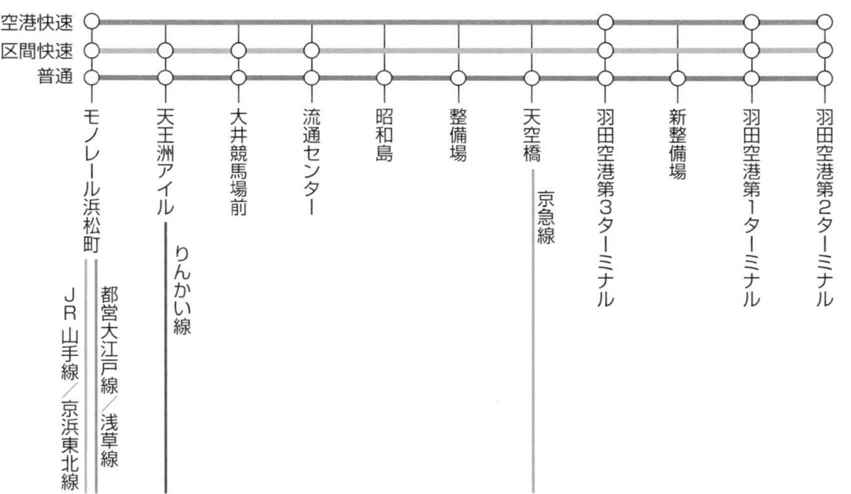

東京モノレール

▲東京モノレール 10000 形

▲車内から航空機の離発着を眺望（羽田空港付近）

4-4 大阪モノレール

大阪モノレールは、大阪空港駅から門真（かどま）市駅を結ぶ「大阪モノレール線」（本線）、万博公園駅から彩都（さいと）西駅を結ぶ「国際文化都市モノレール線」（彩都線）の2路線からなる跨座型モノレールです。

特徴

北大阪地区のターミナルである千里中央から、大阪国際空港や万博公園などへのアクセス路線として利用されており、多数の鉄道駅と結節し、人の集積が大きい空港、ニュータウン等を結ぶ路線です。

営業距離（28.0km）が日本最長のモノレールで、2011年に中国の重慶モノレールが開業するまでは、ギネス記録でも認められた世界最長の営業距離を持つモノレールでした。

導入の経緯

大阪都市圏は大阪市を中心とした一点集中型の都市構造として発展してきました。そのため、既存鉄道路線は大阪市中心から郊外に向けて放射状に整備されてきました。人口増加とともに都市圏が郊外へ拡大するに伴って、都心部では交通の集中による混雑が発生、一方、周辺地域では市街地の拡大により都市間を結ぶ公共交通機関の不足が発生しました。このため、都心部の混雑緩和や周辺都市間の公共交通手段の確保を目的に、都心部から放射状に伸びている既存鉄道路線と接続し、周辺都市間を結ぶ環状鉄軌道の整備が求められ、1990年6月に千里中央～南茨木間が開業しました。

駅内設備

地域のサークルや愛好家の団体による地域の文化活動に関するもの、学校団体による児童や生徒、学生たちの作品、写真や絵画、彫刻や陶器などを週替りで展示するスペースを設けた「モノギャラリー」や無料で本の貸し出しや返却の手続きが不要で、自由に何冊でも借りることができる「モノレール文庫」を駅構内に設置されています。また、「大阪モノレール美術館」は大阪府 20 世紀美術コレクションの中から選ばれた彫刻コレクションを駅舎内空間スペース内に展示し、利用者が鑑賞できるよう、公開展示されています。

延伸計画

門真市駅から瓜生堂（うりゅうどう）駅（仮称）間を結ぶ延伸計画があり、2029 年開業予定です。大阪モノレール延伸により、大阪都心部から放射状に形成された鉄道 4 路線と新たに環状方向に結節し、現在の営業区間と合わせて 10 路線と接続します。広域的な鉄道ネットワーク機能の強化、沿線地域の活性化への寄与の整備効果が期待されています。

運行路線図

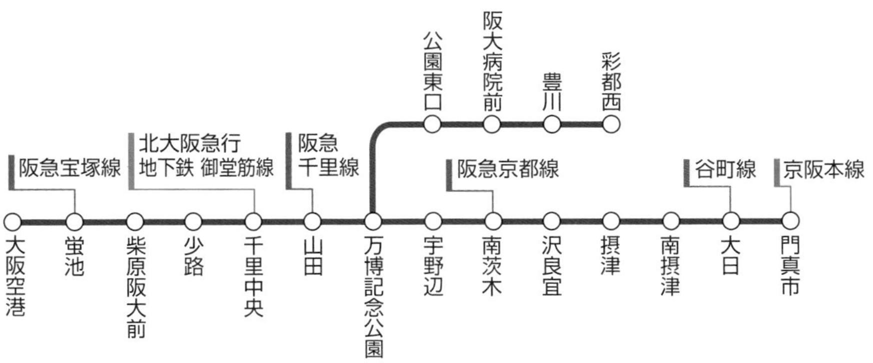

車両と設備

▲大阪モノレール 1000 系

▲1000 系の車内

4-5 千葉都市モノレール

千葉都市モノレールは 1988 年に開業、「タウンライナー」の愛称で親しまれ、千葉市中心部と内陸部、臨海部を連結し、市の基幹となる公共交通機関としての役割を担っています。開業時の営業距離は 8.1km でしたが、1999 年 3 月に千葉駅～県庁前駅間が開通し、全体営業距離が 15.2km となり、2001 年 6 月に「懸垂型モノレールとしては営業距離世界最長（15.2km）」のギネス認定を受けました。

導入の経緯

高度経済成長期の昭和 30 年代後半以降、首都圏の急激な人口増加に対応するため、千葉市は海浜部の埋め立てによる団地の整備と内陸部の造成を急ピッチで進めました。その結果、千葉市内の道路整備が追い付かず、民間バス主体の公共交通は慢性的な交通渋滞と利用者の増大で、バス停では利用者の積み残しが発生するなど、運行上限界に達しました。このため、バス利用者が自家用車利用に転じたため、さらなる交通渋滞を招くとともに、交通環境だけでなく排気ガスや騒音といった自然環境の悪化も招きました。

このような状況を解決すべく、軌道系交通機関導入の必要性が高まり、「都心部へのアクセスの強化」、「千葉市内の効率的な公共交通ネットワークの形成」、「千葉駅に集中する交通の分散」を目的として、昭和 40 年代の後半から調査が開始されました。千葉市の道路事情や地形、需要と工事費などを比較した結果、モノレールが適しているとの判断が下され、1977 年に導入が決定され、1988 年 3 月にスポーツセンター～千城台間（8.1 ㎞）が部分開業しました。

整備効果

1998 年の部分開業以来、定時性や安全性に優れた、誰もが安心して利用できる公共交通機関として大きな役割を果たしてきました。その機能・特性から、道路交通の混雑緩和、自動車交通量の無秩序な増加の抑制、沿道環境の改善等に寄与するとともに、街づくりの軸となる都市交通インフラとして沿線での市街地形成を誘導・促進してきたほか、幅広い経済効果をもたらしました。

新型車両の導入

千葉モノレールの主力を担う車両のアーバンフライヤー0形は、バリアフリー対策や新しい安全基準に適合させたほか、省エネルギー性能を向上させるなど機能向上を図った車両として2012年7月に営業運転が開始されました。外観デザインは、先頭部を斜めにカットしたウェッジラインと、ブルーの鮮やかな色彩が特徴となっています。 シャープな印象を与えるウェッジラインは、新型車両の先進性と空への上昇感を表現し、車体色のブルーは、デザインコンセプトである「空（そら）」を都市イメージの象徴として表現しており、2012年にグッドデザイン賞を受賞しました。

車内からの眺望や空中散歩（浮遊感）を楽しめるよう、従来車両の1000形に比べてガラスエリアが広く取られています。運転室の一部にはガラスの床面も採用されており、眺望をより楽しめるように、明るく開放的な空間となっています。先頭部には車椅子スペースを用意されており、バリアフリー対策も充実させています。

運行路線図

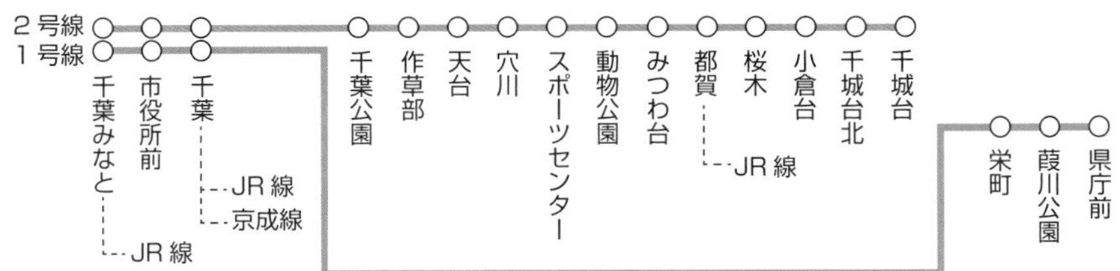

車両と設備

▲千葉モノレール1000形

▲千葉駅構内

4-6 沖縄都市モノレール

沖縄都市モノレール（ゆいレール）は、沖縄本島の玄関口である那覇空港から那覇市を縦断し、浦添市のてだこ浦西に至る全長 17.0km の跨座型のモノレールです。2003 年 8 月に那覇空港～首里間（12.9km）が開業し、2019 年 10 月に首里～てだこ浦西間（4.1km）を延伸しました。2 両編成のワンマン運転車両が全線を約 40 分かけて走っており、需要増で 3 両編成も登場する予定です。

開業までの経緯

アメリカ合衆国による統治下に置かれた戦後の沖縄は道路整備が優先されました。その結果、沖縄県の交通手段は自家用車･タクシー･バスが中心の「クルマ社会」となり、特に那覇都市圏では人口や産業の集中に伴い、慢性的な交通渋滞が発生していました。その対策として新たな軌道系公共交通機関を求める声が高まっていき、国、沖縄県、那覇市と沖縄都市モノレール会社が一体となってモノレールの整備を行ない、沖縄では戦後初の軌道系公共交通機関の開業となりました。

モノレールによる整備効果

これまで「クルマ社会」一辺倒だった沖縄で、自動車交通からモノレールへのシフトが進み、実際に利用されるかどうかの懸念が当初はありました。しかし、開業後は、交通渋滞緩和や時間短縮効果等の様々な整備効果が見られ、また、高架の上を走行することから眺望がよく、モノレール自体が観光施設となり、この懸念は払しょくされました。

モノレール沿線の那覇空港周辺とメイン通りである国際通りおよび首里駅周辺では、交通渋滞の緩和効果が現れています。また、駅周辺のパーク＆ライド駐車場の整備やレンタカーデポの設置および駅と結節した循環バスが運行されるなど、他の交通機関との連携も促進されました。駅に隣接してホテルや空港外免税店が立地することで、沿線商店街の歩行者も増加し、街の活性化に大きく寄与しています。

延伸区間の整備

首里駅からの延伸計画は、モノレール建設当初から計画されていました。沖縄自動車道の西原インターチェンジ付近まで延長し、路線バス網の再整備や、駅に交通広場やパーク＆ライド用駐車場を設置することによって、高速道路を利用してのバス・タクシー・車（自家用車・観光客向けレンタカー）とモノレールを連結する構想です。当初延伸区間案として 6 案が提案されましたが、

2008 年 3 月に延伸計画ルートが最終決定し、2013 年 11 月から延伸工事に着手、2019 年 10 月に首里～てだこ浦西間が延伸開業しました。沖縄自動車道との結節点となるてだこ浦西駅にはパーク & モノライドが併設され、駅周辺までクルマで来てモノレールを利用することができます。

路線図

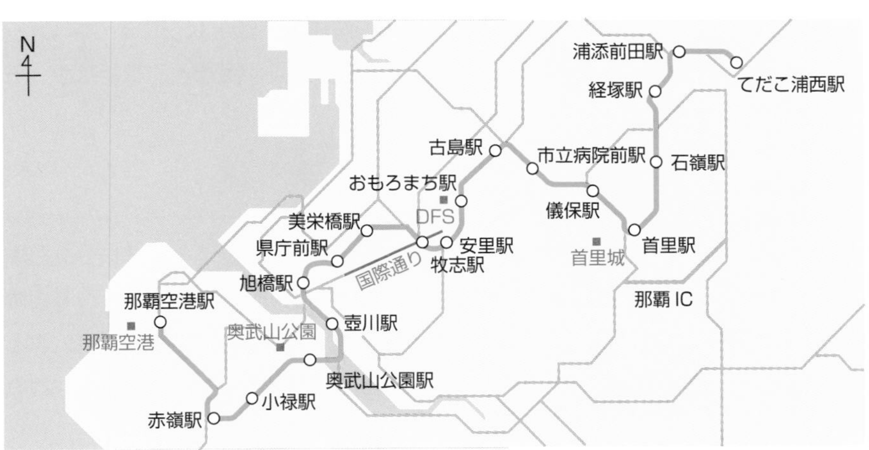

車両

▲基本仕様の沖縄都市モノレール 1000 形

▲旭橋駅を出る 1000 形ラッピング車両

4-7 重慶モノレール

重慶軌道交通網を構成する４路線のうち、２号線、３号線の２路線がモノレールで整備されています。これは重慶市の山と谷が多く起伏の激しい地形から、鉄道より急勾配に有利な粘着力の強い跨座型モノレール方式が採用されたもので、2005 年６月に中国初のモノレールとして２号線、その後、2011 年９月に３号線が開業しました。

開業までの経緯

中国重慶市は中国南西地方における最大の工業都市で、近年の経済活動の発展に伴い市街地における交通混雑はますます悪化していました。しかし、長江と嘉陵江との合流地点に位置する重慶市の中心部は起伏が大きく、限られた土地で道路建設のみによる交通混雑の解決は困難な状況にありました。また、非常に岩盤が固いため、地下鉄方式では建設が困難とされたため、モノレール方式で建設することとなりました。

モノレールの建設

モノレールの建設に際しては、長春軌道客車と日立製作所が携わり、日本のモノレール技術によって建設されました。また、その整備資金として日本の政府開発援助（ODA）が使われました。その後、重慶では独自資金によるモノレール延伸整備に取り組んでおり、現在、３号線の延伸工事が行なわれています。

整備効果

モノレールの建設により、旅客輸送力が向上されたことで、市内中心部の交通渋滞の緩和や大気汚染の改善が図られ、重慶市の経済活性化や市民の生活環境改善に大きく寄与しました。また、２号線李子壩駅は 20 階建てビルの７階にプラットホームが設置されており、ビルを貫通するようにモノレールが出入りする光景が観光スポットとして人気を集めるなど、重慶市民に愛される路線となっています。

路線図

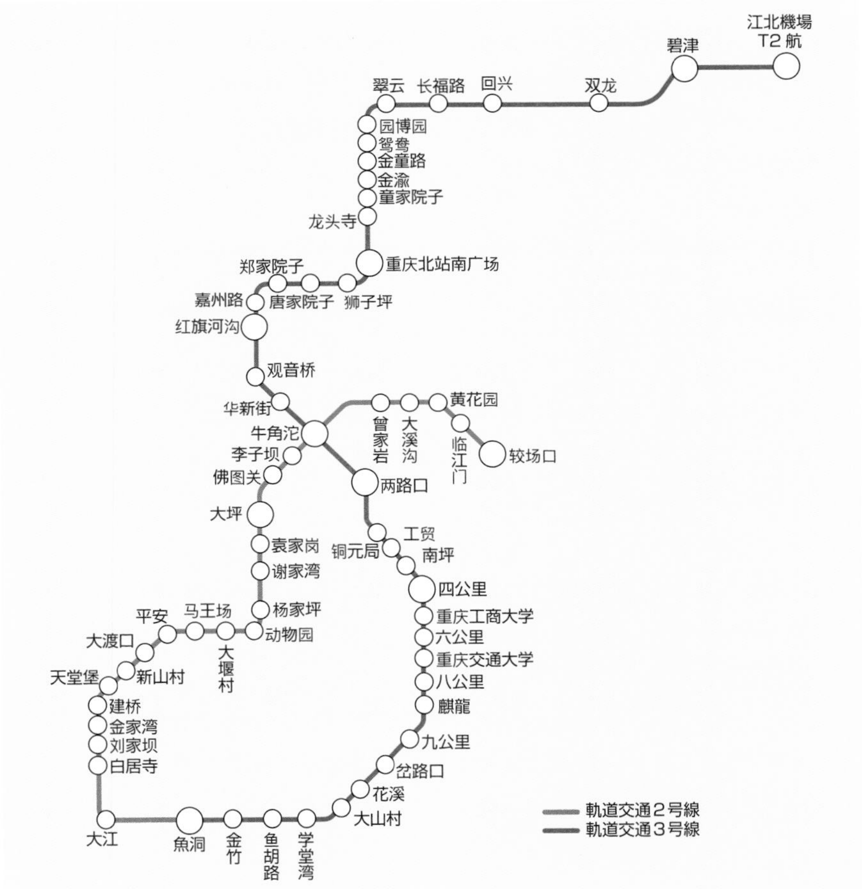

江北機場 T2 航
碧津
双龙
回兴
长福路
翠云
园博园
鸳鸯
金童路
金渝
童家院子
龙头寺
重庆北站南广场
狮子坪
唐家院子
郑家院子
嘉州路
红旗河沟
观音桥
华新街
牛角沱
两路口
铜元局
工贸
南坪
四公里
重庆工商大学
六公里
重庆交通大学
八公里
麒龍
九公里
岔路口
花溪
大山村
学堂湾
鱼胡路
金竹
魚洞

较场口
临江门
黄花园
大溪沟
曾家岩
李子坝
佛图关
大坪
袁家岗
谢家湾
杨家坪
动物园
大堰村
马王场
平安
大渡口
新山村
天堂堡
建桥
金家湾
刘家坝
白居寺
大江

軌道交通2号線
軌道交通3号線

車両

▲嘉陵江に沿って走る重慶モノレール（2 号線）

▲重慶モノレール（3 号線）

4-8 ドバイモノレール

パーム・ジュメイラ・モノレール（Palm Jumeirah Monorail）はアラブ首長国連邦のドバイにある中東初のモノレールです。路線延長は約 5.4km で、人工島の Palm Jumeirah 島内の３駅とドバイ本土側の１駅の計４駅（現在、１駅が建設中）を結び、Palm Jumeirah 島と本土をつなぐ移動手段となっています。

路線概要

ドバイモノレールは、アラブ首長国連邦では初の軌道系交通機関として、2009 年４月に開業しました。Palm Jumeirah 島の新たなシンボルとして、島内を訪れる観光客や島内の住民の移動手段として活用されています。

開業段階では、駅は両端の２駅（Atlantis Aquaventure 駅、Palm Gateway 駅）のみでしたが、2017 年７月に途中駅の「Al Ittihad Park 駅」が、2019 年 11 月にはナヒール・モールのオープンに合わせて「Nakheel Mall 駅」が開業しました。現在はさらに１駅（ThePointe 駅）が建設中で、全部で５駅となる計画です。

本土側の Palm Gateway 駅には１万 6000 台以上が駐車可能な駐車場が併設され、また、トラムの Palm Jumeirah 駅との乗り継ぎが可能となっています。

車両の特徴

車両は跨座型モノレールで、日本の日立製作所が製作しています。車両の形状は、リゾートエリアでの走行を考慮して曲線部を多用した流線形、カラーリングは、エクステリアおよびインテリアともに島内の海岸と空をイメージしたブルーとホワイトを基調としています。また、車内先頭部は、乗客が景色を楽しめるように展望シートを配置し、中間部には乗客がくつろげるようにラウンド型のシートが配置されています。

中東地域特有の高温多湿気候を考慮して各種機器の設計が行なわれており、特に高温を発する機器には、冷却機構がシンプルであるベルチェ素子※を用

※ **ベルチェ素子**：直流電流により冷却・加熱・温度制御を自由に行なうことができる半導体素子。

いた冷却装置が追設され、高温による機器故障の発生防止が図られています。

運行は、運転操作や出入口ドア開閉操作など運行に関するすべての操作を自動化するように構成された完全自動運転ですが、非常時のために乗務員が乗車しています。

路線図

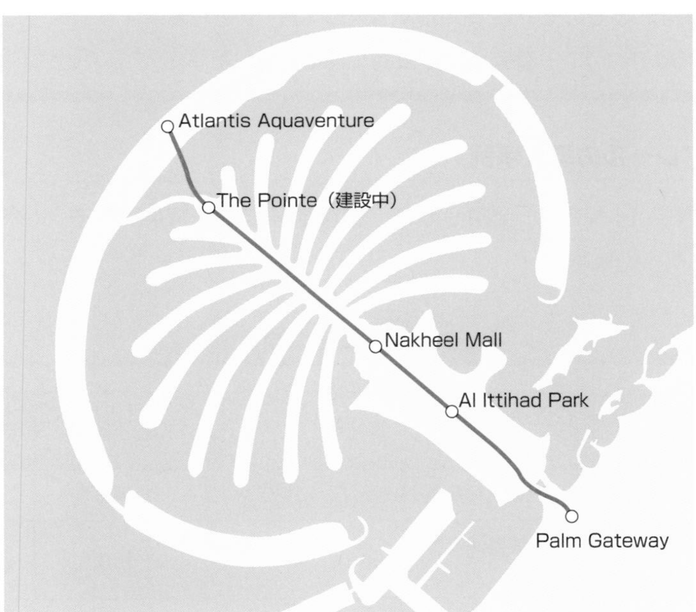

車両と設備

▲3両編成で運行する日本製のモノレール車両

▲島内の終端となる Atlantis Aquaventure 駅

4-9 モノレールの導入事例

日本では、東京豊島園内に約 200m の円周路線を懸垂して運行された遊具「空飛ぶ電車」としてのモノレールが 1951 年に建設され、1957 年には、東京都交通局により、上野公園内に懸垂型のモノレールが、路面電車に替わる都市交通手段の実験線として建設されました。日本での最初の本格的公共交通機関としてのモノレールは東京モノレールで、東京オリンピック開会（1964 年 10 月）直前の同年 9 月に開業しました。

モノレールの導入事例

現在、日本では、全国 9 か所、路線延長で約 116km のモノレールが運行されています。

■モノレールの導入事例■

路線名	運行地	形式	路線延長（km）
千葉都市モノレール	千葉県千葉市	懸垂型	15.2
ディズニーリゾートライン	千葉県浦安市	跨座型	5.0
東京モノレール	東京都港区・大田区	跨座型	17.8
多摩都市モノレール	東京都東大和市・立川市・日野市・八王子市・多摩市	跨座型	16.0
湘南モノレール	神奈川県鎌倉市・藤沢市	懸垂型	6.6
大阪モノレール	大阪府豊中市・吹田市・茨木市・摂津市・守口市・門真市	跨座型	28.0
スカイレール	広島県広島市	懸垂型	1.3
北九州モノレール	福岡県北九州市	跨座型	8.8
ゆいレール	沖縄県那覇市・浦添市	跨座型	17.0

各地のモノレール (1)

▲千葉都市モノレール

▲ディズニーリゾートライン

▲東京モノレール

▲多摩都市モノレール

▲湘南モノレール

▲大阪モノレール

各地のモノレール (2)

▲北九州モノレール

▲ゆいレール

▲広島スカイレール

COLUMN　モノレールの総合管理システム

輸送機関として運営機能の高度化、サービス向上と省力化を図るため、運行から電力管理をはじめ、駅・ホームなどの必要箇所を遠隔監視するモニターテレビ、列車その他との通報・通話装置、防災監視及び案内広報などについて総合管理されています。

列車の運行監視、信号や分岐器の遠隔制御を集中して行なうため、自動列車制御（ATC）、列車検知（TD）、列車集中制御（CTC）、自動列車運転装置（ATC）などが設置されています。

第5章

AGT

AGT（Automated Guideway Transit）は、専用の走行路を案内レールに従ってゴムタイヤで走行する新しい交通システムです。この章ではAGTの開発の歴史、構造・特長を踏まえて具体的な導入事例を紹介します。

5-1 AGTとは

AGTとは、Automated Guideway Transit（自動案内軌条式旅客輸送システム）の略で、鉄道とバスの中間的な役割を果たす中量軌道系交通機関です。ここでは、諸外国と日本におけるAGTの開発の歴史を見ていきましょう。

AGT開発の歴史

AGTは、1970年代からアメリカで研究開発が始まりました。1975年にアメリカ・モルガンタウンのPRT（Personal Rapid Transit）が実用化され、これがAGTにとって世界初の開業となりました。車両はボーイング社によって開発され、ウエストバージニア大学内に点在するキャンパス間を小型車両（定員21名）で連絡しています。開業から半世紀近くが経過しましたが、システム改修等を経て現在も運行されています。

◆諸外国での開発経緯

PRT開業後のアメリカでは、ウェスティングハウス·エレクトリック社（現在はボンバルディア社）が開発したAPM（Automated People Mover）が主流となり、空港のターミナル間を結ぶシステムとして多く採用されました。そのため、日本以外ではAGTに類似したシステムをAPMと呼ぶ場合があります。

一方、ヨーロッパではイギリス、フランス、ドイツなどで開発が進められました。その中でもフランスのマトラ社（現在のシーメンス社）が開発したVAL（Véhicule Automatique Léger）は有名です。フランス国内の地下鉄のみならず、現在ではイタリア、韓国、台湾などでも採用されています。

▲ダラス・フォートワース国際空港で運行されているボンバルディア製のAPM車両

▲台北捷運文山線・内湖線で運行されているVAL車両

◆日本での開発経緯

わが国におけるAGTの研究開発としては、1968年に（財）機械システム振興協会が東京大学と通産省（現在の経済産業省）の後援によって開発に着手したPRTの一種であるCVS（Computer Controlled Vechicle System）があり、1976年に完成しました。この頃からさまざまな産業メーカーが単独または共同で研究開発に参入したため、多くのシステムが提案・開発されました。

その後、採算性の観点から高い輸送力を持つものが求められるようになり、現在のような1編成4～6両（1両あたりの定員は60～70人）を連結して運行する従来の鉄軌道に近いシステムとなりました。

なお、日本でAGTが都市交通として営業を始めたのは1981年2月の神戸新交通ポートアイランド線「ポートライナー」が最初です。また、同年3月には大阪南港ポートタウン線「ニュートラム」も開業しています。

従来の電車や路面電車などと異なり、自動運転を可能にする新しいシステムとゴムタイヤを装備した車両が案内軌条（ガイドウェイ）に誘導されて進む方式から、日本においてAGTはゴムタイヤ式の「新交通システム」と呼ばれています。

▲ポートライナーの2000形車両（川崎車両製）

▲ニュートラムの200系（新潟トランシス製）

わが国の標準的AGT「標準化新交通システム」

1983年に建設省と運輸省（現・国土交通省）の指導により、AGTに関する標準化システムの基本仕様が定められました。これは、車両や路線、駅などの施設の規格を統一することで部品の共通化を図り、車両の製造費や路線の建設費を節減することを目的としたものです。

なお、標準型システムが最初に導入されたのは1989年に開業した金沢シーサイドラインで、これ以降に開業した路線はいずれもこの標準規格に準じています。

■標準化システムの基本■

種別	内容
輸送力	2000～2万人／時間・片道
運転方式	無人運転も可能なシステム
速度	最高速度：50～60km/h 表定速度：30～40km/h程度
車両	定員：1両当たり75人程度（1編成あたり4～6両で構成） 車両限界（高さ×幅）：3300mm × 2400mm 満車重量：18トン以下 車輪：ゴムタイヤ・1軸ボギー形式
案内方式	側方案内方式
分岐方式	水平可動案内板方式
電気方式	原則として直流750V
軌道・路盤	建築限界（高さ×幅）：3500mm × 3000mm 左右案内面間隔：2900mm 乗降場高さ：1070mm
設計荷重	車両軸重：9トン／軸

わが国における輸送手段としてのAGTの役割

AGTは鉄道とバスの中間的な役割を果たす中量軌道輸送システムであり、輸送手段としての役割は以下の2つに大別できます。

①既に開発された地域における交通混雑を解消するための輸送手段
②新たに開発された地域へアクセスするための輸送手段

なお、これら2つが組み合わさっているケースもあり、神戸新交通のポートライナーや六甲ライナー、東京のゆりかもめがこれに該当します。

■①の場合（日暮里・舎人ライナーの例）■

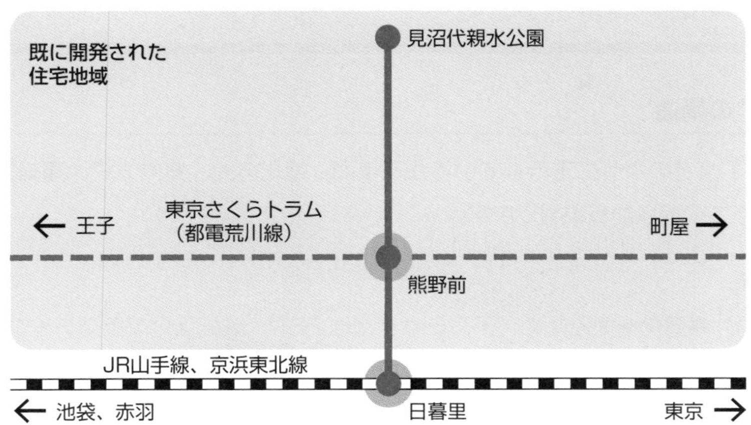

■②の場合（大阪南港ポートタウン線「ニュートラム」の例）■

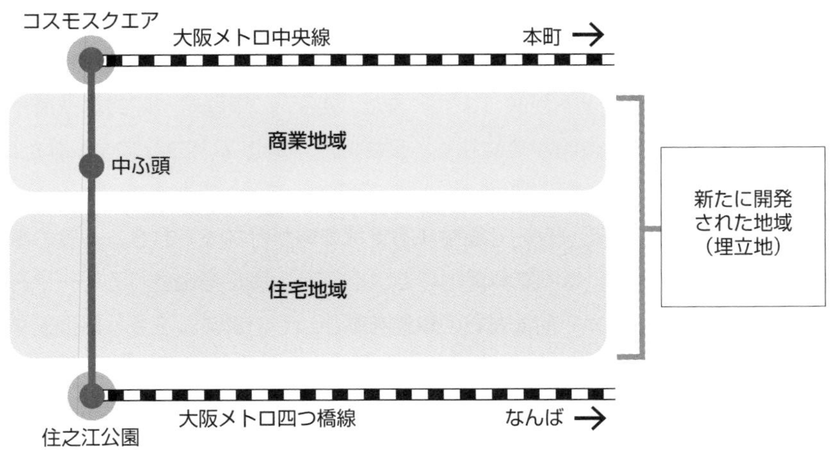

5-2 AGTの構造・特長

AGTは一般的な鉄道とは異なり、レールではなく道路のようなコンクリート製の軌道上をゴムタイヤの車両で走行します。車両は小型で、駅間も短く、バス並みの利便性を持っています。

AGTの構造

AGTがどのように走行しているかを車両、電化方式、案内方式、運転方式の4つの観点から説明します。

◆車両

車両は軽量化を図るため、アルミ材またはFRP（繊維強化プラスチック）材を主体として構成されています。車両には、車体を支える支持車輪と案内軌条（レール）と接触する案内輪の2種類の車輪がついています。支持車輪にはゴムタイヤを使用し、パンクした場合でも安全に走行ができるようにタイヤの中には鉄の車輪（中子(なかご)式タイヤ）が入っています。

鉄のレールと車輪を使用している一般的な鉄道と比較すると、AGTの支持車輪はゴムタイヤのため、ガイドウェイ（路面）との間で発生する摩擦は大きくなります。しかし、この摩擦が大きいことにより急な勾配を走行することができるメリットがあります。また、AGTの車両を一般的な鉄道車両と比較すると、車体幅がやや狭く、長さは約半分以下とコンパクトなため、AGTは鉄道車両では困難な急カーブを走行することができます。

車両の推進は、モーターで駆動する支持車輪が行なっており、一般の電車と同じ仕組みです。車両を軽量化しているので1両に搭載されるモーターは1個で済み、その力で前後左右の車輪を動かしています。こうした推進や支持車輪の向きを変えるシステムには、自動車の技術が活かされています。

日本における標準化システムの基本仕様では、平均的な車両重量は18トン（満車時）、車両軸重は9トン／軸となっています（5-1参照）。

■ AGT の構造（標準仕様である側方案内方式の例）■

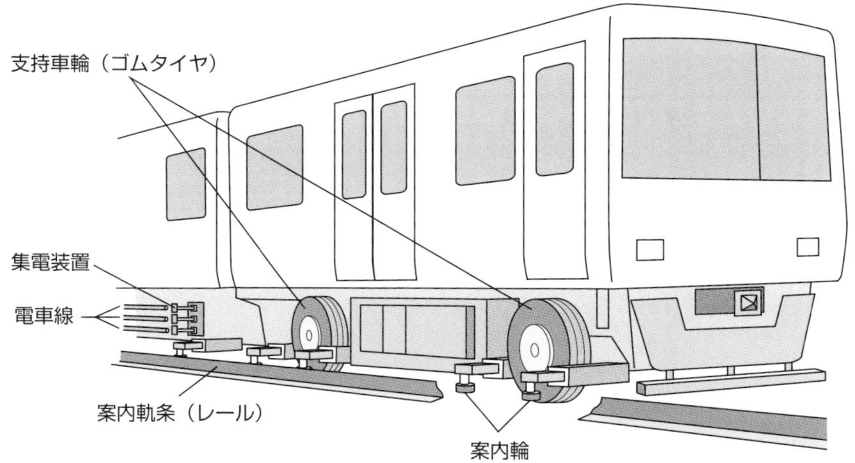

◆電化方式

モーターを動かすための電気は、車両の集電装置がガイドウェイ側面に設置された電車線に接触することによって取り込まれます。電化方式には、交流方式と直流方式の 2 種類があります。路線長や輸送需要などの条件に応じて各路線に適した電化方式が選択されます。

◆案内方式

案内方式は、「側方案内方式」と「中央案内方式」の 2 種類に大別されます。

国内で中央案内方式が採用されたのは、千葉県の山万・ユーカリが丘線と愛知県の桃花台（とうかだい）新交通（2006 年に廃止）のみで、他はすべて側方案内方式です。標準仕様（5-1 参照）では、案内方式は側方案内方式に決められており、現在わが国で営業する 10 路線のうち 9 路線がこれに該当します（5-3 参照）。

なお、側方案内方式のうち、分岐方法に「浮沈式」を採用する路線を「両側案内方式」と呼ぶ場合があります。これに該当するのは、日本で最初に開業した神戸新交通ポートアイランド線（ポートライナー）です。分岐する際、両側案内方式では案内軌条自体が上下に浮沈することにより、常に案内輪の両側が案内軌条（レール）に接触する状態で走行することになります。

一方、そのほかの側方案内方式では「水平可動案内板方式」が採用され、分岐時は一時的に案内輪が案内軌条（レール）に片側のみ接触する状態となります。

■AGTの案内方式■

案内方式	中央案内方式	側方案内方式
概要	走行路の中央に設けた1本の案内軌条（レール）の両側を案内輪で挟み込むことにより、案内を行なう。	走行路の両側に案内軌条（レール）を設け、これに走行輪の外側にある案内輪を押し付けて走行輪を操舵することにより案内を行なう。
イメージ図	走行輪 案内輪 案内軌条（レール）	走行輪 案内輪 走行路 案内軌条（レール）

◆運転方式

国内のAGTの多くは、運転士が乗務しないATO（自動列車運転装置）による全自動（無人）運転が行なわれています。駅のホームには車両のドアとほぼ同時に開閉するホームドアや監視カメラが設置されており、安全性向上だけでなく全自動運転を支援しています。

なお、設備投資を節約する目的でATOを導入せず、運転士が乗務している例もあります。例えば、山万・ユーカリが丘線および西武鉄道・山口線ではATS（自動列車停止装置）、埼玉新都市交通・伊奈線および広島高速交通・広島新交通1号線ではATC(自動列車制御装置)を用いたワンマン運転となっています。2023年1月現在、日本でワンマン（有人）運転を行なっているAGTは、これら4路線のみです。

AGT の特長

- 輸送力：片道 1 時間あたり 1500 ～ 1 万人
- 駅間距離：800m ～ 1200m
- 最高速度：60km/h ～ 80km/h
- 表定速度：25km/h ～ 32km/h
- 車両の小型軽量化により建設費を抑えることが可能
- 小型軽量車両を用いるため、一般的な鉄道と比較して曲線半径の小さい曲線を走行することが可能（最小曲線半径：約 30m）
- 新たに路線を建設する場合､最小曲線半径を小さくすることができるため､過密な都市内においても周辺環境へ与える影響を最小限にできる
- 最小曲線半径が小さいので、道路の上空が利用でき、また用地買収面積も少なくてすむ
- 普通鉄道のような架線が上部空間に無いため、沿線の景観を保つことができる
- ゴムタイヤの使用により一般的な鉄道と比較して走行時の騒音や振動が少ない
- ゴムタイヤの使用によりバス（自動車）と同様に高加速・高減速ができ、駅間距離が短い場合でも問題なく走行できる
- ゴムタイヤの摩擦力の大きさを活かし､急勾配を走行することができる(最急勾配：約 60‰)
- コンピューターによる無人での全自動運転により省人化を実現、労働力不足問題に対処できる
- コンピューターによる無人での全自動運転により高頻度な運転ができる
- 走行路に並行して避難用通路が併設されているため、車両故障や災害時の乗客避難経路が確保できる（モノレールと異なる点）

5-3 AGTの導入事例

日本におけるAGTの歴史は1981年から始まり、2023年1月現在、日本で営業中のAGTは全部で10路線あります。そのうち、9路線で側方案内方式が採用されており、運転士が乗務しない全自動（無人）運転は6路線あります。

日本で営業中のAGT路線

2023年1月現在、日本で営業中のAGTの全10路線を下図に示します。本書では、日本におけるAGTの導入事例として5つの事例を紹介します。

■日本で営業中のAGT路線（2023年1月現在）■

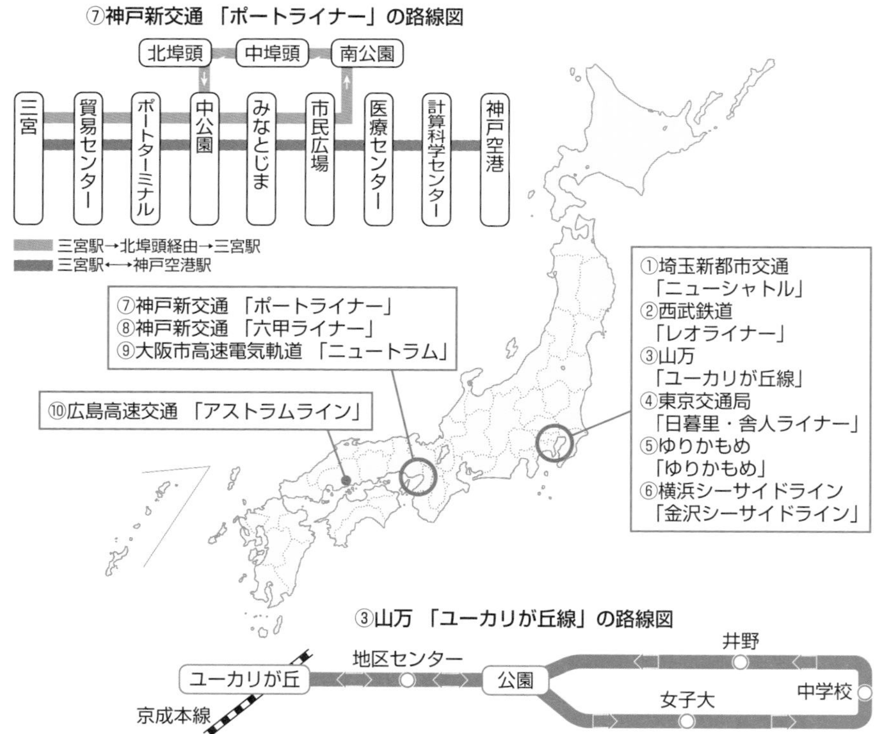

各路線の基本データ

日本で営業中の AGT の全 10 路線の基本情報は以下の表の通りです。

No.	事業者名		路線愛称		営業区間		
①	埼玉新都市交通		ニューシャトル		大宮～内宿		
	開業	営業キロ(km)	駅数	平均駅間(m)	案内方式	電化方式	運転方式
	1983年	12.7	13	1058	側方	三相交流 600V	ATC・ワンマン
No.	事業者名		路線愛称		営業区間		
②	西武鉄道		レオライナー		多摩湖～西武球場前		
	開業	営業キロ(km)	駅数	平均駅間(m)	案内方式	電化方式	運転方式
	1985年	2.8	3	1400	側方	直流 750V	ATS・ワンマン
No.	事業者名		路線愛称		営業区間		
③	山万		ユーカリが丘線		ユーカリが丘～公園※1		
	開業	営業キロ(km)	駅数	平均駅間(m)	案内方式	電化方式	運転方式
	1982年	4.1	6	820	中央	直流 750V	ATS・ワンマン
No.	事業者名		路線愛称		営業区間		
④	東京都交通局		日暮里・舎人ライナー		日暮里～見沼代親水公園		
	開業	営業キロ(km)	駅数	平均駅間(m)	案内方式	電化方式	運転方式
	2008年	9.7	13	810	側方	三相交流 600V	ATO・無人
No.	事業者名		路線愛称		営業区間		
⑤	ゆりかもめ		ゆりかもめ		新橋～豊洲		
	開業	営業キロ(km)	駅数	平均駅間(m)	案内方式	電化方式	運転方式
	1995年※2	14.7	16	980	側方	三相交流 600V	ATO・無人
No.	事業者名		路線愛称		営業区間		
⑥	横浜シーサイドライン		金沢シーサイドライン		新杉田～金沢八景		
	開業	営業キロ(km)	駅数	平均駅間(m)	案内方式	電化方式	運転方式
	1989年	10.8	14	830	側方	直流 750V	ATO・無人
No.	事業者名		路線愛称		営業区間		
⑦	大阪高速電気軌道		ニュートラム		住之江公園～コスモスクエア		
	開業	営業キロ(km)	駅数	平均駅間(m)	案内方式	電化方式	運転方式
	1981年	7.9	10	878	側方	三相交流 600V	ATO・無人
No.	事業者名		路線愛称		営業区間		
⑧	神戸新交通		ポートライナー		三宮～神戸空港、三宮～市民広場～北埠頭～中公園		
	開業	営業キロ(km)	駅数	平均駅間(m)	案内方式	電化方式	運転方式
	1981年※3	10.8	12	982	側方	三相交流 600V	ATO・無人
No.	事業者名		路線愛称		営業区間		
⑨	神戸新交通		六甲ライナー		住吉～マリンパーク		
	開業	営業キロ(km)	駅数	平均駅間(m)	案内方式	電化方式	運転方式
	1990年	4.5	6	900	側方	三相交流 600V	ATO・無人
No.	事業者名		路線愛称		営業区間		
⑩	広島高速交通		アストラムライン		本通～広域公園前		
	開業	営業キロ(km)	駅数	平均駅間(m)	案内方式	電化方式	運転方式
	1994年	18.4	22	876	側方	直流 750V	ATC・ワンマン

※１：ユーカリが丘～公園間は両方向に運転される単線、公園～女子大～公園間は片方向にのみ運転される環状線である。よって、ユーカリが丘・地区センター・公園駅はそれぞれ１駅として計上

※２：新橋～有明間が 1995 年に開業し、その後 2006 年に有明～豊洲間が開業

※３：三宮～市民広場～北埠頭～中公園が 1981 年に開業し、その後 2006 年に市民広場～神戸空港間が開業

5-4 埼玉ニューシャトル

ニューシャトルの愛称で知られており、埼玉県の大宮駅と内宿駅を結んでいます。さいたま市にある鉄道博物館は、鉄道博物館駅が最寄駅となっており、当路線が主要なアクセスルートとなっています。

路線概要

ニューシャトルは東北・上越両新幹線の建設に伴い、大宮市（現・さいたま市）・上尾市・伊奈町の沿線地域住民の足として開業した新交通システムです。路線は全区間が高架で、新幹線の高架構造物の張り出し部分を活用して敷設されており、ほとんどの区間で高架橋を新幹線と共用しています。

運営主体は、埼玉県およびJR東日本と沿線のさいたま市・上尾市・伊奈町の自治体、銀行、私鉄などの出資により設立された第3セクターの埼玉新都市交通株式会社です。

特徴

列車は運転士による手動運転（ワンマン運転）で、コンピューターシステムによるATC（自動列車制御装置）やARC（自動進路制御装置）により、安全性が確保されています。最高速度は60km/h、表定速度は31km/hで運行しています。

6両編成（定員約260名）の車両が3形式（2020系、2000系、1050系）運行されています（2023年1月現在）。運行車両は合計で14本あり、すべて車体のカラーが異なっています。

高架を走る車窓からの眺めは抜群です。よく晴れた日には、大宮の市街地の彼方に秩父の山並みや富士山の霊峰を望むことができます。また、沿線北部の周囲は、春の新緑の彩りと、秋の色とりどりの紅葉がすばらしく、四季折々に変わる自然の美しさを楽しむことができます。

▲幅広のステンレス製車両 2000 系（川崎重工業製）

▲最新型のアルミ製車両 2020 系（三菱重工業製）

■路線図■

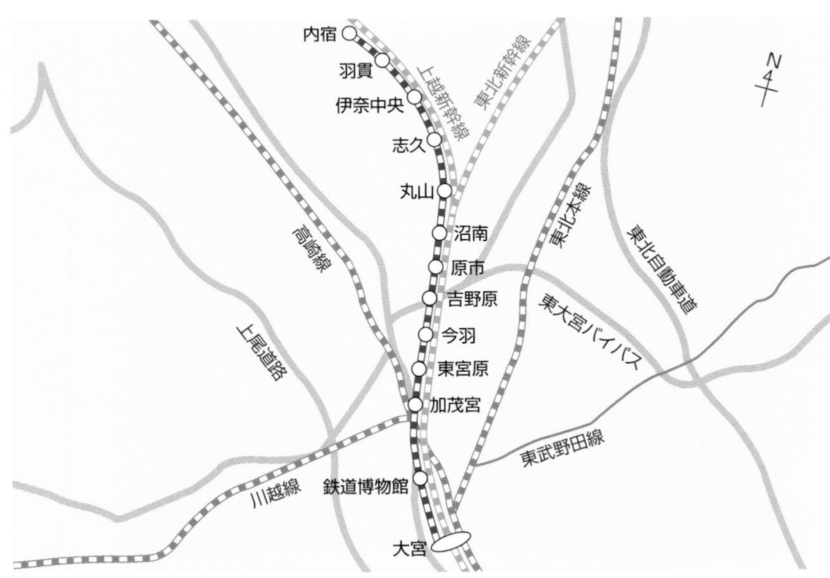

■路線データ■

事業者名	埼玉新都市交通	案内軌条	側方案内式
路線愛称	ニューシャトル	電化方式	三相交流600V・50Hz
開業	1983年12月	運転方法	運転士による手動運転
路線距離	12.7km	輸送実績	5万2117人/日（2019年度）
駅数	13駅（起終点駅含む）	最急勾配	59‰
駅間の平均距離	1058m	最小曲線半径	25m
配線	複線区間（大宮～丸山間） 単線区間（丸山～内宿間）	ピーク時の運転間隔	5分毎（平日　大宮発丸山・内宿方面行）

5-5 広島アストラムライン

広島高速交通は、広島市北西部の宅地開発に伴う急激な人口増加による交通問題を解消するために1994年8月20日に開業したAGTです。正式名称は「広島新交通１号線」ですが、一般的には日本語の「明日」と英語の「トラム（電車)」を組み合わせた通称である「アストラムライン」と呼ばれています。

路線概要

広島市中心部の本通(ほんどおり)駅と、北西部の広域公園前駅の18.4kmを36〜38分で結ぶAGTです。駅は全22駅で、6両編成の列車が最高速度60km/hで運転しています。路線は逆U字のような形をしており、通勤・通学路線としての役割を果たすほか、広域公園駅前に建設された陸上競技場へのアクセスも担っています。

現在、広域公園前駅からJR西広島駅までの約7.1kmを延伸する計画が進んでおり、完成すれば環を描くような路線となります。

■路線図■

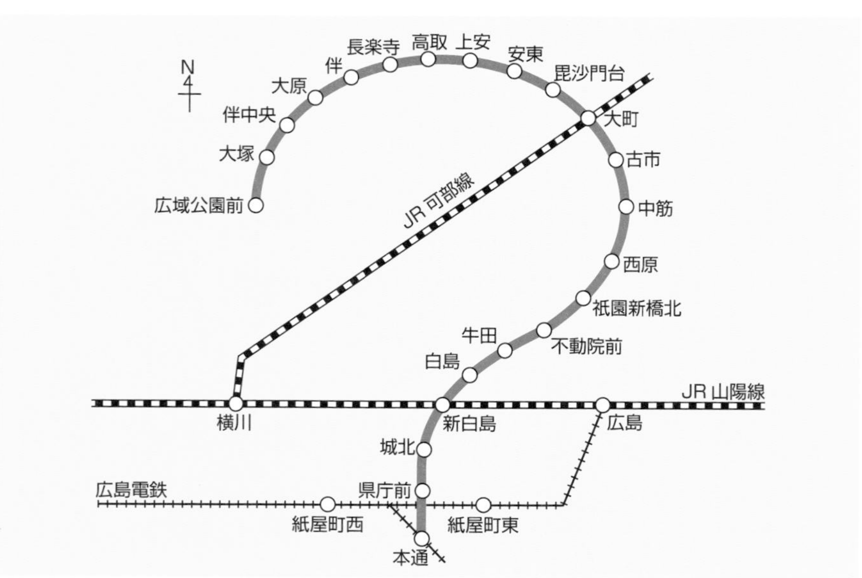

特徴

アストラムラインで最も特徴的なのは、その路線長です。路線長 18.4km は、日本国内の AGT では最も長くなっています（2 番目に長いのはゆりかもめで、14.7km です）。また、白島（はくしま）駅手前から本通駅までの 1.9km は地下区間となっており、日本国内の AGT で地下区間を走行するのはアストラムラインのみです。なお、このうち県庁前駅から本通駅までの 0.3km のみ、法律上は「地下鉄」とみなされています。

広島市は日本有数の大都市でありながら、アストラムラインが建設されるまで地下鉄がありませんでした。これは、市街地が河川部の河口にあるため地盤が悪く、建設が難しかったことが一因です。

▲開業から走る 6000 系（新潟鐵工所、川崎重工業、三菱重工業製）

▲2020 年に導入された 7000 系（三菱重工業製）

路線データ

事業者名	広島高速交通	案内軌条	側方案内式
路線愛称	アストラムライン	電化方式	直流750V
開業	1994年8月	運転方法	運転士による手動運転
路線距離	18.4km	輸送実績	6万5455人/日(2018年度)
駅数	22駅(起終点駅含む)	最急勾配	45‰
駅間の平均距離	876m	最小曲線半径	30m
配線	全区間複線	ピーク時の運転間隔	2分30秒

5-6 横浜シーサイドライン

シーサイドラインの愛称で知られ、神奈川県のJR根岸線新杉田駅と京急電鉄金沢八景駅を結んでいます。沿線住民や工業団地の通勤客だけでなく、横浜・八景島シーパラダイスや海の公園などへの観光路線としても利用されています。

路線概要

シーサイドラインは、金沢埋立地区の工業団地開発に伴う新たな交通需要に対応するために建設されたAGTです。また、1983年に定められた「新交通システムの標準化とその基本仕様」（5-1参照）に沿って設計された「標準型新交通システム」による最初の路線です。

運営主体は、横浜市や京浜急行電鉄、西武鉄道、横浜銀行などの出資により設立された第3セクターの株式会社横浜シーサイドラインです。

特徴

列車の運行は、運行管理装置とATO（自動列車運転装置）による無人運転です。あらかじめ運行管理装置には運行ダイヤが登録されています。この装置が列車の進路設定や発車時刻などを制御し、列車が運行ダイヤ通りに走行するように管理しています。また、全駅のホームには転落防止のためのホームドアが設置され、列車が正しい位置に停止した場合に自動で開閉します。列車の最高速度は60km/h、表定速度は約25km/hです。

2023年1月現在、運行されている車種は2000形の1形式のみで、5両編成（定員236名）の車両が計18本運行されています。

車両デザインは「海」をイメージし、海・波・水面が光を受けたきらめき、船の帆や旗がはためいている風景、軽やかで華やかな躍動感を、カラー7色の組み合わせによる三角形の幾何学模様で表現しています。また、軌道を支える橋脚のデザインは周辺の景観と調和するように配慮されており、ワイングラス型・T字型・Y字型などがあります。

▲2011年から活躍するステンレス製車両2000形（東急車輌製造・総合車両製作所製）

▲周囲の環境に合わせてデザインされた橋脚

路線図

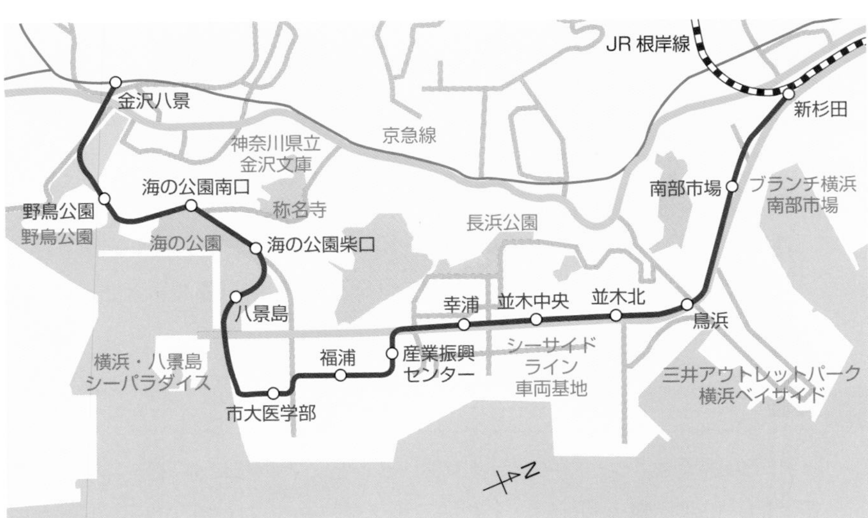

路線データ

事業者名	横浜シーサイドライン	案内軌条	側方案内式
路線愛称	シーサイドライン	電化方式	直流750V
開業	1989年7月	運転方法	·ATOによる自動運転（1994年4月～） · 開業時は運転士による手動運転
路線距離	10.8km	輸送実績	5万2661人/日（2019年度）
駅数	14駅（起終点駅含む）	最急勾配	40‰
駅間の平均距離	830m	最小曲線半径	30m
配線	全区間複線	ピーク時の運転間隔	4～5分毎 （平日　朝・夕のラッシュ時間帯）

5-7 ゆりかもめ

ゆりかもめの愛称で知られる東京臨海新交通臨海線は、東京都の新橋駅からお台場や有明地区を経て豊洲駅までを結んでいます。沿線には、多数の観光スポットや会議場などがあるため、利用者数は平日より休日の方が多い傾向にあります。

路線概要

ゆりかもめは、新橋と東京臨海副都心を結ぶ交通機関として、1995 年に新橋駅から有明駅間で先行開業し、2006 年に有明駅から豊洲駅間の 2.7km が延伸開業しています。

同じ東京臨海副都心地区を通る東京臨海高速鉄道りんかい線との区別のため、開通当初から「ゆりかもめ」の愛称で呼ばれることが多く、正式な路線名は一般にはほとんど用いられていません。

運営主体は、東京臨海ホールディングスの子会社で、東京都も出資する第 3 セクターの株式会社ゆりかもめです。1998 年に東京臨海新交通株式会社から社名変更しました。

特徴

列車の運行は、シーサイドライン（5-6 参照）と同様に ATO（自動列車運転装置）による無人運転で、全駅にフルスクリーンタイプのホームドアが設置されています。列車の最高速度は 60km/h、表定速度は約 28.5km/h です。

6 両編成（定員 306 名）の車両が 2 形式（7300 形、7500 形）運行されています（2023 年 1 月現在）。運行車両は合計で 26 本あり、7500 形では有人運転と無人運転の識別のために発光式自動運転灯が新たに装備されています。

車窓からは東京タワーやレインボーブリッジなど東京のシンボルを望むことができます。レインボーブリッジ接続部の新橋側は、芝浦ふ頭駅と橋梁との高低差が大きく、軌道の勾配を緩やかにするためループ構造が採用されています。

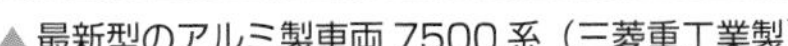

▲最新型のアルミ製車両 7500 系（三菱重工業製）

▲主力として活躍する 7300 系（三菱重工業製）

■路線図■

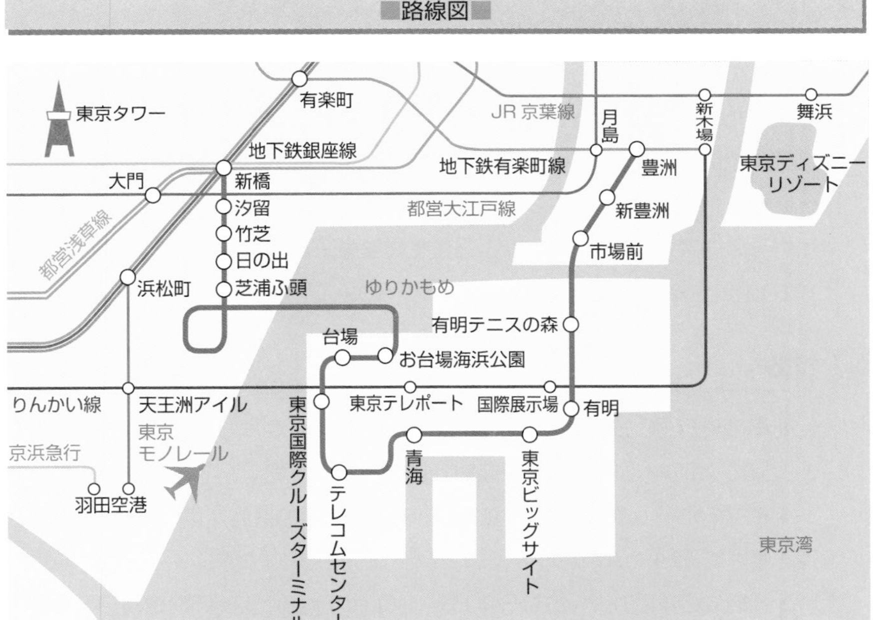

■路線データ■

事業者名	ゆりかもめ	案内軌条	側方案内式
路線愛称	ゆりかもめ	電化方式	三相交流600V・50Hz
開業	1995年11月（新橋～有明間） 2006年3月（有明～豊洲間）	運転方法	ATOによる自動運転
路線距離	14.7km	輸送実績	12万9935人／日（2019年度）
駅数	16駅（起終点駅含む）	最急勾配	50‰（車両基地内は60‰）
駅間の平均距離	980m	最小曲線半径	45m
配線	全区間複線	ピーク時の運転間隔	3～4分毎 （平日　朝・夕のラッシュ時間帯）

5-8 日暮里・舎人ライナー

日暮里・舎人ライナーは、一般公募により路線名が決定され、日本で開業した最も新しいAGTです。開業後の沿線開発により利用者数の増加傾向が続いており、ラッシュ時の混雑緩和が近年の課題となっています。

路線概要

日暮里・舎人（とねり）ライナーは、東京都荒川区の日暮里駅と足立区の見沼代親水公園駅を結ぶ約10kmの路線です。

現在の沿線地域は、かつて「交通空白地帯」と呼ばれ、公共交通はバスのみでした。そのため、住民の移動手段は主に自動車であり、人口増加とともに交通渋滞が頻繁に発生していました。その後、交通混雑の解決と地域活性化を願う地元住民の要望により鉄道の誘致活動が実施され、日暮里・舎人ライナーの開業に繋がりました。 運営主体は東京都交通局で、日本で公営交通（地方公営企業である交通局）による唯一のAGT路線となっています。

特徴

列車の運行は、シーサイドライン（5-6参照）やゆりかもめ（5-7参照）と同様にATO（自動列車運転装置）による無人運転で、全駅にフルスクリーンタイプのホームドアが設置されています。列車の最高速度は60km/h、表定速度は約28km/hです。

5両編成の車両が3形式（300形（定員245名）、320形（定員259名）、330形（定員262名））運行されています（2022年4月現在）。運行車両は合計で20本あり、開業当初から運行されている300形車両が主力として活躍しています。

線形は日暮里・西日暮里近辺や荒川付近を除いて概ね直線となっています。日暮里駅の近くには最小曲線半径30mのカーブがあり、車両基地は舎人公園の地下にあります。なお、車両基地への引き込み線は舎人公園駅と舎人駅の間にあり、舎人公園駅のホームから車両基地に向かう列車を確認することができます。

▲最新型のステンレス鋼製車両 320 形（新潟トランシス製）

▲アルミニウム合金製の 330 形（三菱重工業製）

路線図

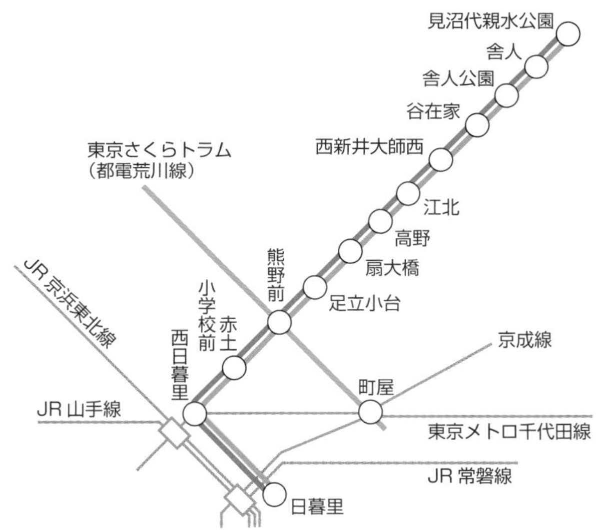

路線データ

事業者名	東京都交通局	案内軌条	側方案内式
路線愛称	日暮里・舎人ライナー	電化方式	三相交流600V・50Hz
開業	2008年3月	運転方法	ATOによる自動運転
路線距離	9.7km	輸送実績	9万737人／日（2019年度）
駅数	13駅（起終点駅含む）	最急勾配	50‰（車両基地内は65‰）
駅間の平均距離	810m	最小曲線半径	30m
配線	全区間複線	ピーク時の運転間隔	3～4分毎 （平日　朝・夕のラッシュ時間帯）

5-9 マカオの AGT

今やラスベガスを抜き世界最大のカジノ都市となったマカオでは、住民や観光客の利便性向上のために、基幹都市交通システムとして日本製の AGT が採用され、2019 年 12 月に開業しました。この AGT をマカオでは「マカオ LRT」（Macau Light Rapid Transit）と呼んでいます。

シーメンスやボンバルディアと競争して日本勢が受注

マカオ（人口約 67 万人：2019 年）は、世界最高レベルの人口密度（約 2 万人／ km^2）を有し、急速な都市開発に伴う慢性的な交通渋滞と大気汚染の軽減、移動の定時性確保、観光客（3,940 万人：2019 年）の増加に対応することが交通分野の課題となっていました。このため、マカオ特別行政区政府は、2002 年に軌道系交通システムの導入を施政方針の検討事項に明記しました。

マカオ特別行政区政府は、イギリスの ARUP 社に事業可能性調査を委託し、調査・検討を行なった結果、AGT の採用と基本ルート案が 2007 年に決定しました。同時に第 1 期プロジェクトの国際入札の実施を発表しました。入札の結果、中国・ドイツ（シーメンス）連合と中国・カナダ（ボンバルディア）連合を抑えて、日本連合（伊藤忠商事・三菱重工）が AGT 車両とシステム一式を落札し、2011 年 3 月に契約を締結しました。

今回開業したのは、南のタイパ島内を走る第 1 期区間（延長 9.3km、11 駅）のタイパ線です。

▲カジノホテルを背景に走行するマカオ AGT＊

▲タイパ碼頭駅構内に停車中のマカオ AGT＊

＊写真提供：トラン・デュ・モンド（三浦一幹）

■マカオ AGT の全体路線計画とタイパ線（緑色）■

空港と港・リゾートホテルなどを結ぶ U 字形の路線

第 1 期区間として開業したのは、大型リゾートホテルやカジノが立ち並ぶタイパ地区とコタイ地区にまたがる U 字形の路線（延長 9.3km）です。香港や深圳を結ぶ高速船が発着するタイパ・フェリーターミナル駅を起点として、マカオ国際空港（1995 年開港）、中国の珠海市を結ぶ蓮花大橋の出入境ゲート近くの蓮花口岸、リゾートホテル群を経由して、終点の海洋駅に至る路線です。

このAGTは、海・空・陸と3つのマカオの玄関口を結んでいます。また、最急勾配は約60‰、最小曲線半径は約45mとなっています。

駅は11か所に設置され、平均駅間隔は約930mです。海洋駅は地上ですが、それ以外はすべて高架駅になっています。

海洋駅からは、西湾大橋（Sai Van Bridge：長さ2.2km）を経由してマカオ半島へ渡り、珠海市の拱北（コンペイ）口岸（出入境ゲート）がある関閘駅へ至る10.3kmの区間が第2期プロジェクトのマカオ半島線として計画されています。

大きな窓が特徴の「オーシャン・クルーザー」

マカオに導入された三菱重工製のAGT「Urbanismo-22」は、「オーシャン・クルーザー」（Ocean Cruiser）という愛称がつけられ、55編成（合計110両）が納入されました。2両編成の「オーシャン・クルーザー」は全長24m、定員は1両あたり119人（座席数22）、乗車時の車両重量は約25トンとなっています。また、最高速度は80km/h、平均運転速度は30km/hです。

アクアティック・ホワイト（Aquatic White）と呼ばれる薄い水色に塗装された「オーシャン・クルーザー」は、大きく眺望のいい正面と側面の窓、そして広い乗降扉が特徴です。

タイパ線は、6時30分から平日は23時15分、週末は24時過ぎまで、5～7分間隔、片道所要時間約23分で運行しています。

▲大きな正面窓の「オーシャン・クルーザー」*

▲ステンレス製のロングシート座席*

＊写真提供：トラン・デュ・モンド（三浦一幹）

5-10 シンガポールのAGT

シンガポールでは、1999年に開業したボンバルディア製、2003年に開業した三菱重工業製と2種類のAGTが運行しています。どちらもニュータウン内の培養路線（フィーダー）として整備され、MRT（都市鉄道）の駅に接続しています。なお、シンガポールではAGTのことをLRT（Light Rapid Transit）と呼んでいます。

ブキ・パンジャンLRT

ブキ・パンジャン（Bukit Panjang）ニュータウンの中を走行するブキ・パンジャンLRTはシンガポール初のAGTとして、1999年11月に開業しました。地上設備をシンガポール陸上交通庁（LTA = Land Transport Authority）が保有、SMRTトレインズ（SMRT Trains）社が運営する上下分離方式を採用しています。

◆路線

路線の形状は、MRT南北線のチョア・チュー・カン（Choa Chu Kang）駅を起点とし、ブキ・パンジャン駅からはループ線になっていて、全体としてラケット状の路線です。また、ブキ・パンジャン駅でMRTのダウンタウン線に結節しています。全長が7.6km（複線・全線高架）あり、13駅が設置されています。車両基地はテン・マイル・ジャンクション（Ten Mile Junction）にあり、シンガポール初の屋内（ショッピングセンター内）に位置する車両基地です。

◆車両と運行

ボンバルディア製の車両（Innovia APM 100）が32両導入され、1両または2両編成で無人自動運転（左側走行）をしています。集電は第三軌条方式（交流600V 50Hz）、中央案内方式（センターガイド）を採用しています。

運行は、チョア・チュー・カン駅を起終点とし、ブキ・パンジャン駅からのループ部分を時計回り（A系統）と反時計回り（B系統）の2系統で運行しています。全線通しでの所要時間は 28 分です。沿線住民のプライバシーを考慮して、住宅地（高層アパート）近くを走行する時にはアパート側の側面窓ガラスが自動的に曇るようになっています。1 日あたり約 6 万 4800 人（2020 年 7 月）を運んでいます。

運行開始から既に 20 年以上経過しており、車両と軌道・信号システムの更新がボンバルディア社により行なわれています。信号システムについては、AGT の運行本数を増やすため CBTC※ (Communications - Based Train Control) を導入する予定です。

■ブキ・パンジャン LRT の路線図■

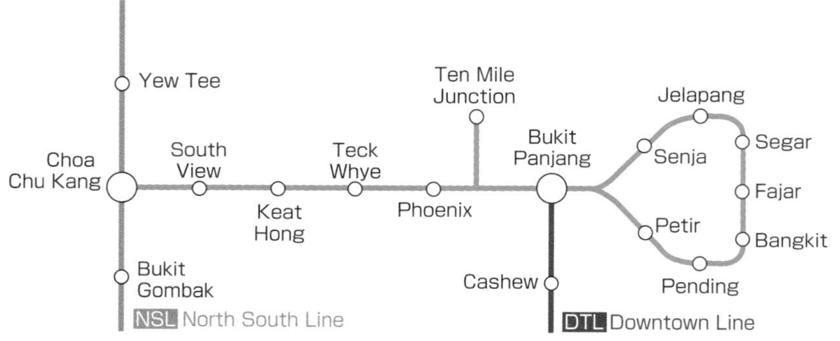

▲ボンバルディア社の Innovia APM 100

▲高層アパート近くでは窓ガラスが曇る Innovia APM 100

※ **CBTC**：列車と地上設備の間で通信を使って列車の運行と制御を行なう信号保安技術。

センカン LRT とプンゴル LRT

AGT として、センカン（Sengkang）LRT はシンガポールで 2 番目の 2003 年、プンゴル（Punggol）LRT は 3 番目の 2005 年に開業しました。ここでも地上設備をシンガポール陸上交通庁（LTA）が保有、SBS トランジット社が運営する上下分離方式を採用しています。

◆路線

センカン LRT とプンゴル LRT は、SBS トランジット（SBS Transit）社の MRT 北東線のセンカン駅とプンゴル駅と結節していて、ニュータウンを周回するループ線が東西それぞれにある 8 の字の形の路線になっています。センカン LRT は全長 10.7km（複線・高架）、全 14 駅、またプンゴル LRT は全長 10.3km（複線・高架）、全 15 駅の路線です。

◆車両と運行

両路線には、三菱重工業製の「クリスタル・ムーバー」（Crystal Mover）が投入され、無人自動運転（左側走行）をしています。開業当初に 41 両、2016 年に追加で 16 両が導入されましたので、それまで 1 両編成で運行していたのが 2016 年からは 2 両編成での運行が可能になりました。集電は第三軌条方式（直流 750V）、側方案内（サイドガイド）方式を採用しています。

運行は、センカン駅とプンゴル駅を起終点とし、それぞれ西側ループの時計回り（A 系統）と反時計回り（B 系統）、東側ループの時計回り（C 系統）と反時計回り（D 系統）の合計 4 系統があります。

◆駅と車両基地

センカン駅とプンゴル駅以外の駅は、道路の中央分離帯上に建設され、3 階建ての構造になっています。また基本的に島式ホームを採用しており、半高のホームドアが設置されています。両路線の車両基地はセンカン LRT のトンカン（Tongkang）駅近くにあり、下層が MRT 北東線、上層がセンカン LRT とプンゴル LRT 用になっています。高温による機器の故障を防止するため留置線には屋根が設けられています。

■センカン LRT の路線図■

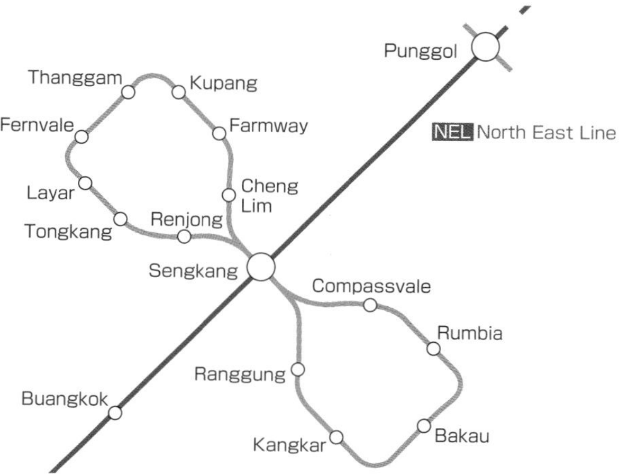

■プンゴル LRT の路線図■

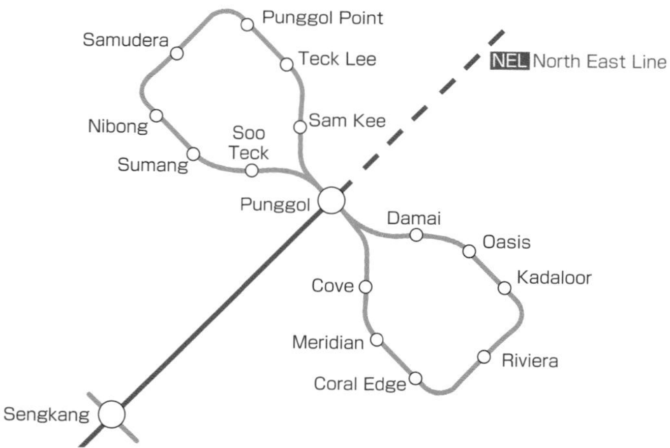

▲三菱重工業製のクリスタル・ムーバー

▲AGT のセンカン駅

第6章

路面電車・LRT

路面電車・LRT(Light Rail Transit) は、道路上に敷設された軌道を走行する交通機関です。日本での路面電車の導入は1895 年と歴史は古く、その後のモータリゼーションの進展とともに衰退した時期もありましたが、近年は LRT の開発により人と環境にやさしい公共交通として再評価されています。この章では路面電車・LRT の歴史、仕組み、導入事例について紹介します。

6-1 路面電車・LRTとは

路面電車・LRTは、道路上に敷設された軌道を比較的小さな車両が小編成で走行する都市交通機関です。LRTとは、ライトレール・トランジット（Light Rail Transit）の略で、低床式車両（LRV:Light Rail Vehicle）の活用や軌道・停留場の改良による乗降の容易性、定時性、速達性、快適性などの面で優れた特徴を有する軌道系交通システムです。

路面電車からLRTへ

面電車の起源は、馬車軌道の電車化に遡ります。1881年にベルリン郊外で世界初の営業用路面電車が開業しました。当初、路面電車は近代的な都市交通機関として世界各地の都市で飛躍的な発展を遂げましたが、1920年代以降、欧米ではバスの出現や自家用車の普及で路面電車が衰退しました。

一方、日本では1895年に京都で初めての営業用路面電車が開業しました。その後、東京、大阪などの大都市で普及するとともに、地方都市へと全国的な展開を見せ、ピーク時の1930年代には全国65都市、82事業者、路線延長約1500kmまで発展しました。しかし、日本での路面電車の衰退時期は欧米に比べると遅れたものの、1960年代の高度経済成長による急速なモータリゼーションの進展の結果、バスや地下鉄などの他の都市交通機関への転換に伴って路面電車の廃止が続き、1960年から1990年の30年の間に路線延長の約8割が減少しました。

しかし、近年の人口減少・少子高齢化などの都市を取り巻く社会情勢の変化、地球環境等への負荷軽減、都市活力の再生などの社会的要請の観点から、従来の路面電車の機能高度化と洗練されたデザイン性を有するLRTが道路交通を補完し、人と環境にやさしい公共交通機関として再評価されています。

日本では2006年4月に富山市で初めて本格的なLRTが導入されました。その後も熊本、広島、岡山など既存路面電車線に「低床LRT車両」（LRV）が導入されました。

LRTの整備効果

LRTの整備効果としては、次の4つが挙げられます。

1. 交通環境負荷の軽減

LRTは、自家用車や路線バスと比較してCO_2など温室効果ガスの排出量が少ないため、環境負荷の小さい交通体系の実現に有効な交通手段です。都市内の自動車交通がLRTに転換されることにより、道路交通が円滑になり、温室効果ガス排出量の削減だけでなく、交通渋滞の緩和や交通事故の減少など交通環境負荷の軽減にも寄与します。

2. 移動時のバリアフリー化、シームレス化

低床式車両の導入や停留場のバリアフリー化により、乗降時の段差が解消されるなど誰もが利用しやすい公共交通機関の実現に寄与します。また、既存鉄道への乗り入れ、パーク＆ライド、路線バスとの連携により、乗り換え時のシームレス化の向上に寄与します。

3. 公共交通ネットワークの充実

既存鉄道への乗り入れや他の公共交通機関（鉄道、地下鉄、バス等）との乗り換え利便性向上、パーク＆ライド促進のための駐車場・駐輪場の整備を図ることで都市内交通の利便性が向上します。さらに、他交通とのシームレス化を図ることで、より快適で利用しやすい公共交通ネットワークの実現に寄与します。

4. 魅力ある都市や地域の再生

LRT導入を契機とした道路空間の再構築、まちづくりとの連携、トランジットモールの導入などにより、中心市街地の活性化や都市や地域の魅力の向上が期待できます。また、LRT車両をデザイン性の高い洗練されたものにすることにより、LRT車両がまちのシンボル的な存在として都市や地域の再生に寄与します。

6-2 路面電車・LRT の仕組み

日本の都市の公共交通には、鉄道、地下鉄、モノレール、AGT、路面電車、路線バス、コミュニティバス等があり、それぞれが公共交通ネットワークの一部として機能しています。しかし、最大輸送力と表定速度からみて、モノレール・新交通システムを整備するほどではありませんが、路線バス、路面電車では対応できない領域（トランスポーテーションギャップ）があります。LRT はこれに適した交通機関といえます。

輸送力と表定速度

原則として単車運行する路面電車や路線バスに対し、LRT は連接車両（最大 30m）を可能としているため、1 編成当たりの輸送力が大きいことが特徴です。また、LRT は優先信号の導入や運賃収受の工夫による乗降時間の短縮を前提としていることから高い表定速度を実現しており、トランスポーテーションギャップを埋めるのに適したシステムといえます。

■各交通機関の最大輸送力と表定速度の関係■

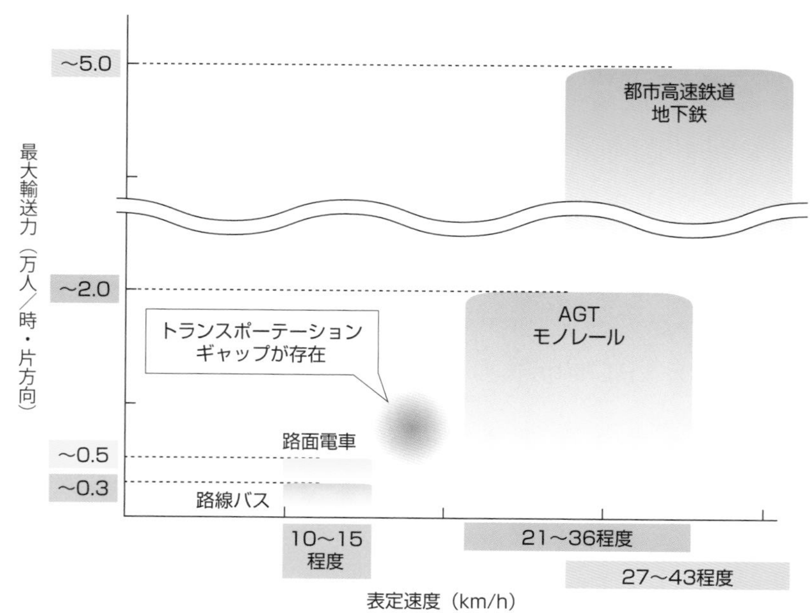

LRTの特徴

1. 道路路面走行が中心

LRTは従来の路面電車と同じ道路を走行するため、既存の道路空間を活用した導入が可能です。そのため、地下鉄・モノレール・ＡＧＴの整備に比べて建設コストの削減が可能であり、また路面から直接乗降できるためバリアフリー性が高くなっています。道路空間内に自動車通行とは独立したLRT専用レーンを設けることで、定時性・速達性の向上を図ることができます。

2. 新しい技術を反映したシステム

LRT車両は、従来の路面電車や路線バスが持つマイナス面（車内床面が高く乗降が不便、騒音が大きい、乗り心地が悪いなど）を改良した低床型車両が開発されています。停留場ホーム面の段差が数センチと小さく、車椅子のままでの乗降が可能、車内床面のフラット化よる車内移動性の向上等、ユニバーサル※化への対応に優れています。また新技術を導入した台車の開発により、乗り心地がよく、従来の路面電車と比べて低振動・低騒音化が実現されています。

3. 柔軟な走行路空間の選択が可能

LRTは道路面走行だけでなく、一部区間の高架化による立体化、道路と分離された専用軌道、既存の郊外鉄道への乗り入れ等、様々な走行路の中からLRTが導入される市街地の状況等に応じた選択ができ、全線で立体構造を要するモノレールやAGTに比べて柔軟な走行路の選択が可能です。

4. まちづくりとの連携が可能

LRTはユニバーサル性に優れ、誰もが利用しやすく環境にやさしい移動手段であるとともに、車両や停留場のデザインを工夫することにより、まちのシンボルとしての役割が期待できます。また、LRT導入に合わせた沿線の土地利用計画や市街地活性化施策などのまちづくり施策との連携により、まちの賑わい創出への寄与が期待できます。

※**ユニバーサル：**性別、年齢、身体能力などの違いに関わらず、誰もが利用しやすいようにつくられていること。

6-3 路面電車・LRTの導入事例

日本では、1960年代後半からの急速なモータリゼーションの進展、バスや地下鉄への転換に伴い路面電車の廃止が続きました。現在では、全国21都市20事業者、路線延長約206kmが営業しています。

日本でも導入されるLRT

世界各地でLRT導入が進む中、日本では2006年4月に富山市で初めて本格的なLRTが導入されました。その後も熊本、広島、岡山など既存路面電車線に「低床LRT車両」(LRV)が導入され、多くの事業者で、低床式車両が導入されています。

■日本の路面電車・LRTの導入(2023年1月現在)■

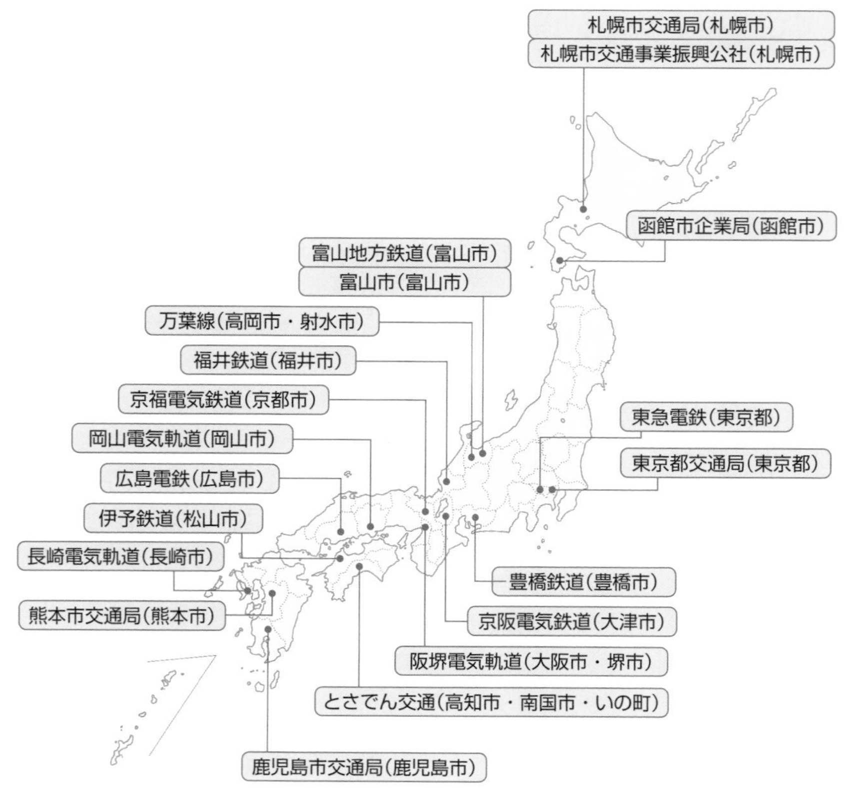

路面電車の路線延長・都市数・事業者数の推移

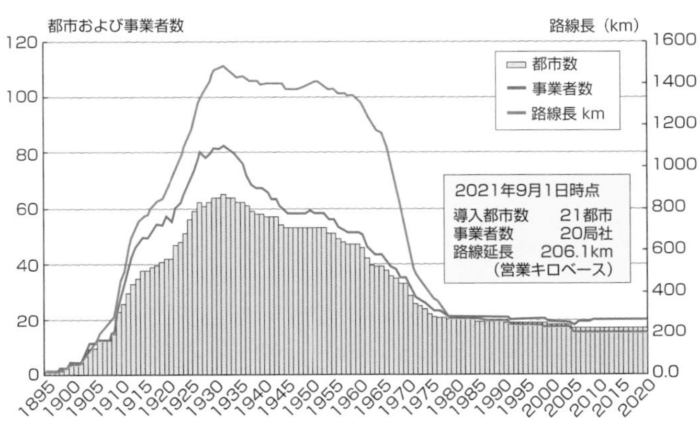

出典：国土交通省 HP

営業中の路面電車・LRTの概要（2019年度）

都市	事業者名	営業キロ	車両			輸送人員（万人）	輸送密度（人／日・キロ）
			編成数	低床式車両の導入状況			
札幌	札幌市交通局	8.9	36	○	3連接式	858.1	6723
函館	函館市企業局	10.9	32	○	2連接式	544.7	4096
富山	富山地方鉄道	15.2	30	○	3連接式・2連接式	542.6	2698
高岡	万葉線	12.8	11	○	2連接式	113.6	1380
東京	東急電鉄	5.0	10			2122.9	27839
東京	東京都交通局	12.2	33			1708.6	10057
豊橋	豊橋鉄道	5.4	16	○	3連接式	306.3	4222
福井	福井鉄道	21.5	16	○	3連接式	198.8	2333
大津	京阪電気鉄道	21.6	23			1703.3	9653
京都	京福電気鉄道	11.0	27			836.6	8300
大阪	阪堺電気軌道	18.3	35	○	3連接式	807.0	4839
岡山	岡山電気軌道	4.7	22	○	2連接式	370.6	3873
広島	広島電鉄	19.0	138	○	5連接式・3連接式	3783.5	14465
高知	とさでん交通	25.3	63	○	3連接式	599.3	3121
松山	伊予鉄道	9.6	38	○	単車	693.8	3967
長崎	長崎電気軌道	11.5	72	○	3連接式	1635.7	12335
熊本	熊本市交通局	12.1	45	○	2連接式	1100.8	8182
鹿児島	鹿児島市交通局	13.1	56	○	5連接式・3連接式・2連接式	1092.5	8431

出典：『数字で見る鉄道 2021』

6-4 富山LRT

地方中核都市では、人と環境に優しい公共交通機関として路面電車（LRT）を位置づけ、積極的なインフラ整備を事業者と自治体が一体となって進める動きが出てきています。富山は、その典型的な事例のひとつです。

普通鉄道をLRT化で再生

国鉄からJR西日本に引き継がれた富山港線（富山～岩瀬浜間）は、利用者の減少で赤字が続き、北陸新幹線の開業に伴う富山駅の高架化で従前のホームが使えなくなるため、廃止も検討されました。しかし、沿線は市街地化していて活性化の余地があることから、富山市を中心とする第三セクター会社が経営主体となって引き継ぎ、LRT化することが決まりました。

富山駅付近の経路変更や駅の増設、2車体連接の超低床式LRVで運行するための対応工事などを行ない、2006年4月に富山ライトレール「ポートラム」として再出発しました。

運行間隔はJR時代の30～60分に1本の運転から日中15分ごとと約3倍に増え、途中の蓮町駅と終点の岩瀬浜駅からは電車の発着に合わせてフィーダーバスを運行するなど利便性も向上させています。その効果により、利用者は開業前と比較して平日で約2.2倍、休日で約4.7倍に増加しました。日中、高齢者の利用が増えたのも特徴です。

市内電車を環状線化する新線を開業

一方、JR北陸本線（現・あいの風とやま鉄道）の南側には、富山地方鉄道の富山軌道線（南富山駅前～富山駅前～富山大学前間）があります。高度成長期に多くの都市で路面電車が次々と廃止されていくなか、規模を縮小しながらも生き残ってきました。

その後、環境問題などに端を発して公共交通機関としての路面電車を見直す機運が高まり、富山市が人口減少と少子高齢化に対応するため「公共交通を軸としたコンパクトなまちづくり」を目指す都市政策を打ち出しました。

富山港線の LRT 化もその一環ですが、富山軌道線でも 2009 年 12 月に丸の内～西町間の約 0.9km に単線の富山都心線を新たに開業し、既存路線も使って富山駅前→丸の内→大手モール→中町→富山駅前の反時計回りの単方向環状運転を開始しました。合わせて 2 車体連接の超低床式 LRV「セントラム」も導入されました。

別々だった路線を直通運転

富山駅を含む前後の区間が高架化すると、次はその高架下を利用して北側の富山港線と南側の富山軌道線を接続し、直通運転させる事業が進められます。北陸新幹線が開業した 2015 年には富山駅前（現・電鉄富山駅・エスタ前）～富山駅間を延伸し、新幹線や在来線の富山駅と直結するようになりました。

そして 2020 年 3 月には富山港線と富山軌道線の直通運転が始まるとともに、富山地方鉄道が富山ライトレールを吸収合併し、名実ともに一体で運営されています。

▲TLR0600 形（ポートラム）

▲デ 9000 形（セントラム）

▲ T100 形（サントラム）

▲新幹線の真下にできた LRT の富山駅

■富山地方鉄道の路面電車路線図■

COLUMN 富山市が推進する「コンパクトなまちづくり」

富山市では、急速に進む少子高齢化に伴って深刻化する交通弱者の増加、市の財政力の低下、都市としての魅力低下といった問題を解決するため、公共交通を軸とした拠点集中型の「コンパクトなまちづくり」を目指しました。これを実現するために以下の3本柱を掲げ、都市機能を集中させ、歩いて暮らせるような「コンパクトなまちづくり」を推進したのです。

1. 公共交通の活性化
2. 公共交通沿線地区への居住促進
3. 中心市街地の活性化

その取り組みにより、国内では2008年に「環境モデル都市」、2011年に「環境未来都市」として選出され、海外ではOECD（経済協力開発機構）からコンパクトシティとして世界の先進5都市のひとつとして採り上げられています。

プロジェクトの具体的な成果目標

指標名	基準数値		2011年度目標数値	
中心商店街の歩行者数	平日	2万5948人 (2006年)	平日	3万4000人人
	日曜	2万4932人 (2006年)	日曜	3万2000人
都心地区の人口		2万4099人 (2006年)		2万6500人
公共交通利用者数	1日当り	6万1780人 (2004年)	1日当り	6万2000人

プロジェクトの期間　2007年度から2011年度

プロジェクトを構成する具体の事業・施策

名称	事業概要	事業費
公共交通活性化事業	鉄道の増発実験や公共交通の運賃割引を行なうとともに、都心部を回遊するコミュニティバスを運行するなど、公共交通の利便性の向上・活性化を図る。	43.1億円
賑わい創出事業	賑わいの拠点となる広場（グランドプラザ）を整備するとともに、中心商店街の指定駐車場を無料開放するなど賑わいの創出を図る。	23.8億円
コンパクトな居住推進事業	コンパクトな居住を推進するため、市街地再開発事業などの住宅供給事業や、都心部における住宅取得などの支援を行なう。	21.8億円
地域拠点整備事業	鉄道駅を中心とした地域拠点において、駐輪場やトイレ整備など公共交通の利便性の向上を図る。	5.3億円
総計		94.0億円

6-5 芳賀・宇都宮LRT

2023年8月に開業予定の芳賀・宇都宮LRTは、新線を建設して新規にLRTを導入する路線としては日本初となります。

路線

JR宇都宮駅東口から芳賀・高根沢工業団地までを結ぶ14.6kmのルートであり、テクノポリス地区のような人口増加が見込まれる地区や多くの人が働く工業団地、JR宇都宮駅やベルモールといった商業施設をつなぐ路線です。停留場の数は全19駅、そのうち5駅にトランジットセンター（乗換施設）が設置される計画です。

導入車両

芳賀·宇都宮LRTで採用される車両は、新潟トランシス製の「HU300形」と呼ばれる3両1編成の低床式車両です。車内空間を広く確保し、より多くの輸送力を確保するため、国内の低床式車両における最大の車両幅2650mmを採用しています。また、定員数については、国内の低床式車両では最多となる「定員160人」を確保し、座席数については、鉄道の通勤電車並みに広い座席幅としたうえで、「50席」を確保しています。車両の愛称は、宇都宮市民、芳賀町民等の住民参加のアンケートを実施し、「ライトライン」（Light Line）に決定しました。

運転計画

運転間隔は、ピーク時は6分間隔（1時間に10本）、オフピーク時は10分間隔（1時間に6本）となり、運転時間はJR宇都宮駅の新幹線の始発·終電に対応して、6時台～23時台となる計画です。所要時間（起終点間）は、普通電車（各停留場に停車）で約44分、快速電車（一部停留場を通過）で約37～38分となっています。

運営計画

芳賀・宇都宮 LRT の運営は、行政と民間が出資した宇都宮ライトレール株式会社が担います。LRT 事業は地方の公共交通の充実・強化を図るために国が設けた「公設型上下分離方式」という仕組みを採用しており、軌道などの施設や車両を行政が整備・保有し、民間事業者が運行を担う仕組みです。行政（宇都宮市、芳賀町）と民間で得意な分野を分担することで、効率的な事業運営を可能にし、経済的で質の良いサービスの提供を実現することを目指しています。

■路線図■

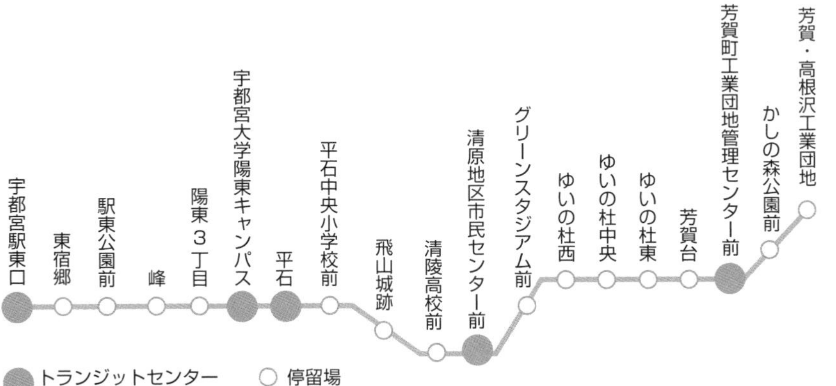

■芳賀・宇都宮 LRT 車両「ライトライン」■

写真提供：宇都宮市

6-6 高雄の急速充電式路面電車

台湾南部にある高雄（カオシュン）では、2015 年に新型の低床式路面電車が運行を開始しました。停留所での急速充電システムを採用しているのが特徴で、駅間に架線がなく、景観上スッキリとした路面鉄道になっています。

台湾第二の都市・高雄の環状路面鉄道

高雄（人口約 277 万人：2019 年）は、加工貿易のための工業団地や重化学工業のコンビナートが集積する台湾随一の工業都市であり、またコンテナ取扱量の多い港湾都市（世界 16 位：2019 年）でもあります。

「高雄捷運環状軽軌」と呼ばれる環状の路面鉄道（全長 22.1km、36 停留所）は、高雄市が計画し、台湾鉄路管理局の旧高雄臨港線（貨物線）を利用しています。2 段階に分けて開業する予定で、第 1 段階として環状線の南部区間、高雄港湾地区の路線（延長 8.7km。14 停留所）が 2015 年から 2017 年にかけて開業しました。全線が開業すれば、高雄の外周部を結ぶ環状線になります。

スペインとフランス製の路面電車を導入

高雄捷運公司が運営するこの路面鉄道は、軌間 1435mm、全線複線、駅構内のみ電化（剛体架線式直流 750V、キャパシター充電式併用）となっています。

1 次車としてスペイン CAF 社のウルボス（Urbos）型電車（9 編成）、2 次車としてフランス・アルストム社のシタディス（Citadis）型電車（15 編成）が投入され、最高速度は 50km/h となっています。どちらも低床式の路面電車です。なお、CAF 社のウルボス型電車の外観は、イタリアを代表する工業デザイナー・ジュジャーロのデザインです。いずれの路面電車も最高速度は 50km/h です。

運行時間帯は 6 時 30 分から 22 時、運転間隔は 15 分ごと（夕方のラッシュ時間帯は 10 分ごと）になっています。

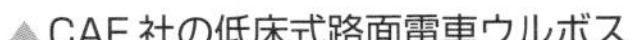
▲CAF 社の低床式路面電車ウルボス

▲低床式路面電車ウルボスの車内

急速充電システム

高雄の路面電車は、スペインの CAF 社が開発した FREEDRIVE（フリードライブ）充電システムを採用しています。ニッケル・水素充電池の電気二重層キャパシターによる ACR（Acumulador de Carga Rápida。スペイン語で「急速充電」の意）ユニットを搭載し、停留所での急速充電と駅間での無架線走行を実現しました。

このフリードライブ充電システムの特徴として、①架線をなくすることができます、②このため投資額が減少し、保守費も少なくなります、③キャパシターは 1.4km 分の走行電力を充電できます。④ 20 秒以下の急速充電が可能です、⑤他のメーカーの車両にも搭載が可能なことなどがあげられます。

なお、アルストム社のシタディスは、リチウムイオン式のエコパック（Ecopack）を採用しています。

CAF 社の低床式路面電車ウルボスの急速充電。停留所に停車するとパンタグラフをあげて 20 秒で急速充電する（左）。充電が完了するとパンタグラフをおろす（右）。

CAF社のFREEDRIVE急速充電方式

1. 走行開始

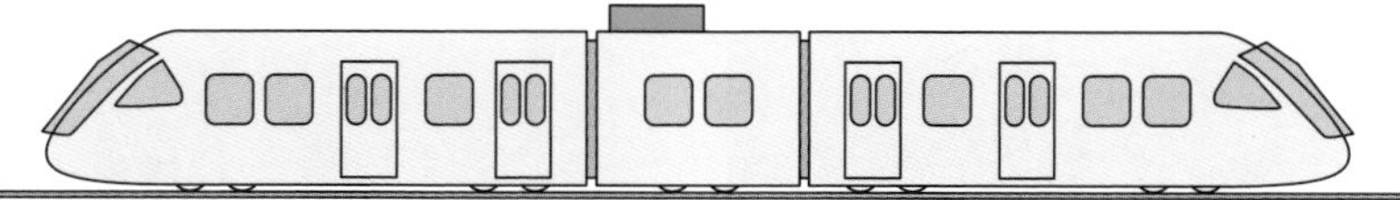

完全充電をしたFREEDRIVEシステムで走行を開始する。

2. 走行中

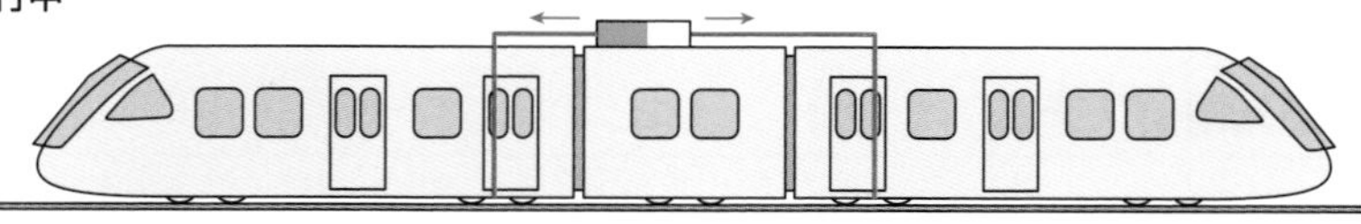

停留所間では、FREEDRIVEシステムから電力を駆動装置（モーター）に供給する。

3. ブレーキ作動中

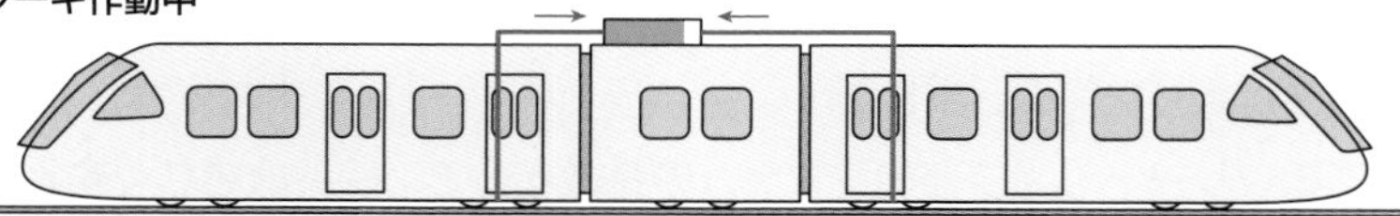

ブレーキをかけて減速する時に発生する運動エネルギーを用いてFREEDRIVEシステムを充電する。

4. 停車中

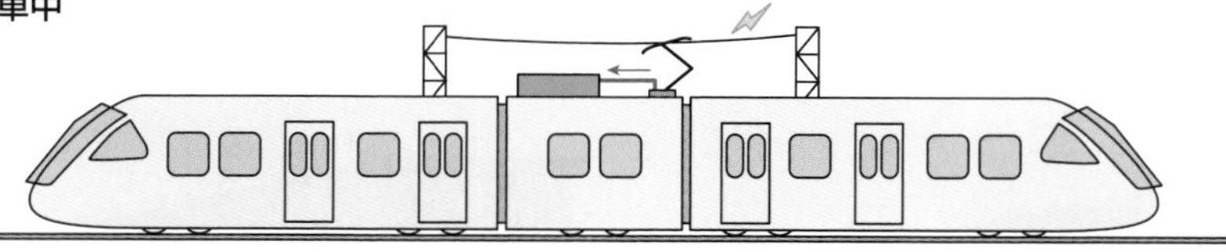

停留所に停車中にFREEDRIVEシステムは完全に充電される。

6-7 ボルドーの架線なし路面鉄道

フランス南西部にある都市ボルドーでは、1950 年代まで運行していた路面鉄道を復活させるにあたり、中心部の歴史的建築物やガロンヌ川に架かる橋梁などの景観を考慮して、架線柱と架線をなくし地上から集電する路面電車が運行しています。

世界的な葡萄酒の産地ボルドー

ボルドー（人口約 26 万人：2019 年）は、ローマ時代からガロンヌ川に面した良港を持つ都市として栄え、世界的な葡萄酒の生産地であることから、18 世紀には葡萄酒貿易により黄金時代を築きました。このため、町の中心部には重厚な歴史的建築物が立ち並び、市街区域の 1810ha は 2007 年に世界遺産に登録されました。

ここには、1950 年前後まで路面鉄道網がありましたが、自動車交通の発達により全廃されてしまいました。その後、自動車中心の都市交通が渋滞などの社会的問題を引き起こし、その解決の切り札として路面鉄道の復活が 1997 年に決まりました。

ボルドーの路面鉄道は、歴史的景観を重視する区間では、架線柱と架線がない地表集電方式を採用しているのが特徴です。周囲の風景と路面電車が調和しているボルドーのように、景観重視の都市では、この地表集電方式の路面鉄道が今後広まってゆくことでしょう。

▲旧市街を走るシタディス型低床路面電車（架線なし）

▲フランス国鉄のボルドー・サンジャン駅前に停車する路面電車（架線あり）

放射状に延びる路面鉄道

町の中心から放射状に広がる路面鉄道は４路線（A線～D線）あり、総延長は77.5km（軌間1435mm）、133か所に停留所があります。

■ボルドーの路面鉄道網■

◆全廃されたかつての路面鉄道

もともとボルドーには在来型の路面鉄道（38 路線、合計約 200km）がありましたが、路面鉄道は旧式で自動車交通を阻害すると考えた当時の市長により 1958 年にすべて廃止されました。

その後、交通渋滞などの自動車交通問題に対処するために、VAL（Véhicule Automatique Léger：ゴムタイヤ式の新交通システム AGT）を用いた地下鉄の整備計画が推進されましたが、地元の交通利用者協会の猛反対があり、また地質が細砂質土のため地下鉄は施工が大変なので、1997 年に路面鉄道を再生することになりました。

◆架線のない路面鉄道

現代的な路面鉄道は 2003 年 12 月に開業し、この新しい路面鉄道は、架線を使用しない APS（Alimentation Par le Sol。フランス語で「地表供給」の意）地表集電システムを採用していることで知られています。このシステムは、アルストム社の子会社イノレール（Innorail）社が開発しました。特に景観への配慮が必要な中心部の歴史地区やガロンヌ川に架かるピエール橋（1822 年完成）の上などでは、APS 地表集電方式（直流 750V）を採用していますが、それら以外の区間では架空線からの直流 750V 集電となっています。

ボルドー都市圏交通局（TBM = Transports Bordeaux Métropole）が路面鉄道とバスの管理・運営を行なっており、2009 年から 2023 年までの輸送サービス契約のもとにケオリス（Keolis）社が路面鉄道を運営しています。ここにはアルストム社のシタディス（Ciatdis）型低床路面電車が導入されていて、最高速度は 60km/h、1 日に約 27 万人（2018 年）が利用しています。

▲ピエール橋を渡る低床路面電車

▲APS 地表集電システム。レール間に設置された第三軌条から集電する。

APS 地表集電方式

2 本のレールの中央に敷設された地表の第三軌条から集電するため、架線が不要であり景観上は優れていますが、歩行者や動物が感電死しないように、また短絡事故を防止する必要があり、車両の下にしか電気が流れない仕組みになっています。

電力供給用レール（第三軌条）は線路中央に敷設され、8m の給電区間と 3m の絶縁区間が交互に設けられています。車両下面の接地アンテナからの誘導電流を地上の誘導コイルが受けて制御箱のスイッチを切り替えることにより、車両の真下にある部分の電力供給用レールのみに通電します。また、受電に失敗した場合でも車載の予備バッテリーにより 400m まで自走可能になっています。

この APS 地表集電システムは、フランスのトゥールやランス、アラブ首長国連邦のドバイ、ブラジルのリオデジャネイロの路面鉄道で採用されています。

■ APS 地表集電システム■

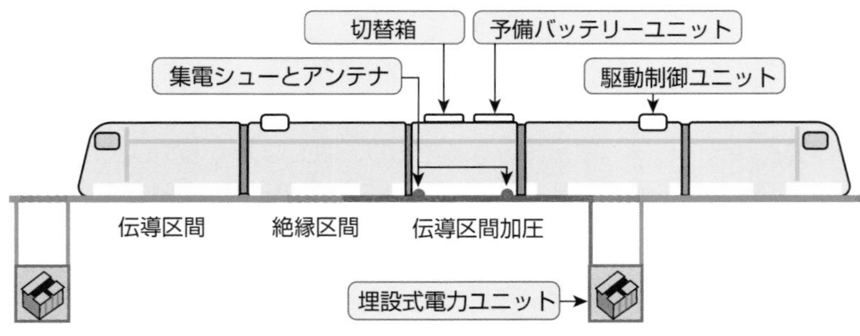

- 切替・制御ユニット：APS と架線・予備バッテリー間で電源切り替えを行ないます。
- 集電シュー：750V 給電レールから駆動用電流を集電します。
- アンテナ：第三軌条に埋め込まれた検知ループを通じて、隣接する電力ユニットが車両を検知できる無線信号コードを発します。
- 予備バッテリーユニット：電力が絶たれた際に車両を走行させることができます。

電力は、走行用軌道の中心となる位置の地表に埋め込まれ、区間に分かれた給電レールを通して路面電車に供給されます。伝導区間は、路面電車が進むに従って、路面電車の下で切ー入ー切を切り替え、歩行者の総合的安全を確保しています。この第三軌条は、3 メートルの絶縁区間で隔離された 8 メートルの伝導区間により構成されます。電力は埋設式電力ユニットにより伝導区間に供給されます。第三軌条を通して伝わる電気は、路面電車の中央台車の前後に位置する 2 つの集電シューから集電されます。

出典：株式会社総合車両製作所（https://www.j-trec.co.jp/）

第7章

BRT

BRTとはBus Rapid Transit（日本語で「バス高速輸送システム」）の略で、道路上の専用車線などをバス車両が走行するシステムです。地下鉄やLRTのような大量交通機関と比べ、輸送力や速達性はやや劣りますが、建設費が安価で工事期間も短く、世界中の都市で導入が進んでいます。鉄道が発達している日本では馴染みが薄いシステムですが、地方都市等において導入の実績があります。

7-1 都市交通としてのBRT

1974年、ブラジルのクリチバ市に世界初の本格的なBRTが導入されました。BRTという言葉自体はクリチバ市のケースを受け、翌年、米国運輸省で用いられたのが始まりとされています。これ以降、ブラジルの他都市や中南米地域で導入が進み、やがて世界中の多くの都市で採用されるようになりました。現在でも多くの都市で計画や導入が進められています。

BRTとバスの違い

BRTは専用車線や連接バス導入などを組み合わせることで、速達性と輸送力がバスに比べて大きいことに加え、鉄道のような車外の運賃収受、専用プラットフォームによる乗降時の段差解消をおこなうことが一般的です

BRT導入のメリット

BRT導入のメリットは次の3点があります。

①他の都市交通システムに比べて整備が安価

既存の道路空間を利用することが可能であり、鉄道のような専用の軌道や信号システム等の整備が必要なく、土地取得や整備費用の面で一般的に安価で、工事も早く終わります。未完成区間を一般道路で代替するなど、部分的な完成でも、ある程度の営業が開始できます。

②整備の自由度が高い

広幅員道路の一部の車線を転用したり、道路が渋滞する一部区間の整備に限定する等、整備の自由度が高いシステムです。走行性能に制限は生じますが、整備費用や時間のかかる「橋梁」や「トンネル」区間を一般の交通と共有して運用することも可能です。

都市の人口構成の変化や新しい開発への対応など、運行ルートの変更や延伸、車両サイズの変更など、不確定要素への柔軟な対応が可能です。

③他の道路交通と比べた走行性能が高い

一般道を走る他の道路交通に比べ、高い速達性と定時性が確保できます。そのため、一般のバスに比べて輸送力は大きくなります。同じ道路空間を並走するため、一般道が渋滞している脇を BRT が走行するシーンは、見た目のインパクトがかなり大きいと言えます。

▲一般道の渋滞とは無縁の BRT（コロンビアのメデジン）

▲一般道と BRT 車線との区分がない（ベトナムのハノイ）

BRT 導入のデメリット

一方、BRT 導入のデメリットは次の 3 点があります。

①速達性・定時性

道路を走行する交通としては高い走行性能を有しますが、鉄道等と比べると一般的には速達性や定時性は劣ります。自動車の走行は、一般道路で最高 60km/h、また都市部の道路ではそれ以下の最高速度に制限される上、駅間距離よりも交差点間隔が短かいため、表定速度※の向上には限界があります。

②安全性

BRT が一般道と完全に分離されるシステムでない限り、他の道路交通との交差箇所や並走区間では、車両や歩行者との接触・事故の危険性を完全に排除することは困難です。

③輸送効率・環境配慮

鉄道と比較すれば 1 車両当たりの BRT の乗客数は少なく、このため、乗

※**表定速度**：交通機関が駅間を走る運転時間だけでなく、途中駅の停車時間を加えた平均速度のこと。

客1人あたりの輸送効率は他の都市交通に比べて一般的には低くなります。電気自動車の普及は今後急ピッチで進むことが期待されますが、現状ではEV（Electric Vehicle）車両等でない限り温室効果ガスの排出を完全に削減することはできません。

世界での導入実績

世界中の主要なBRTがデータベース化された「Global BRT Data」の統計によれば、2023年1月時点でのBRT導入実績は、導入都市186都市、路線総延長5607km、1日あたりの利用者数は約3159万人にのぼります。

1974年にクリチバ市で導入されて以降、BRTはブラジル国内や同じ中南米地域へ広がり、その後1990～2000年代には欧米やオーストラリア、近年では中国やインドなどのアジア地域に広がりを見せています。

■累積導入都市数・新規導入都市数■

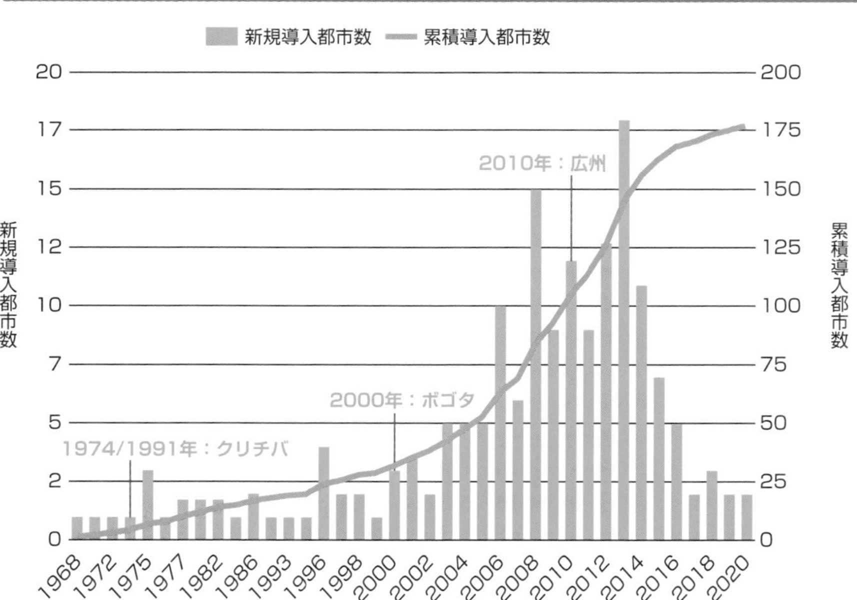

出典：Global BRT Data

日本での動向

1948年に和歌山県の高野町でバス専用の自動車道を使った運行が始まり、これが日本でのBRTの原型と言われています。1985年のつくば科学万博では、万博中央駅から会場までの全区間に専用レーンを整備し、連接バスによる観客の輸送を行ないました。その後も複数の地方自治体でBRTが導入され、国土交通省は2021年9月、こうした地域での導入に関わる知見や留意点をまとめた「地域公共交通（BRT）等の導入に関するガイドライン」を策定しました。

COLUMN BRTの利用者と総延長

▼1日あたりの利用者数トップ5

順位	国名	都市名	1日あたり利用者数（人）
1	ブラジル	サンパウロ	362万5000人
2	ブラジル	リオデジャネイロ	353万5466人
3	コロンビア	ボゴタ	219万2009人
4	イラン	テヘラン	200万人
5	アルゼンチン	ブエノスアイレス	165万9000人

出典：Global BRT Data

▼路線総延長トップ5

順位	国名	都市名	路線総延長（km）
1	インドネシア	ジャカルタ	251
2	メキシコ	メキシコシティ	196
3	ブラジル	サンパウロ	174
4	ブラジル	リオデジャネイロ	168
5	イラン	テヘラン	130

出典：Global BRT Data

7-2 BRTの特徴

一般のバスは道路の交通状況によって運行に影響を受けるため、特に都市部では、渋滞等によってバスの到着が大きく遅れることがあります。これを克服し、都市交通としての高い速達性、定時性、輸送力を確保しているのがBRTの特徴です。

BRTの走行車線やプラットフォームの特徴

BRTの走行車線やプラットフォームには次の4つの特徴があります。

①専用車線

他の交通から走行への影響を受けないようにするため、BRTが走行する専用車線を設置することが通常です。縁石等によって物理的に車線を分けて整備するケースが基本ですが、車線を区分する白線だけを引き、交通ルール上で運用するケースもあります。

②車外での運賃収受

一般のバスはバス車内で運賃の収受を行ないますが、BRTでは高い速達性や定時性を確保するため、車内ではこうした運賃収受を行なわないことが原則です。

③道路の中央帯を走行

道路の外側車線は路上駐停車や歩行者・自転車による走行への影響があることから、BRTではそうした影響を受けにくい道路の中央帯を走行することが原則です。このため、BRTの利用者は歩道から道路中央帯のBRT駅まで道路を横断する必要があり、そのための歩行者横断施設を駅と合わせて整備することがあります。

④段差のない乗降プラットフォーム

BRTは駅の乗降プラットフォームと車両床の高さを一致させています。やはり乗降の際の迅速性とスムーズさを確保することが目的であり、また多くの利用者を想定することから、あらゆる乗客層、例えば、車椅子利用者やベビーカー利用者等の乗客が利用しやすいよう、バリアフリーに対応することが原則的となっています。

交差点での優先通行処理

交差点は道路交通上で最大のボトルネック箇所であり、信号交差点での一時停止やラウンドアバウト（環状）交差点での他の交通との混在が発生します。こうした交差点のスムーズな通過が BRT 路線全体の走行性を左右すると言っても過言ではありません。このため、主要交差点の立体化、信号機による BRT の優先制御（公共車両優先システム）、信号交差点での常時左折可能車線（右側交通の場合）やラウンドアバウト交差点での BRT 専用直線レーン等を導入し、交差点での優先通行処理を行なうことが求められます。

■ BRT 整備の特徴 ■

▲コロンビアのボゴタ　　出典：ITDP (Institute of Transportation & Development Policy)

▲ラウンドアバウトでの BRT 専用直線レーン（コロンビアのメデジン）

7-3 BRT システム

BRT の形態自体は一般道を走る通常のバスと同じです。都市交通として、いかに多くの乗客を速達性と定時性を確保しながら運行するかは、バス車両、道路等のインフラ施設、交通管理等の面を総合的に含む「BRT システム」としての完成度に左右されます。

バス車両

需要が多い路線では、一度になるべくたくさんの乗客を輸送するために、乗車定員が大きい車両を用いることが有利です。車両の大きさに限らず 1 車両には必ず運転手が 1 名必要なため、乗車定員の大きい車両を用いることが通例です。このため多くの都市で 2 連接や 3 連接のバス車両が採用されています。通常の大型バス車両が全長 12m 程度、乗車定員が約 80 名に対し、2 連接バスは約 18m の全長で、乗車定員は 100 人～ 190 人程度です。3 連接バスの全長は約 25m 程度で約 270 人が乗車定員とされています。

ただし、連接バスの全長は 20m 前後かそれ以上と長く、国によっては「運送車両法」や「道路法」などの制限で運行ができない場合や「特別の許可」が必要なケースがあります。

いろいろな BRT 車両

▲「トランスミレニオ」の 2 連接バス車両（ボゴタ）

▲メトロバスの 3 連接バス車両（メキシコシティ）

インフラ施設

BRT の主なインフラ施設として、次の 2 点があります。

◆バス専用車線、追い越し車線

BRT の走行は、コンクリートブロック等で明確に他の道路交通を分離した専用車線であるほど、高い走行性能を発揮します。また、急行運行をしたり、車両故障で止まってしまった場合でも追い越しができる追い越し車線を設置することで、より BRT の輸送力や速達性が高まります。

◆プラットフォーム

いわゆる BRT 駅のことを指します。路線バスの場合には、一般道の路側部分にバスストップやバスベイを設置しますが、BRT では料金収受を行なうために鉄道と同じプラットフォームの整備が必要になります。

利用される車両が 2 連接や 3 連接の場合には、その長さに応じたプラットフォームが必要ですし、同時に数台が停車できる仕様のプラットフォームを整備するケースもあります。これは、一度に停車できる車両が多いほど BRT 路線全体の輸送力が高まるためです。

■バスの車線とプラットフォーム■

▲追い越し車線を走行する BRT（ボゴタ）

▲複数のプラットフォームを配置（ボゴタ）

交通管理システム

BRTの速達性と定時性を確保するためには、公共車両優先システム（PTPS: Public Transportation Priority System）と呼ばれる交通管理システムの活用が有効な手段の一つです。PTPSはバス専用車線やバス優先レーンと交通信号機などの交通管理インフラを制御するシステムで、日本を始め世界中で利用が進んでいます。

■バス車両の諸元比較■

諸元	一般のバス
定員	79名
車両サイズ	全長11.2m／全高3.1m／全幅2.49m
車両重量	10.4トン
最小回転半径	9.3m
製品名	いすず「エルガ」

出典：ISUZU

諸元	2連接バス
定員	131人
車両サイズ	全長18.2m／全高3.1m／全幅2.55m
車両重量	16.7トン
最小回転半径	9.6m
製品名	メルセデスベンツ「シターロG」

出典：三菱ふそうトラック・バス　写真提供：ダイムラートラック

7-4 ガイドウェイバスシステム

BRTが一般道路上に設けた専用レーンやバス専用道路を走行するのに対して、ガイドウェイバスの走行には、ガイドウェイバスに取り付けられた案内輪をガイドするための専用高架道路の整備が必要になります。車両や道路形態は一般のものとは異なりますが、外観や輸送能力に大きな差はなく、BRTの一部として扱われることが多くなっています。

ガイドウェイバスの特徴

ガイドウェイバスとは、車両の走行をガイドする案内輪を装着したバス車両を、専用走行路の両側に設けた案内レールに沿わすことでバス車両を誘導して走行するシステムです。専用軌道を走行する高い走行性能があるため、世界的にはBRTの一種とされています。ガイドウェイバスは案内輪を車体側に収納すれば一般のバスと変わらないため、一般道でも走行が可能です。

システム・車両

ガイドウェイバスの開発はBRTが整備され始めた1970年代にドイツで始まり、1980年にエッセンで初めて運行を開始しました。トラム等に代わる安価な公共交通車両へのニーズの高まりから、ドイツ研究技術省（BMFT：Bundesministerium für Forschung und Technologie）がエッセン交通会社（EVAG：Essener Verkehrs-AG）に依頼し、ダイムラーベンツ社が車両製造を担当しました。

ガイドウェイバスの車両は、車両の前後輪の脇に案内輪が設置されている以外には、一般のバス車両と変わりません。ただし、走行路には、この案内輪をガイドするための案内レール設置が必要となるため、基本的にはガイドウェイバス専用道路が必要になります。

ガイドウェイバスの事例

世界的には導入事例が少なく、日本では名古屋の「ゆとりーとライン」がこのシステムを採用し、2001年から運行を始めています。世界では、ドイツ、イギリス、オーストラリアで実績があります。

法規上の位置づけ

本書ではガイドウェイバスをBRTの一種として紹介していますが、日本のガイドウェイバスの場合、専用道路区間は「軌道法」の適用を受ける鉄道の一種として扱われます。このため、名古屋の「ゆとりーとライン」では運転手はバスを運転するための「大型自動車第二種免許」と鉄道区間を運転するための「無軌条電車運転免許」が必要になります。

■ゆとりーとラインの車両に設置された案内輪■

▲案内輪の機構

▲ガイドに接する案内輪

出典：名古屋ガイドウェイバス株式会社

■海外のガイドウェイバス■

▲ガイドウェイバス（エッセン）
＊出典：Moritz Lötzgen (Wikimedia Commons)

▲低床ガイドウェイバス（マンハイム）
＊出典：Martin Hawlisch (LosHawlos) (Wikimedia Commons)

7-5 BRTの導入事例

日本と世界のBRT事例をいくつか紹介します。日本のBRTではこれまで述べてきたような増大する都市交通需要対策としての導入事例はそれほど多くありません。一方で、世界のBRT事例は需要が大きい都市部での整備がほとんどで、日本と世界とのBRTに対する意識は大きく異なるとも言えます。

日本の事例

日本のBRT導入は今のところ限定的です。導入目的は都市部の公共交通空白地域の解消や、需要が見込めない地方の鉄道廃止に伴う公共交通存続のための代替整備、また被災した鉄道路線の復旧に代わる代替整備などが多くなっています。

ここでは都市部の例として「東京BRT」(7-6)と「ゆとりーとライン」(7-7)を紹介します。

■日本に導入されている主なBRTの事例■

	都道府県	都市・地域	システム名
災害復旧	岩手県・宮城県	大船渡市、気仙沼市他	大船渡線・気仙沼線BRT
鉄道廃止	福島県	白河市他	白棚線BRT
鉄道廃止	茨城県	日立市	ひたちBRT
鉄道廃止	茨城県	石岡市	かしてつバスBRT
都市交通	東京都	中央区、江東区他	東京BRT
都市交通	神奈川県	川崎市	KAWASAKI BRT (※2023年3月開業予定)
都市交通	新潟県	新潟市	萬代橋ライン
都市交通	岐阜県	岐阜市他	清流ライナー
都市交通	愛知県	名古屋市他	ゆとりーとライン
都市交通	大阪府	大阪府	いまざとライナー
都市交通	福岡県	福岡市博多区・中央区他	Fukuoka BRT
災害復旧	福岡県・大分県	添田町、日田市他	ひこぼしライン (※2023年夏開業予定)

世界の事例

①アジア

導入都市の数や利用者数は中南米に次いで大きい地域です。その半分を中国の都市が占めています。また、インドネシアのジャカルタ、インドやイランの各都市で整備が進んでいます。

本書では「ベトナムのハノイ」(7-11)の事例を紹介します。

②ヨーロッパ

導入都市の数はアジアとほぼ同じですが、各都市とも利用者は少なめです。フランスで 21 都市と最も多く導入され、イギリスやオランダが続きます。トルコの利用者数が比較的多めです。

③北米

アメリカとカナダでそれぞれ 14 都市、7 都市に導入されています。利用者数はあまり多くありません。

④中南米

BRT 発祥の地で、導入都市の数と利用者数で世界一の地域です。ブラジル・クリチバの BRT は世界初、コロンビア・ボゴタの BRT はシステム規模としては世界最大です。

本書では「ブラジルのクリチバ」(7-8)、「コロンビアのボゴタ」(7-9)、「ペルーのリマ」(7-10)の事例を紹介します。

⑤オセアニア

オーストラリアで 3 都市、ニュージーランドとニューカレドニアで各 1 都市ずつ導入されています。利用者数もあまり多くはありません。アデレードのシステムはガイドウェイバスで全線が専用軌道となっています。

⑥アフリカ

アフリカでの導入実績はまだ少ないのが実情です。南アフリカで 3 都市に導入されており、アフリカ内では最も充実したネットワークです。しかし 1 日の利用者では、ナイジェリアやタンザニアの方が多くなっています。

本書では「タンザニアのダルエスサラーム」（7-12）の事例を紹介します。

■日本と世界におけるBRT導入状況■

日本／世界	地域	導入国数	導入都市（地域）数
日本	－	－	10地域28箇所
世界	アジア	11ヵ国	43都市以上
	ヨーロッパ	10ヵ国	44都市以上
	北米	2ヵ国	21都市以上
	中南米	13ヵ国	54都市以上
	オセアニア	3ヵ国	5都市
	アフリカ	3ヵ国	5都市

国や都市によって異なるBRTの位置づけ

都市の規模や他の交通機関との関係等により、BRTの位置づけは様々です。日本では地方都市や地区内の輸送がほとんどですが、南米の多くの都市では、BRTが日本の鉄道の役割のように都市交通の主軸となっています。このため、南米の主な都市のBRT輸送力（片方向時間当たり乗客数）は、一般的とされる数値よりもかなり大きな輸送力を備えています。

都市名（国）
クリチバ（ブラジル）
ボゴタ（コロンビア）
サンパウロ（ブラジル）
メキシコシティ（メキシコ）
サンチアゴ（チリ）
オタワ（カナダ）
アデレード（オーストラリア）
ジャカルタ（インドネシア）
アーメダバード（インド）

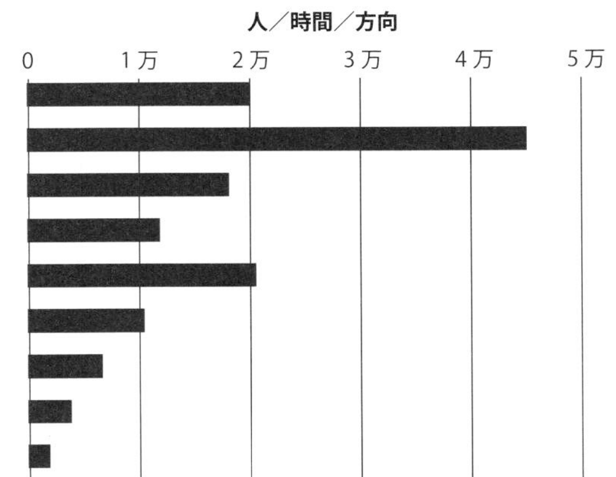

出典：Performance of BRT, EMBARQ

7-6 東京BRT

東京の臨海地域における交通需要の増加に速やかに対応し、地域の発展を支える新しい公共交通機関として、2020年にBRTが開業しました。東京オリンピック開催に合わせての導入は計画通りとはいきませんでしたが、利用しやすく環境にも優しい新時代の技術を活かす試みが盛り込まれています。

開発の進む臨海部と都心部を直接結ぶ公共交通

勝どき・晴海・豊洲・臨海副都心などの地区は、都心から約6km圏内と近く、展示場や市場、ショッピングモールなど集客力のある施設が多いエリアです。2020東京オリンピック・パラリンピックの選手村として使われた高層マンションが閉幕後は一般住宅に転用されることなどにより人口も増加が見込まれています。

その一方で、このエリアは東京や新橋などの都心へ直通する鉄道がなく、都心との公共交通手段が路線バスや自主運営のシャトルバスに頼るなど十分とはいえず、混雑や遅延で不便を強いられている状況でした。

今後も開発が進んで需要が増えると予想されることから、都心と臨海副都心を結ぶ新たな公共交通機関として、BRTの導入が決まりました。また、都心側では、大規模再開発が進む虎ノ門エリアに、まちづくりの一環として交通結節点となるバスターミナルを設置することになりました。

連接バスと燃料電池バスを導入

東京BRTは、増大する交通需要に速やかに対応し、臨海部と都心を利用しやすい公共交通で直接結ぶことで地域の活性化に寄与するとともに、道路を走行する公共交通の「安全・安心」を高いレベルで実現し、徹底したバリアフリーを実現することをコンセプトにしています。

運行する車両は、従来のバスの約1.5倍の輸送力があるハイブリッド式の連接バスと、走行時にCO_2や環境負荷物質を排出しない、水素を燃料とした環境配慮型の燃料電池バス、一般的なディーゼル車の3タイプがあります。

燃料電池バスに搭載している大容量の燃料電池は、災害などによる停電時に避難所で外部電源供給システムとして使用することが可能です。

将来は公共車両優先システム（PTPS：Public Transportation Priority System）の導入や、車内での現金収受をなくしてスムーズな乗降を実現するなどによって、速達性・定時性の確保を目指しています。

コロナ禍と東京オリンピック無観客開催の影響

東京 BRT は大会期間中の観光需要や臨海部の会場周辺へのアクセスに対応するため、東京オリンピックが開催される 2020 年の夏前に開業する予定でした。しかし、新型コロナウイルスの感染拡大により開催が 1 年延期となったことから開業が遅れ、2020 年 10 月に虎ノ門ヒルズ・新橋～晴海 BRT ターミナル間で第一次プレ運行を開始しました。

東京オリンピックは 2021 年に開催されたものの、無観客試合となったため、BRT の利用客は当初の目論見を大きく下回ることとなりました。また、オリンピック後には豊洲や東京テレポートまで運行範囲を拡張する計画がありますが、こちらもまだ実現していません。

東京 BRT の本格運行は、都市計画道路環状 2 号線の築地虎ノ門トンネル完成後に開始する予定です。

▲東京 BRT の連接バス

▲東京 BRT の燃料電池バス

■東京 BRT の運行ルート■

▲第 1 次プレ運行時

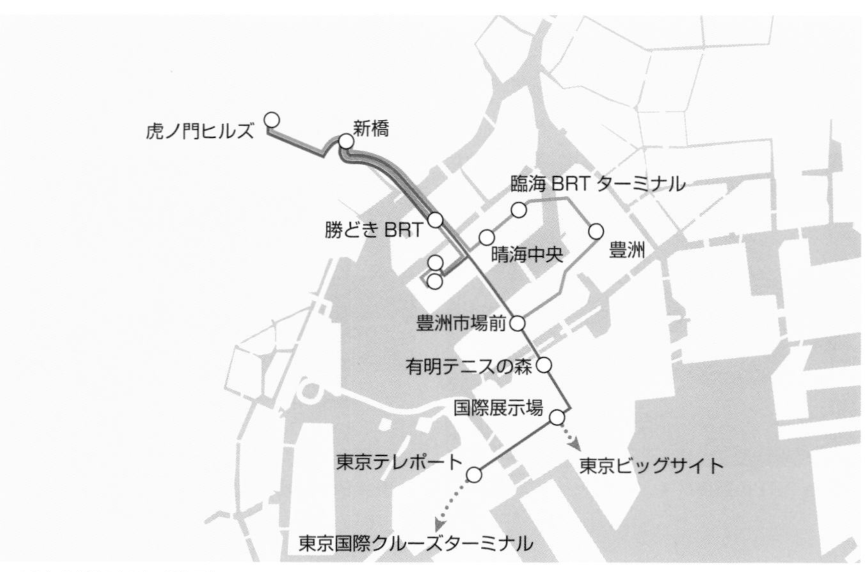

▲将来本格運行時（計画）

7-7 名古屋ガイドウェイバス

交通渋滞する区間では高架の専用軌道を使い、末端部では一般道路へと連続して走行する「ガイドウェイバス」は、鉄道とバスの利点を組み合わせた交通機関として、名古屋市に導入されました。実験的な中量軌道系システムのひとつです。

名古屋ガイドウェイバス「ゆとりーとライン」

名古屋市の北東部にある守山区は縦に細長い地域であり、北側を川、南側を丘陵地に囲まれた地形上の制約などにより、都心方面への交通混雑が激しい問題がありました。その守山区の北端に位置する志段味（しだみ）地区で宅地開発が進み、新たに発生する交通需要に対応し、都心方面への道路交通の混雑を緩和するため、新たな交通システムを整備することが検討され、その結果、中量軌道系の交通システムとして「ガイドウェイバスシステム」を導入することになりました。世界ではドイツやオーストラリアで実用化されていたものの、日本では初めての事例となります。

2001 年 3 月に大曽根～小幡緑地間の高架専用軌道が開業、「ゆとりーとライン」の愛称で呼ばれ、小幡緑地から先は一般道路を中志段味や高蔵寺まで走っています。

鉄道とバスの利点を生かす

ガイドウェイバスの外観は一般のバスと同じですが、道路の中央分離帯上に設けた高架専用軌道を、車両の前後輪に取り付けた案内装置の誘導で走ります。案内装置がレールの内側を正確にトレースするので、ハンドル操作は不要です。交差点や踏切等がないので、朝夕のラッシュ時でも交通渋滞の影響を受けず、鉄道と同じようなダイヤ通りの定時・高速運行が可能です。高架専用軌道区間の最高速度は 60km/h です。高架区間には相対式のホームを有する 9 つの高架駅が設けられています。

「デュアルモード」で一般道路での走行も可能

ガイドウェイバスは、高架専用軌道から地上の一般道路を同一車両で連続して走行特性（デュアルモード）を備えています。モードの切換えは、案内装置の出し入れだけの短時間で完了します。乗り換えの煩わしさもなく、一般道路では通常の路線バスとして運行できます。

ガイドウェイバスシステムは、地下鉄などの鉄道やモノレール、AGTなどの軌道系中量輸送機関を敷設するのでは採算が合わないが、一般のバスでは輸送力が不十分という、バスとAGTの「中間の需要」に対応するものと位置づけられています。

■ゆとりーとライン路線図■

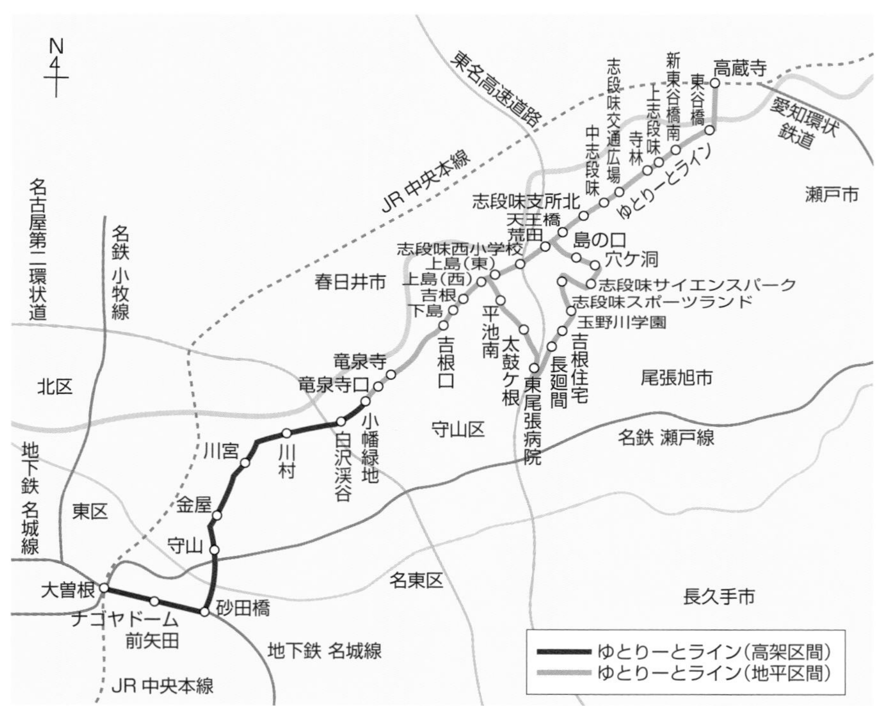

出典：名古屋ガイドウェイバス株式会社

▲高架区間を走行中

▲路面区間を走行中

▲高架上に設けられた駅

▲上下線は走行路が独立

▲高架区間から一般道へ

▲一般車両の進入は禁止

▲車体に取り付けられたガイド

▲紅葉の小幡緑地沿いを走行

7-8 クリチバの BRT

ブラジル南部に位置するパラナ州の州都クリチバの人口は約 190 万人で都市圏全体では 300 万人を超える大都市ですが、地下鉄などの鉄軌道のシステムはなく、BRT を基軸とするバスが都市交通の役割を担っています。

世界で初めての本格的な BRT

世界中で整備が進む BRT はクリチバが最初といわれています。人口 100 万人以上の都市では地下鉄の整備が当たり前とされていた時代、地下鉄を整備する予算がなく、バスで公共交通ネットワークを整備することになったのが BRT の歴史の始まりです。

乗車人数を増やすために連接車両を導入し、スムーズに乗降するため、バスとプラットフォームの段差をなくすチューブ型のプラットフォームを採用したり、バス車外で運賃収受を行なう工夫をしたのも、このクリチバのモデルが最初です。

バス専用車線と共に道路沿線の開発方針を定め、街の骨格を形成

クリチバの BRT が成功した理由には、都市計画との密接な関係と秩序ある開発規制を進めるための高度な戦略がありました。都市から郊外に延びる都市計画上の「骨格」となる幹線道路に BRT 専用車線を整備し、その回廊部分の容積率や建蔽（けんぺい）率を高くすることで高層ビルの誘導を図り、ゾーニングで住宅や商用地を分けて、良好な都市空間を整備していったのです。

利用者に分かりやすい運行サービスや車両カラー

バスの運行は、路線やサービスで様々なタイプが用意され、利用者が一目で分かるように車体カラーで区別がされています。

また、主要バス停留所での乗り継ぎを無料にし、郊外からでも利用しやすく、バスターミナルにショッピングモールを併設するなど、バスの利便性向上に最大限の配慮がされています。

	路線、運行サービス	乗車定員
	市内周回バス	30
	市内一般バス	80
	市内一般連接バス	160
	郊外バス	80
	郊外連接バス	160
	近郊バス	110
	近郊連接バス	160
	直行バス	110
	急行幹線バス	270

▲路線や運行サービス別の車両カラー

▲クリチバの２連接バス車両

▲チューブ型のプラットフォーム

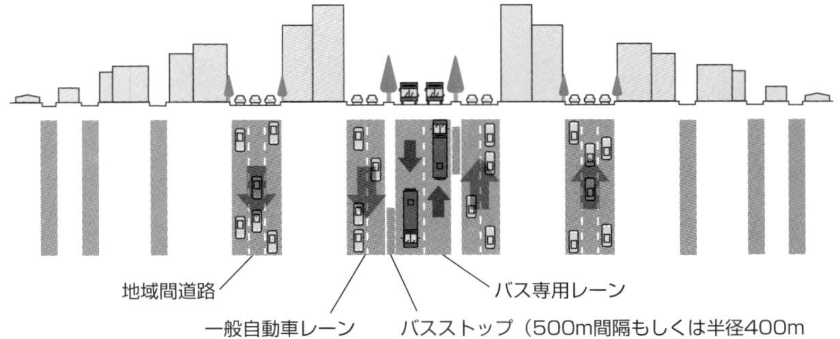

▲サービスに応じた３層機能の道路システム

出典：Phase 3A・Curitiba's urban strategies, Ivan Capdevila for the University of Alicante, 2014

■クリチバBRT路線図■

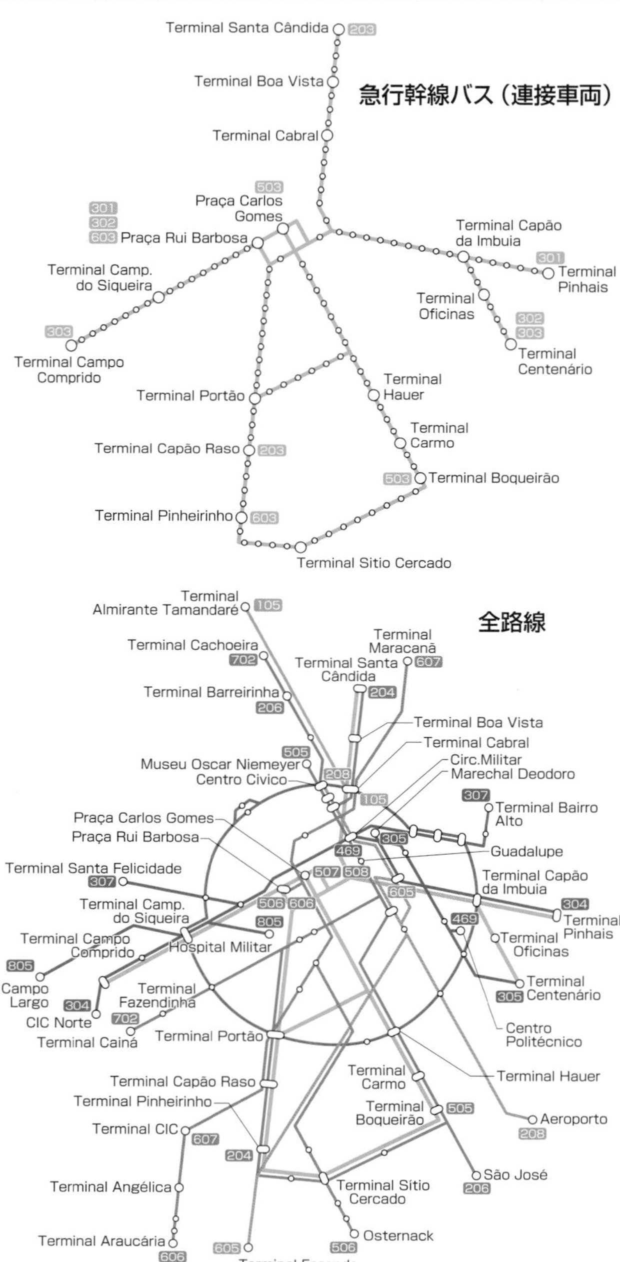

出典：Curitiba Public Transport.

7-9 ボゴタのBRT

コロンビアの首都ボゴタ市は人口約800万人の大都市です。都市鉄道は整備されておらず、都市内の公共交通は全てバスでカバーされています。その中でも特に需要が大きい幹線輸送を「トランスミレニオ」と呼ばれるバス専用路線を走行するBRTが担っています。

整備の経緯

「トランスミレニオ」は1995年から1996年にかけて独立行政法人国際協力機構（JICA）の支援の下で策定した都市交通マスタープランが基礎となっています。この計画の中でバスを中心とした都市内の公共交通システムの方針が示され、1998年には幹線バス導入に係る実現可能性調査を実施し、2000年12月のBRT開業につながっています。

整備状況

「トランスミレニオ」の路線延長は114km、12路線に143駅が設置されています。2連接もしくは3連接車両が用いられ、1車両で150人～270人の定員を有します。また、追い越し車線や1度に6台が停車できるバスストップなど、大がかりなインフラ施設が整備されているため、輸送力は世界一と評価されています。

利用者数は開業時から年を追うごとに増加し、1日当たりの利用者数は2019年時点で約220万人に達し、世界有数の利用者実績を誇ります。

▲3連接バス車両による大量輸送

▲同時に多くの車両が停車できるバス停留所

■「トランスミレニオ」の路線図■

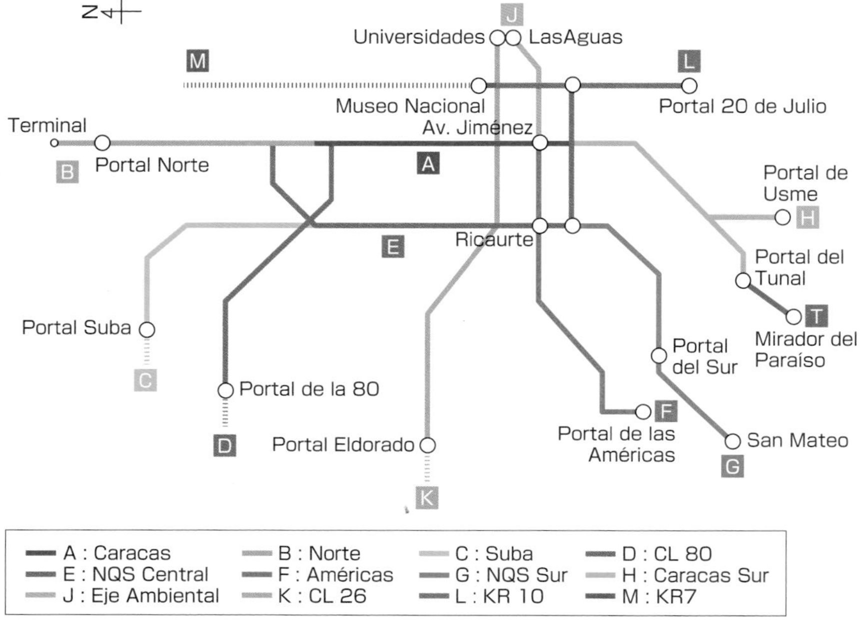

出典：トランスミレニオ

事業者

「トランスミレニオ」はボゴタ市の公営企業である TransMilenio SA が運営しています。バスの運営や維持管理のほかにも、ボゴタ市全域の公共交通に関する計画も策定しています。ボゴタ市では、「トランスミレニオ」の利用者拡大を受け、これに接続するフィーダーバスを含めて、都市全体での公共交通の利便性向上を図っています。

2019 年にはモバイルアプリ「TransMi App」を発表し、利用者は出発地と目的地からルートや料金検索ができるなど、情報提供の面でもサービス拡充を図っています。

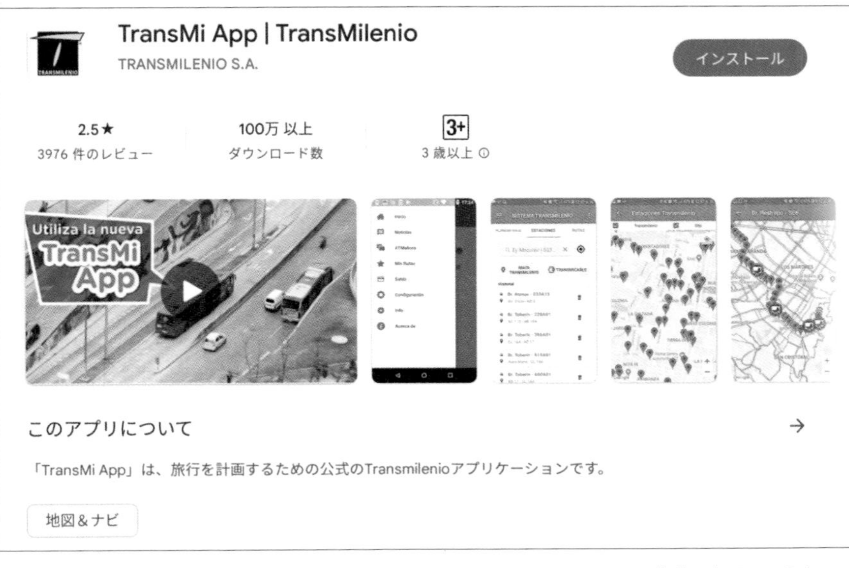

出典：トランスミレニオ

BRTの転換期

「トランスミレニオ」の利用者増加によって、混雑によるサービスの低下に対して不満の声も高まっています。こうした状況から、ボゴタ市でも都市鉄道整備の必要性が高まり、2016年にはボゴタ地下鉄公社が設立され、当時のフアン・マヌエル・サンス大統領とエンリケ・ペニャロサ・ボゴタ市長がボゴタメトロ1号線の整備に合意しました。1号線は市の東西を結ぶ高架式で、全長約24kmに16駅が計画されています。事業費は政府が70%、ボゴタ市が30%を負担する計画で、2024年の開業が見込まれています。

▲「トランスミレニオ」を待つ多くの乗客たち

▲「トランスミレニオ」のバス停留所内部

7-10 リマのBRT

ペルーの首都リマは人口770万人、周辺を含む都市圏全体では1000万人を超える世界有数の大都市です。2010年～2011年にかけ、都市鉄道とBRTが整備され、共に多くの市民が利用しています。これに続く都市鉄道が計画されていますが、整備は大幅に遅れています。

整備の経緯

リマでは全線高架式の都市鉄道1号線が2011年、BRT「メトロポリターノ」が2010年とほぼ同時期に整備されており、このため、鉄道と幹線バスの両方のシステムが都市交通の基軸として機能しています。独立行政法人国際協力機構（JICA）は、2004年から2005年にかけ、リマ・カヤオ都市圏の都市交通マスタープランを策定し、その中で提案された東西幹線バスの実現可能性調査を2007年に実施しました。ただし、その後に実際に整備された路線は2007年に提案された路線の位置とは異なっています。

整備状況

2010年に開通したリマ市の「メトロポリターノ」は、リマ市の西部を南北に縦断する路線で、延長約26kmの区間に38駅が設置されています。全線にわたりBRTのための専用路線が設けられ、2連接車両バスが利用されています。

およそ500台のCNG（Compressed Natural Gas：圧縮天然ガス）車両が運行されて、1路線ながら2018年の利用者数は1日70万人にのぼっています。朝夕のラッシュ時には駅への入場者を制限するため、駅構内外側への待合いスペースや入場ランプなども設置されているほどです。

2020年1月には「メトロポリターノ」の北部延伸事業が新たに実施されました。この事業は、北部に広がる工業地帯への通勤環境の改善等を主眼に実施されるもので、総事業費約1億2300万ドルのうち、国際復興開発銀行（IBRD）が約9300万ドルの融資を行ない実施されることになっています。

■リマの「メトロポリターノ」路線図■

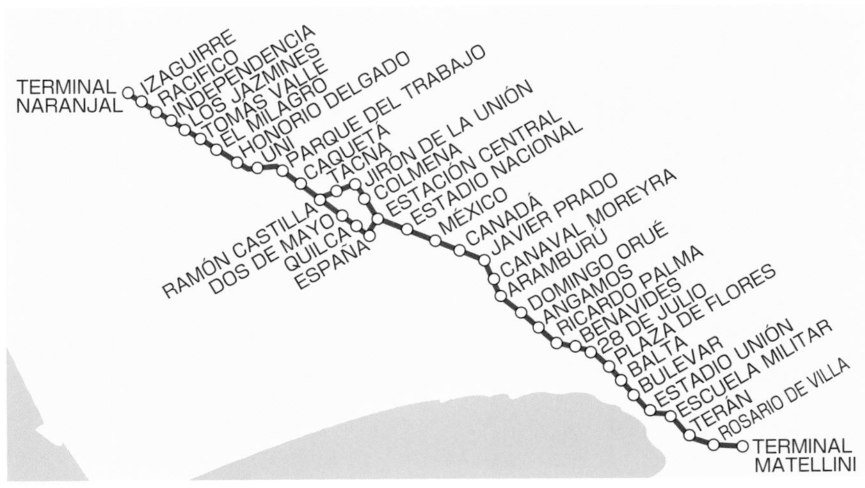

出典：メトロポリターノ

事業者

「メトロポリターノ」の運営管理は、リマカヤオ都市交通機構（ATU）と呼ばれる国の運輸省傘下の公社が担っています。ATU は実際の運行を 4 つの民間企業に 12 年間のコンセッション契約を結んで委託しています。

■リマ市内を走る「メトロポリターノ」■

都市鉄道の整備計画

リマ市では、BRT 整備の一方で、都市鉄道 1 号線に続いて、2 号線と 3 号線の工事が進められています。

2010 年に 5 路線からなる都市鉄道網基本計画が策定され、その後 2014 年には、独立行政法人国際協力機構（JICA）の支援により実施された調査で、都市の公共交通空白地域を埋めるため、新たに 1 路線の整備が提案され、都市鉄道基本計画路線の 6 路線目として位置づけられました。

■リマ市の都市鉄道路線図■

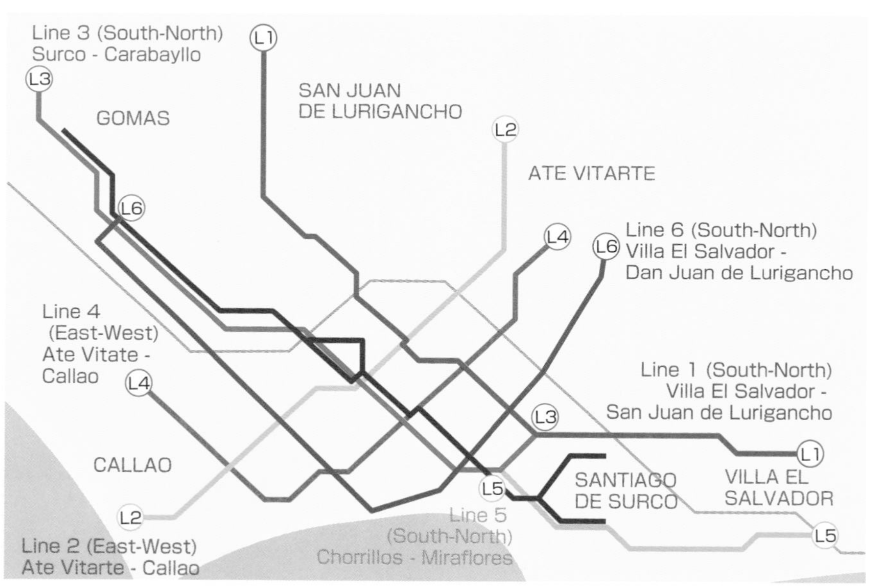

▲1 号線が開業、2 号線と 3 号線は工事中　　出典：リマカヤオ都市交通機構（ATU）

▲リマ都市鉄道 1 号線の電車

▲都市鉄道 1 号線の高架駅

7-11 ハノイのBRT

モータバイクが縦横無尽に走りまわるベトナムの首都ハノイ。2021年11月、ようやく同国初となる都市鉄道（ハノイ2A号線）が開業したハノイでは、都市鉄道に先がけBRTも運行されています。同市では、今後も3号線をはじめ、多数の都市鉄道の建設が予定されています。

ベトナム社会主義共和国の都市交通概況

ベトナム社会主義共和国は、人口約9762万人（出典：日本国外務省）を要するASEANの一国です。経済発展と同時に首都ハノイや経済都市ホーチミンでは、都市人口が急激に増加しており、特に朝夕の交通渋滞は非常に激しい状況です。ベトナムといえば、大量のモータバイクが道路を走行する映像や写真を思い浮かべる人も多いと思います。

このような深刻な交通渋滞の緩和や、大気汚染の改善等を目指し、ベトナム政府は、都市鉄道の建設を行なっており、2021年11月には、同国初の都市鉄道ハノイ2A号線（中国支援）が開業しました。

また、ベトナム政府は、2030年の公共交通分担率を都心部で65～70%まで上昇させることを目標※としており、ハノイ市はバス交通の利用促進にも取り組んでいます。その一環として、2016年末、ハノイ市のKm Maから、Yen Nghia駅までの14.7kmを走行するBRTが開業しました。

ハノイのBRT

新型コロナウィルス対策として、バス車内には、運転手と乗客の間のパーテーションを設置、一部座席の使用禁止等も実施されています。

他方、今後の課題としては、BRTが開業したものの、ハノイにおける交通分担率の大半は、依然として、モータバイクであり、バス（路線バスとBRTの合計）の交通分担率は、約12%※に過ぎない状況であることです。

今後は、① BRTを含むバス路線の拡大とともに、バス事業者の裁量・自由度の拡大（ハノイ市の路線バス事業は、民間企業参入は認められているも

※**出典**：ベトナム国ハノイ首都圏BRT情報収集・確認調査ファイナルレポート、JICA、2016年

のの、事業者が自由に運行ルートや運行頻度、運賃などを設定することが認められておらず、これらは一括してハノイ市が管理)、②バス事業者の運行管理体制の改善等を行なうことにより、ハノイにおける公共交通分担率を拡大していくことが重要になっていくと思われます※。

■ハノイ市内のBRT■

▲ハノイ BRT のバス

▲ハノイ BRT の車内

▲ハノイ BRT の改札

▲路線図

※**出典**:ベトナム国ハノイ市バス 経営・運営ノウハウ普及促進事業業務完了報告書、JICA、2019年

7-12 ダルエスサラームのBRT

タンザニアの最大都市ダルエスサラームでは、急激な人口増加と都市化が進む中でBRTは基幹交通として多くの市民を運んでいます。都心と郊外を結ぶ幹線道路の中央部を専用線が走行し、朝夕のラッシュ時においてもスムーズな交通サービスを提供しています。

BRTの計画

ダルエスサラーム（人口538万人、2022年）では、都心部と郊外を結ぶBRTが運行されています。

BRT網の建設計画は、約130kmの路線を6段階で建設するものとなっています。第一段階では、都心部のKivukoniから、郊外のKimaraまでを結ぶ15.8kmの専用レーンと枝線2本の路線合わせて20.9kmの路線が建設され、沿線には27のバス停と、5つのターミナルが整備されています。これら第一段階の建設は2007年から始まり、2015年の完成後、運行が開始されています。

路線全体のネットワークは放射状と環状の路線で構成され、現在も建設が進められています。現在は、第二段階から第五段階の路線整備に関する設計や建設が進められており、これらの建設費は世界銀行、アフリカ開発銀行およびフランス開発庁の融資により支援されています。

BRTの運営

BRTは政府傘下のDART（Dar Rapid Transit）が、同国政府の他機関と連携して専用レーンやバスターミナル、バス停の建設及び運営、維持管理を行なっています。バス車両の調達と運営、維持管理はPPP（Public Private Partnership）方式により、UDART社が参画し営業を行なっています。車両は、連接バスを含む2種類があります。

BRTとフェリーの接続

都心部のKivukoniターミナルでは、フェリーと接続されており、朝は対岸からフェリーで渡ってくる乗客がBRTに乗り換えるため、ターミナルはとてもにぎわっています。

■ダルエスサラームのBRT■

▲BRTの車体外観

▲BRTのホーム

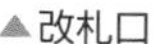

▲改札口

▲ホーム遠景

▲乗降の様子

■ダルエスサラームのBRT路線図■

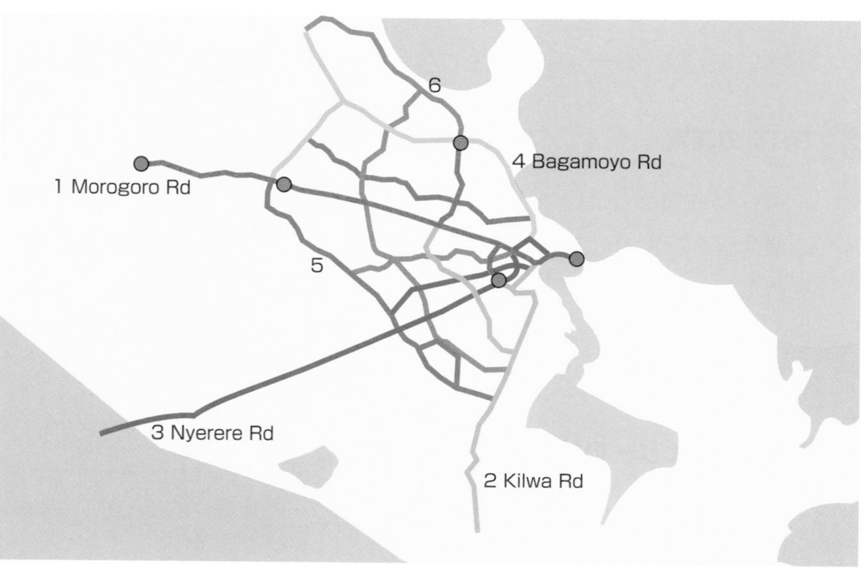

特殊な都市交通システム

大量と中量の輸送力を持つ都市交通システムについては、これまでの章で説明してきました。この章では、中量以下の需要や地形上の制約に対応するために採用された特殊な都市交通システム、また新たな観点から開発された都市交通システムについて紹介します。

具体的には、地形の起伏が激しい南米の大都市では、ロープウェイが都市交通機関として重要な役割を果たしています。また、浮上式の都市鉄道、圧縮空気で動く鉄道なども開発されています。

8-1 常電導磁気浮上式鉄道（HSST）

常電導磁気浮上式鉄道（HSST※）方式は、日本航空扇島実験線での開発から始まり、名古屋鉄道の実験線での実用化試験により安全性・経済性が立証されました。愛知博覧会のアクセスにも利用された愛知高速交通（リニモ）が実用化第1号です。名古屋市地下鉄東山線・藤が丘駅と愛知環状鉄道八草駅を9駅8.9km約17分で結ぶ一部地下区間のある高架式の路線として2005年に開業しました。

HSSTの特徴

常電導磁気浮上式鉄道（HSST）方式は電磁石で車体を浮かせ、リニアモータで車両を加減速する磁気吸引制御方式（Electromagnetic Suspension System）です。従来のような鉄道のレールや車輪はなく、完全な非接触駆動方式なので走行音がほとんどなく静かに走行します。非粘着駆動方式により、急勾配・急曲線の走行が可能で、雪や雨による空転・滑走もない全天候型の都市交通システムです。

また、レール・車輪および回転モータ・歯車装置といった摩耗部品がないので、軌道側も含めた維持管理が容易です。さらに、車両の荷重が分布荷重であり、レールだけでなく、軌道桁にもたわみ制限上で有利に働くため、軌道の建設コストと保守にもメリットがあります。車両構造がレールを抱き込む形をしており、上下左右方向に拘束されているので安全性が高くなっています。

HSSTの原理

車体に取り付けられたU字型電磁石に通電すると、磁石がレールを吸引して車体が浮き上がるシステムです。このとき、ギャップ（レールと磁石の空間距離：約10mm）が一定になるように電流を制御し、車体の浮上状態を維持します。横方向の変位に対しては、復元力（案内力）が生じるため、その復元力により制御されることとなります。

※HSST：High Speed Surface Transport

推進は、車上１次誘導モータ方式で行ないます。車上の１次側コイル（リニアモータ）と浮上案内レール上に取り付けた２次側リアクションプレート（アルミニウムと鉄レール）とでリニア誘導モータ（LIM）が構成され、その間に働く、磁気力で推進力（加減速）が生まれます。

■HSST（リニモ）の車両外観■

▲３両編成でモジュールが１両につき５台あり、浮上力と駆動推進力を発揮する

HSSTシステム構成

地上側レールには２次側リニアモータのリアクションプレート（アルミニウムと鉄の合板）、車上側には台車に相当するモジュール※があり、そのモジュールには、加減速用１次側リニアモータ、車両浮上用電磁石、ギャップセンサー、及び電力受電用パンタグラフが取り付けられています。またモジュールは空気ばねを介して車体を支持しています。

浮上用電磁石に電流を流し、所定のギャップをギャップセンサで保つことで車体を浮かせ、車上のインバータ駆動ユニットで、リニアモータに可変電圧可変周波数を与え、車両を加減速する方式です。

※**モジュール**：module、いくつかの部品的機能を集め、まとまりのある機能を持った部品のこと。

■モジュール構造（リニアモータ、電磁石）■

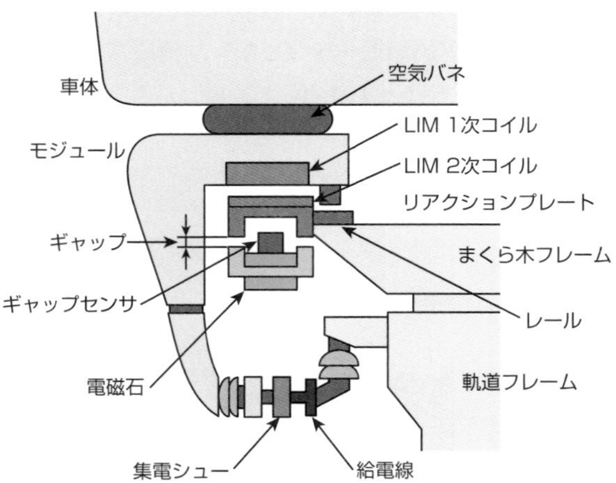

■軌道各部■

▲リニアモータモジュール

▲軌道（断面）

▲レール

▲給電線

▲パンタグラフ

東部丘陵線（リニモ）路線図

走行路線外観

▲走行路

▲分岐部（鋼製分岐部）

▲勾配 / 曲線

▲急曲線

■路線状況■

▲地下区間から

▲地上区間へ

▲車両基地

▲高架駅構造と軌道構造物

▲HSST は、地下区間を除き、全自動運転（ドライバーレス）

▲長久手古戦場駅と愛知博覧会の観覧車、トヨタミュージアム

8-2 圧縮空気式鉄道

圧縮空気を推進力とするアエロモーベル（Aeromóvel）はブラジルで独自に開発され、現在、インドネシアのジャカルタとブラジルのポルト・アレグレで運行しています。原理が簡単で、車両が軽量なうえ建設費が安く、環境に優しい交通システムといえます。

ブルネルの大気圧鉄道とアエロモーベル

19 世紀のイギリスの天才鉄道技師イザムバード・キングダム・ブルネル（Isambard Kingdom Brunel：1806 年〜 1859 年）の業績のひとつとして大気圧鉄道があります。これは、線路上に敷設されたパイプラインの中にピストンを入れ、ピストンの前方を真空、後方を大気圧にすることにより、ピストンの前後に生じる圧力差を推進力として走行するユニークな鉄道です。1847 年〜 1848 年にかけての半年間運行されましたが、真空漏れやメンテナンスの問題などから失敗に終わりました。

このブルネルの大気圧鉄道にヒントを得て、空気の圧力差を利用して推進する鉄道「アエロモーベル」の開発は、1970 年代からブラジルで開始されました。現在では、インドネシアのジャカルタとブラジルのポルト・アレグレで運行しています。

帆掛け船と同じ原理で推進

アエロモーベルの軌道を支えるコンクリート桁は、断面が 1m × 1m の中空になっています。その中に帆船の帆に相当する部分として、車両の下に連接板で取り付けられた 2 枚の弁板（プレート）がはめ込まれています。そこに圧縮空気を作用させると、これを推進力として、軌道中央にある隙間（スリット）を移動する連接板により車両に推進力を伝える仕組みになっています。アエロモーベルは、40 〜 60km/h で走行することができます。

車両の下に取り付けられた 2 枚の弁板は、後方の高圧側の推進力により前進します。前方では空気の抵抗力を受けるため、空気ポンプの吸気側に結ばれ推進力を強くしています。前後 2 枚の弁板（プレート）の圧力差を制御すれば、走行速度を調整できますし、停車時には圧力差を小さくしてブレーキを掛けられます。

車両の位置が移動しますと、仕切り弁で区切られた圧縮空気の領域が移動します。車両の位置はセンサーによって検出され、仕切り弁の開閉、稼動空気ポンプが順次交替してゆき、車両が走行します。

このアエロモーベルは、①原理が簡単、②車両に駆動装置がないので軽量、③無人自動運転、④建設費が低廉、⑤環境負荷が小さく、消費エネルギーが少ないなどの特徴があります。

■アエロモーベルの発車時の空気の流れ■

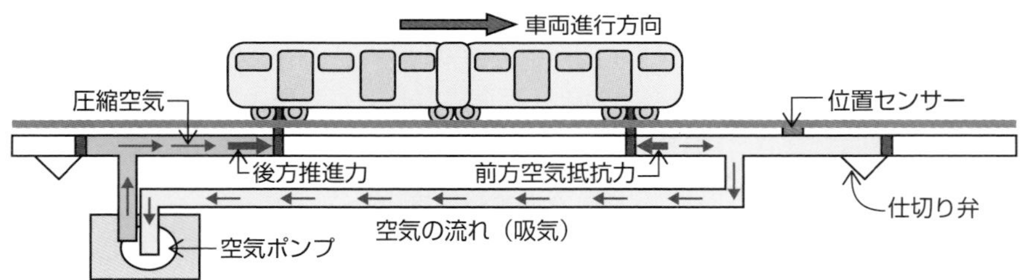

出典：佐藤建吉「空気圧鉄道 Aeromovel の現地調査」

■アエロモーベルの主要な仕様■

機能	最高速度	70km/h
	最大加速度	1.3m/s^2
	通常減速度（緊急）	1m/s^2（2m/s^2）
重量	空車時	8,700kgf
	通常時	24,105kgf
	混雑時	28,200kgf
平常時乗車定員（混雑時）	座席定員	48 人（48 人）
	立席定員（6 人 /m^2）	189 人（252 人）
	総乗車定員	300 人（300 人）

出典：佐藤健吉「空気圧鉄道 Aeromovel の現地調査」

ジャカルタのテーマパークを走るアエロモーベル

ジャカルタ南郊にあるテーマパーク「タマン・ミニ・インドネシア・インダー」内にある環状路線（延長 3.2km、6 駅）でアエロモーベルが 1989 年に開業し、2 両編成の列車が高さ約 6m の高架上を走行しています。最高速度は 70km/h、1 両に最大 300 人が乗車することができます。運転台がないので、前方の風景がよく見えます。現在も順調に稼働しています。

▲タマン・ミニを走るアエロモーベル

▲軌道中央のスリット部分にゴム製パッキンが設置され、ここを連接板が開きながら進む

ポルト・アレグレの空港連絡鉄道として稼働するアエロモーベル

ブラジルのポルト・アレグレにあるサルガド・フィーリョ国際空港と近郊鉄道（Trensurb：トレンズルブ）のアエロポルト駅間（延長 814m、2 駅）を結んで 2013 年 8 月からアエロモーベルが運行しています。インドネシアのアエロモーベルから 24 年経過しており、コンピューターによる運行制御システム、斬新な車両デザイン、設置工法など隔世の進歩がみられます。

▲ブラジルのアエロモーベル

▲アエロモーベルの台車と連接板

8-3 ゴムタイヤ式トラム

ゴムタイヤ式トラムは、LRT とトロリーバスの中間的なシステムで、道路などに敷設された 1 本の案内軌条に誘導され、ゴムタイヤで走行します。主にフランスで開発・実用化されていますが、世界中のいくつかの都市で導入実績があります。

ゴムタイヤ式トラムの仕組み

ガイドとなる 1 本のレールが道路等の走行路中央に埋め込まれており、案内輪がガイドレールをトレースして走行します。ガイド方式の違いにより大きく 2 つの種類が存在しますが、現在の主力はフランスのロール社が開発した「トランスロール」となっています。その特徴は次のようになります。

◆ゴムタイヤ式トラムのメリット

・ゴムタイヤで走行するため振動や騒音が少ない

・案内軌条の敷設や保守費用が、鉄輪式と比べて安価

・鉄車輪と比べてゴムの摩擦係数が大きく、急勾配の登坂性能が優れている

◆ゴムタイヤ式トラムのデメリット

・タイヤの交換が必要

・ゴムタイヤの走行は鉄輪と比べてエネルギー損失が大きく走行コストが高い

・車両のバリエーションや供給メーカーが限定される

ゴムタイヤ式トラムの種類

ゴムタイヤ式トラムは、ガイド方式の違いにより大きく分けて 2 つの方式があります。

◆トランスロール方式

フランスのロール社が開発したシステムで、鉄製の案内車輪が斜めに傾いており、底部にフランジがあります。1 本のレールに 2 個の車輪で案内軌条を V 字型に挟み込むようになっているのが特徴です。

◆ TVR 方式

ボンバルディア社が開発したシステムで、センターにある１本のレール上を、滑車状の車輪が真上から乗るかたちで車両をガイドします。この方式は安全性についての問題が発覚し、すでにボンバルディア社はシステムの製造を中止し、現在ある営業線も将来的に廃止されることが決まっています。

登坂性能を活かしたシステム

走行輪がゴムタイヤ製であるため、登坂能力は鉄車輪よりも高く最大13% の勾配を登ることが可能なシステムです。路線計画の自由度が高くなり、坂や丘陵地の多い地形では特に威力を発揮するシステムと言えます。

導入実績

フランスのパリ、クレルモンフェラン、カーン、ナンシー、中国の上海、天津、イタリアのパドヴァ、ベネチア、コロンビアのメデジンなどで導入されています。日本では三井物産が中心となって、ロール社の車両を輸入し、2005 年から大阪府堺市の新日本製鐵（当時）堺製鐵所構内に 500m 程度の実験線を設け、走行試験及び自治体や運輸事業者等に技術の売り込みを行なっていましたが、導入に踏み切る自治体や事業者は現れず、2009 年に車両はロール社に返却され、実験線施設も撤去されました。

■ゴムタイヤ式トラムの車両■

▲メデジン市内を走行するゴムタイヤ式トラム

■ガイド方式の違い■

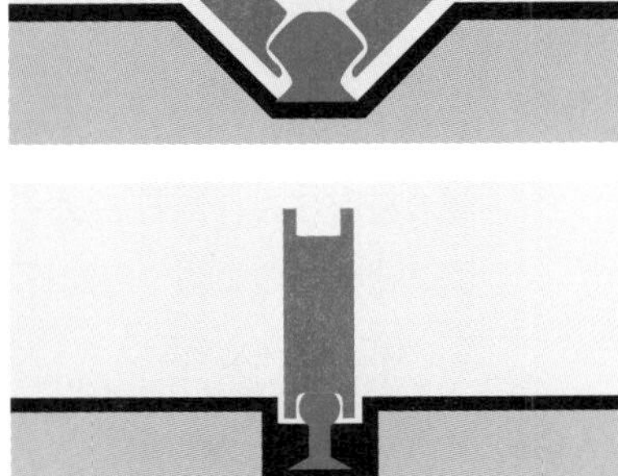

▲トランスロール方式(上)と TVR 方式(下)

出典：Lohr 社（https://lohr.fr/）

8-4 ケーブルカー（鋼索鉄道）

ケーブルカーは、鋼索（こうさく）鉄道ともいい、山や丘などの急勾配を登るために、鋼索（ケーブル）に繋がれた車両を巻揚機で操作して運転する鉄道です。観光用だけでなく都市交通システムとしても使用されています。

ケーブルカーの特徴

ケーブルカーは、鉄輪とレールで構成される普通の鉄道では不可能な急勾配を登ることができるのが一番の特徴です。それ以外に次のような特徴を持っています。

①電車の大きさ

標準的な通勤電車は1両の長さが約20m、路面電車は13mほどですが、ケーブルカーの車両はそれらよりも短い約12mです。一方、車体の幅（約3m）は通勤電車とほぼ同じです。

②電車の重量

普通の電車は1両が約20～30トン、路面電車も18トンくらいの重さがありますが、エンジンやモーターを持たないケーブルカーは、約10トンと鉄道車両としてはとても軽いです。

③傾斜車体

ケーブルカーの線路の最急勾配は傾斜角20度（364‰）前後ですので、車内もホームも階段状になっていることが多いです。斜面にあわせて傾いた車両を横から見ると平行四辺形になっています。

④パンタグラフ

普通の電車は、パンタグラフから直流1500Vや交流2万Vなどの高圧電流を取り入れ、モーターを回して走りますが、ケーブルカーのパンタグラフは車両の照明や自動ドアの開閉用などの電気を供給するためのものです。電圧は直流100～200Vです。

ケーブルカーの構造

　ケーブルカーには、主に交走式（つるべ式）と循環式があります。

◆交走式

　1本の長い鋼索（ケーブル）の両端に車両を繋ぎ、井戸の釣瓶（つるべ）のように、電動機・変速機・巻上げ輪・制動装置で構成された巻上装置の操作により一方の車両を引き上げると、もう一方の車両が降りてくる方式です。日本のケーブルカーは、現在ほとんどがこの方式です。中間地点で2両の行き違いをします。

　交走式ケーブルカーの車輪は、片側の車輪がフランジでレールを挟む溝車輪、もう片方の車輪はフランジのない平車輪となっています。これにより、中間の行き違い所に設置された可動部分のない分岐部を溝車輪の案内だけで常に同じ側へ進むようになっています。この分岐器は、カール・ローマン・アプト（Carl Roma Abt）が発明したので、アプトスイッチと呼ばれています。

■交走式ケーブルカー■

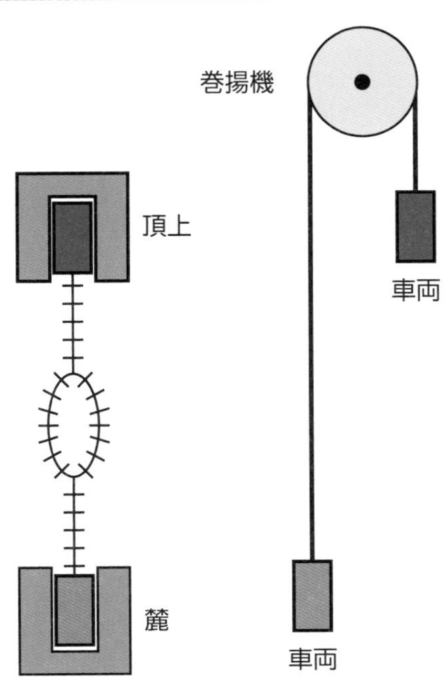

■交走式ケーブルカーの車輪■

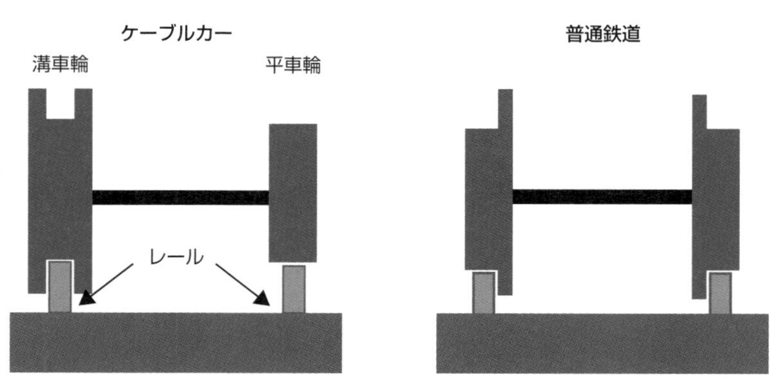

◆循環式

環状にした鋼索に車両をつなぎ（掴ませ）、鋼索を循環させて車両を動かす方式です。車両が停止するときは、鋼索を放します。この方式は、複数の車両や平坦地での運転も可能です。アメリカ・サンフランシスコのケーブルカーは循環式です。この方式のケーブルカーは、日本には現存しません。

■循環式ケーブルカー■

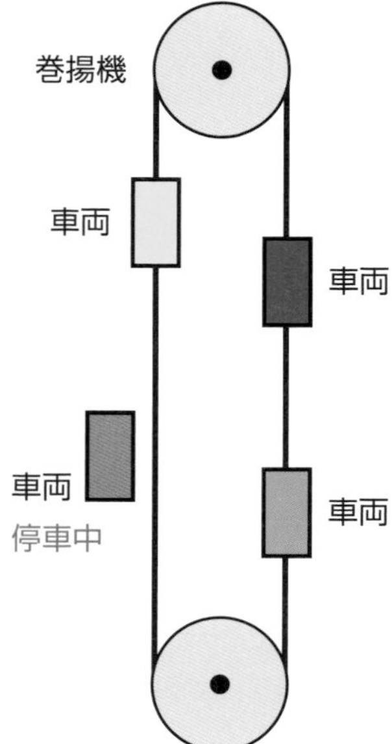

交走式ケーブルカーの仕組み

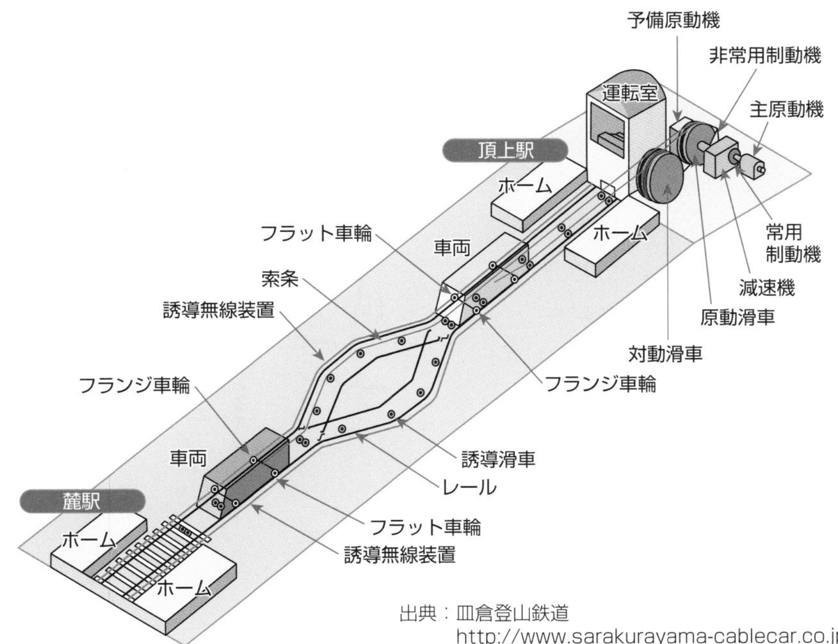

出典：皿倉登山鉄道
http://www.sarakurayama-cablecar.co.jp

サンフランシスコのケーブルカー

観光客に有名なだけでなく、都市交通システムとしても使用されているサンフランシスコのケーブルカーを紹介しておきましょう。

このケーブルカーは 1873 年に開業していますので、150 年近い歴史を持っています。世界最古の手動運転の循環式ケーブルカーです。

1906 年頃までは多くの路線がありましたが、現在は、ユニオン・スクエア近くを走るパウエル・ストリートとフィッシャーマンズ・ワーフを南北に結ぶパウエル･ハイド（Powell-Hyde）線とパウエル･メイソン（Powell-Mason）線、カリフォルニア・ストリートを東西に走るカリフォルニア・ストリート（California Street）線の 3 路線で運行しています。このうちパウエル・ハイド線がもっとも景色がいいといわれていて、観光にお勧めの路線です。

3 路線の総延長は 17.2km あり、62 か所に停留所があります。軌間は 1067mm、最高速度は 15.3km/h です。なお、パウエル・ハイド線とパウエル・メイソン線の車両は一方向にしか走行できないため、終点では転車台を利用して車両の方向を変えています。

サンフランシスコのケーブルカーの運転士は、グリップレバーを操作することから「グリップマン」と呼ばれています。ケーブルを掴んだり離したりする操作だけでなく、自動車との衝突を避ける必要があり、十分な経験が求められます。車掌も乗務しており、運賃徴収と乗降客の管理、下り坂では車輪ブレーキを操作します。

■サンフランシスコのケーブルカー３路線■

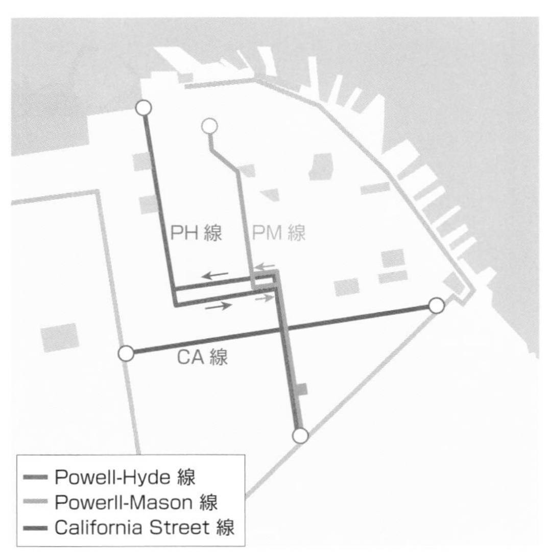

■サンフランシスコのケーブルカー■

▲パウエル・ハイド線のケーブルカー*

▲ケーブルカーの転車台*

＊写真提供：トラン・デュ・モンド（三浦一幹）

都市交通システムとしてのケーブルカー

ケーブルカーは、山岳地帯の観光地で使用されることが多いですが、アジアやヨーロッパなどの地形に起伏のある都市でも傾斜地の麓と頂上を結ぶ都市交通システムとして活躍しています。

■都市交通用ケーブルカーの主な導入都市■

地域	国	都市	名称／場所	最急勾配	開業
アジア	中国	香港	ピークトラム	510‰	1888年
	トルコ	イスタンブール	F1線 F2線（テュネル） F3線	－ 150‰ －	2006年 1875年 2017年
	イスラエル	ハイファ	カルメリット	325‰	1956年
ヨーロッパ	フランス	パリ	モンマルトルの丘	352‰	1900年
		リヨン	サンジュスト線 フルヴィエール線	－ 300‰	1878年 1900年
	スペイン	バルセロナ	モンジュイック	180‰	1929年
	ポルトガル	リスボン	ラヴラ線 グロリア線 ビッカ線	－ － －	1884年 1885年 1892年
	ウクライナ	キーウ	キーウ鋼索鉄道	360‰	1905年
北アメリカ	アメリカ	サンフランシスコ	パウエル・ハイド線 パウエル・メイソン線 カリフォルニア・ストリート線	－ － －	1957年 1888年 1878年
オセアニア	ニュージーランド	ウェリントン	ウェリントン・ケーブルカー	178.6‰	1902年

▲イスタンブールのケーブルカー（F1線）

▲リスボンのビッカ線

▲キーウ鋼索鉄道

▲ウェリントンのケーブルカー

8-5 都市型ロープウェイ（都市型索道）

ロープウェイは、索道（さくどう）とも呼ばれ、空中に渡した索条（ワイヤーロープ）に吊り下げた輸送用機器（搬器）で人や貨物を移動させる輸送システムです。これを都市交通システムとして使用しているのが都市型ロープウェイです。

都市型ロープウェイの特徴

ロープウェイ（索道）は、従来、スキー場や山間部の観光用に多く使われていましたが、2004年に開業したメデジン（コロンビア）の「メトロカブレ」、その後2010年代頃からコブレンツ（ドイツ）の「ザイルバーン・コブレンツ」（2010年）やロンドン（イギリス）の「エミレーツ・エア・ライン」（2012年）、ラパス（ボリビア）の「ミ・テレフェリコ」（2014年）など短距離の都市交通システムとして都市型ロープウェイが導入される事例が海外で増えています。

都市型ロープウェイは、索道の持つ次のような特徴を生かして都市内に導入される少量輸送用の交通システムです。

①地形の影響を受けないため、高低差のある急勾配、河川などの長大スパンに対応可能ですので、線形設定の自由度が高いです。
②支柱間にはワイヤーロープだけしかないので、高架橋や橋梁・トンネルなどの構造物が不要となるため、建設費が安くなります。
③用地を必要とするのは停留場と支柱部のみなので、用地買収や導入空間の確保が比較的容易です。
④無人運転のために運営・維持管理費が安いです。
⑤道路交通や渋滞に影響されないため、定時性に優れています。
⑥排ガスや騒音が少なく、環境負荷が少ないです。

自動循環式ロープウェイの構造

　近年の主流は、自動循環式の都市型ロープウェイです。これは、起点の停留場と終点の停留場にある滑車の間に張られたワイヤーロープ（支曳索（しえいさく）または曳索（えいさく））を循環させる方式です。自動握索装置を設けた搬器が停留場に到着する時に自動的にワイヤーロープを放し（放索）、出発する時には搬器の速度に合わせて固定（握索）します。

　小型の搬器の定員は 4 ～ 12 名ほどです。乗降する時には、固定循環式よりも低速になり、中間部ではかなりの速度になります。輸送力は約 3000 人／時間・片道程度です。

　1 本のワイヤーロープ（支曳索）で搬器を支えて牽引する方式を「単線」、2 本の平行した支曳索で搬器を支えて牽引する方式を「複式単線」と呼びます。「複式単線」は横風に強い利点があります。

■単線自動循環式ロープウェイ■

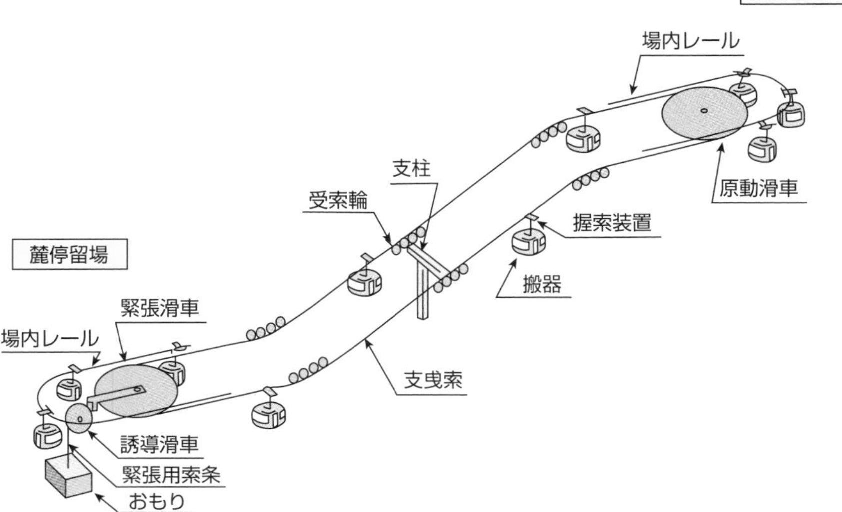

出典：都市交通研究会『新しい都市交通システム』（山海堂、1997 年）

ボリビア・ラパスの「ミ・テレフェリコ」

南米にあるボリビアのラパス（La Paz：標高 3,600m 以上）とその近郊都市エル・アルト（El Alto：標高 4,100m 以上）を含む人口 100 万人を超える都市圏において、ロープウェイ網の「ミ・テレフェリコ」（スペイン語で「私のロープウェイ」の意）が整備されています。

アンデス山脈の中にあり、約 400m の高低差があるラパスとエル・アルトを結ぶ公共交通は、路線バスしかありませんでしたが、リネア･ロハ（赤線、延長 2.4km）などの 3 路線 10.0km が 2014 年に開業しました。その後、次々と路線が開業し、2019 年までに 10 路線、合計 30.5km が運行しています。これは世界最大の都市型ロープウェイ路線網です。また、他の都市では、都市型ロープウェイはメトロや路面鉄道などの補完交通機関として位置づけられていますが、ここでは中心的都市交通システムとして活用されています。

「ミ・テレフェリコ」は、ドッペルマイヤー・ガラベンタ・グループが建設しました。搬器は 10 人乗り、12 秒間隔で運行し、平均速度は約 20km/h、約 3000 人／片道・時間の輸送力を持っています。

この整備効果は大きく、慢性的な交通渋滞を緩和するだけでなく、「アンデス山脈を望める世界最高地点の都市型ロープウェイ」としてボリビアの新たな観光名所となっています。また、2018 年にはラテンアメリカ・スマートシティ賞を受賞しています。

▲「ミ・テレフェリコ」の停留場*

▲急傾斜地を結ぶ「ミ・テレフェリコ」*

＊写真提供：JICA

■「ミ・テレフェリコ」の路線網■

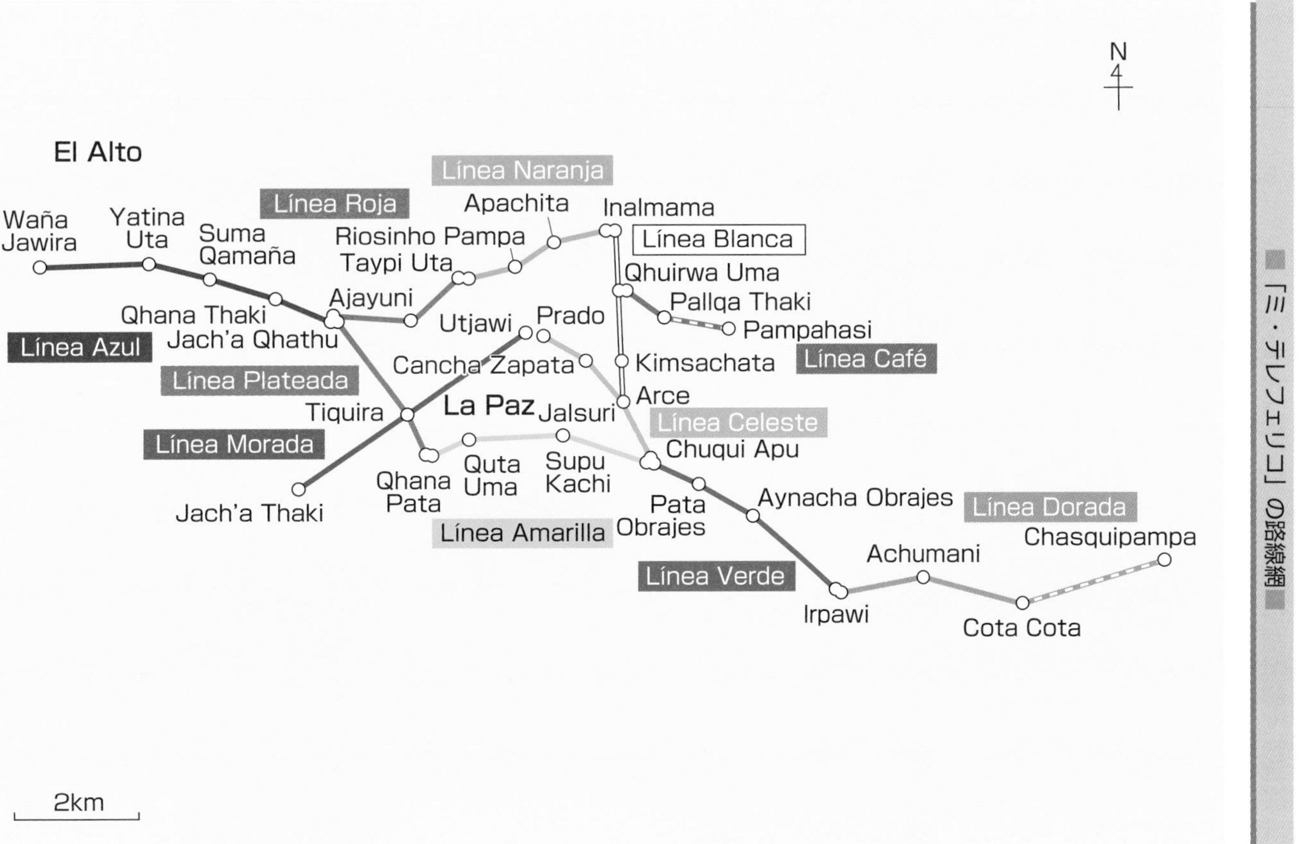

増加する都市型ロープウェイの導入事例

都市型ロープウェイとして、ニューヨークのマンハッタンとルーズベルト島を結ぶ路線が 1976 年に開業していますが、2000 年代に入って以降、世界各地で導入が進んでいます。中でも南米のメデジン（コロンビア）とラパス（ボリビア）では、急傾斜地の麓と山頂を結ぶ都市交通システムとして整備されて、多くの市民が利用しています。

■都市型ロープウェイの主な導入都市（開業年順）■

国	都市	名称	開業	延長
アメリカ	ニューヨーク	ルーズベルト島トラムウェイ	1976 年	1 路線、940m
コロンビア	メデジン	メトロカブレ	2004 年	6 路線、14.7km
トルコ	イスタンブール	エユップ・ゴンドラ	2005 年	1 路線、384m
イギリス	ロンドン	エミレーツ・エア・ライン	2012 年	1 路線、1km
ドイツ	コブレンツ	ザイルバーン・コブレンツ	2010 年	1 路線、890m
ボリビア	ラパス	ミ・テレフェリコ	2014 年	10 路線、30.5km
ドミニカ共和国	サントドミンゴ	テレフェリコ	2018 年	1 路線、5km

▲メデジンのメトロカブレ

▲イスタンブールのエユップ・ゴンドラ

8-6 瀬野スカイレール

JR 西日本の瀬野駅から高台の住宅地接続（住宅地開発）、鉄桁懸垂式のロープ駆動で懸垂型モノレールに分類されます。懸垂型モノレールとロープウェイを組み合わせたような交通システムで約 15 度（=263‰）の急勾配を登坂する能力があるため、JR 西日本山陽本線瀬野駅北側の丘陵地に開発された住宅団地への交通機関として採用されました。

概要

1998 年 8 月 28 日に、広島短距離交通瀬野線のみどり口～みどり中央間が開業しました。瀬野駅から住宅地の最奥までの距離は 1.3km ほどですが、高低差が 190m ほどあり、その高低差に適合する乗り物としてスカイレールが誕生しました。

特徴

坂に強い乗り物としてはロープウェイやケーブルカーなどがありますが、直線上にしか建設できないロープウェイ、地上面における建設用地を必要とするケーブルカーなどでは、路線のルート計画の自由度、土地利用の有効性、および建設費縮減の面から実現不向きと考えられたため、新たな交通機関が開発されました。

この住宅地は広島市の中心部から東へおよそ 15km、広島市安芸区瀬野にある JR 西日本瀬野駅の北方丘陵地に位置します。この街への入口は JR 西日本山陽本線および国道 2 号線（バイパス含む）によって市内中心部と繋がり、交通の利便性、自然環境ともに恵まれています。

システム構成

スカイレールは、懸垂型モノレールとロープウェイを組合わせて両者の長所を生かしたような交通システムです。懸垂型のモノレール車両を、駅間ではワイヤロープで、駅構内ではリニアモータで駆動して運転する方式で、平均速度は約 15km/h です。建設費も従来のモノレールや AGT と比べて 1/3 程度と安く、運営も低コスト、工期も短いという長所を持ちます。総工費は約 62 億円でした。

従来のロープウェイやゴンドラリフトは風に弱いため、都市内公共交通には不向きですが、スカイレールは車体の支持・案内を桁構造と車輪で行なっているため風にも強く、従来の急勾配路線向けの交通システムの弱点を克服しています。ほぼ全線が道路沿いに造られており、懸垂型モノレールとして軌道法による特許を受けています。実際の最急勾配は 263‰となっており、これはケーブルカー以外の鉄軌道では日本一の急勾配です。

瀬野スカイレールの概要

路線距離（営業キロ）：1.3km
駅数：3 駅
方式：懸垂型（ロープ駆動懸垂式）
複線区間：全線
電化区間：全線（直流 440V）
高低差：160m
最急勾配：263‰
車両寸法：室内長 3m、幅 1.9m、高さ 2.0m、
定員：25 人（座席 8、立席 17）
運行速度：18 〜 25km/h
平均加速度：2.5km/h/s、平均減速度：3.5km/h/s

スカイレールの路線全景と車両

▲ JR 西日本瀬野駅の北西側丘陵に広がる住宅地

▲鉄桁懸垂式小型車両

駆動原理

駅部では、軌道桁下部に取り付けられたリニアモータと車両に取り付けられた２次側のリアクションプレートとの相互磁気作用で車両を加減速します。駅間では定速で動くロープに車体が固定されて走行します。

駅から出発する場合は、まず、リニアモータで一定ロープ速度まで加速し、車両とロープ速度が同期した時に車両がロープを掴み駅間走行に移行します。逆に、駅に停車させる場合は、ロープを掴んで走行してきた車両が、駅の手前で、車両と同じ速度でリニアモータ速度が同期した時に車両がロープを離し、車両がリニアモータ側に移行してから、リニアモータで車両を減速させて駅に停止させます。

スカイレールの各駅と駅部の車両加減速部

▲瀬野駅直結（みどり口）

▲丘陵の中間駅（みどり中街）

▲丘陵の高台の駅（みどり中央）

▲リニアモータ加減速部（駅部と駅前後）

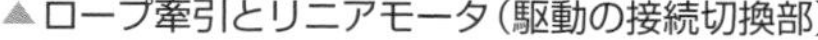
▲ロープ牽引とリニアモータ（駆動の接続切換部）

▲1 次側リニアモータ（2 次側は車両上部）

軌道桁側リニアモータと車両側リアクションプレートの関係、ロープと車両の関係

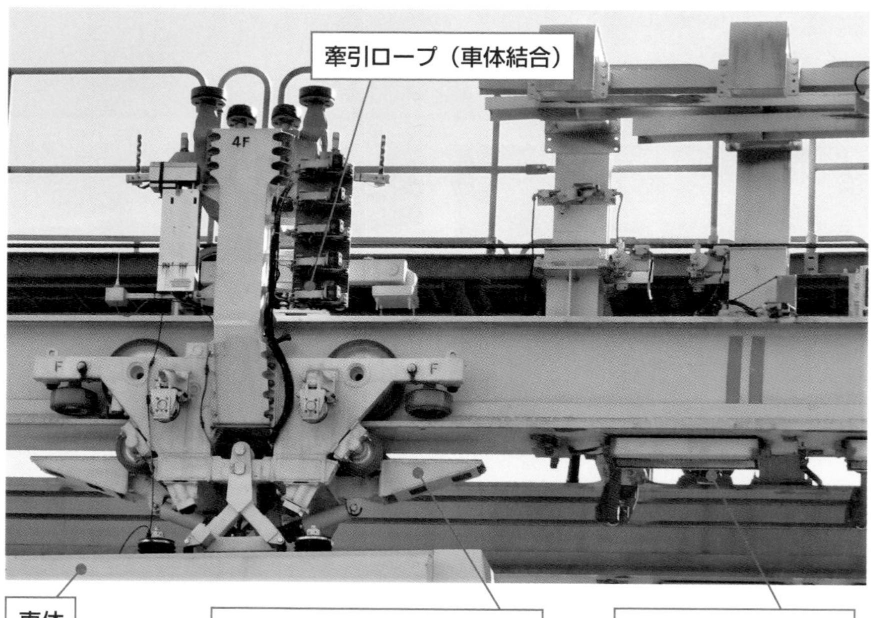

TOD

TOD（Transit Oriented Development）は公共交通志向型開発と呼ばれるもので、公共交通を基軸とした都市開発のことを指します。この章では、国内外におけるTODの事例を見ていきましょう。

9-1 TOD とは

TOD（Transit Oriented Development）は日本語では公共交通指向型開発と呼ばれます。その考え方自体は 1980 年代にアメリカで提唱されましたが、日本ではそれに先んじて多くの TOD が行なわれてきました。ここでは、TOD とコンパクトシティの関係、その構成要素、事例を見ていきましょう。

TOD とは

TOD は 1980 年代にアメリカ人都市計画家であるピーター・カルソープによって提唱された考え方で、鉄道駅やバス停などの公共交通拠点の徒歩圏内に都市機能を集積することで、自動車交通に依存せず、公共交通を基軸とした都市開発のことを指します。日本では、東急の田園都市線の開発などを例として挙げることができます。

TOD とコンパクトシティ

コンパクトシティは住宅やオフィスなどを駅の徒歩圏内に設置することで、職住近接の効率的な生活を送れるようにするものですが、既に広がってしまった市街地を改めて集約することは非常に難しいです。そこで、TOD 型コンパクトシティという考え方があります。これは、都市内に点在する拠点を公共交通機関で結ぶことで、コンパクト化を図るものです。

日本では、富山市の開発（6-5 参照）が成功事例として有名です。

TOD の構成要素

TOD を構成する要素として、次の 3 つが重要といわれています。

1. 人口密度

   公共交通機関を維持するために、最低限の人口密度が必要です。

2. 土地利用の多様性

   駅から徒歩圏内に商業施設、教育施設、医療施設など多様な施設を配置します。

3. デザイン

人々にとって魅力的な空間デザインとすることが必要です。ここには、一次交通から二次交通へのシームレスな乗り換えも含まれます。

目的地に行くまでの、拠点となる主要な鉄道駅や空港などへ移動する際の鉄道や飛行機といった交通を一次交通、そこからさらに目的地まで移動する際のバスや車といった交通を二次交通と言います。デザインにおいては、一次交通から二次交通へのシームレスな乗換も重要な要素です。

日本の TOD 事例紹介

この章では、以下の代表的な国内外の TOD の事例を紹介していきます。

事例	内容
つくばエクスプレス	宅鉄法に基づいた土地区画整理事業。土地を集約換地した後に、鉄道、公共用地の整備を行なうことにより、鉄道開発と同時に沿線開発を行なった。
東急多摩田園都市	現在の土地区画整理事業の一般的な手法のひとつとなった業務一括代行方式による土地区画整理事業を行ない、トータルなまちづくりを円滑に進めた。
みなとみらい線	横浜市の西区と中区にまたがる 186 ヘクタールにおよぶ大規模開発である。多くの企業の誘致、大規模商業施設や住宅開発が進み、首都圏では類を見ない大規模な都市再生プロジェクトとなっている。
バスタ新宿	駅周辺に点在していたタクシーや高速バス乗り場を集約することでシームレスな乗り換えを実現し、交通結節点としての機能強化を行なった。
東京駅八重洲駅前広場整備	広場を拡張して路線バス、タクシー等の交通モードを再配置し、歩道の混雑と駅前の交通渋滞を解消するとともに、鉄道と二次交通のスムーズな乗り換えを実現した。
ロンドンのキングス・クロス駅周辺開発	イギリス・ロンドンにおける駅周辺開発。鉄道関連の旧施設を活用しながら、それまで治安の悪かったエリアの再開発を行ない、人気エリアに生まれ変わった。
パリのサンラザール駅の駅ナカ開発	フランス・パリにおける初めての本格的な駅ナカ開発。歴史ある駅舎の外観は変えずに、構内に大規模なショッピングモールを整備し、駅における賑わいを創出した。
ニューヨークのハドソンヤード	アメリカ・ニューヨークにおける大規模開発。工場や倉庫が立ち並ぶ工業地帯だったエリアを地下鉄延伸などによって再開発し、オフィス、ホテル、住宅などを整備した。

9-2 つくばエクスプレス

研究学園都市である筑波と東京都市圏を結ぶ「つくばエクスプレス線」は日本国内でも有数の大規模開発で、構想から開業まで約40年という長い歳月をかけ、鉄道事業者、自治体などが一体となって鉄道整備、沿線開発を進めてきました。

つくばエクスプレス線の概要

2005年に開業した「つくばエクスプレス（TX)」は、秋葉原駅と、研究学園都市であるつくば駅を結ぶ路線で、路線延長は58.3km、所要時間は最速45分です。駅は全20駅で、6両編成の列車が最高速度130km/hで運転を行なっています。全線でATO（Automatic Train Operation）による自動運転が行なわれており、車掌は乗車せず、運転士のみで運転をしています。開業時には1日の平均利用者数は15万人程度でしたが、2019年には39万人を超え、着実に発展してきました。

▲開業時から運用されているTX-1000系電車

▲2020年に導入されたTX-3000系電車

開発の経緯

つくばエクスプレス線の構想は、1968年の「第2次首都圏整備計画」における「常磐新線」構想に端を発し、その後、1985年に策定された「首都改造計画」において初めて常磐新線の整備が位置づけられました。その整備の目的として以下が挙げられます。

・研究学園都市として開発されているつくば市へのアクセス強化
・首都圏北東郊外の輸送システム強化
・JR 常磐線の混雑緩和
・首都圏の住宅需要に対する住宅不足の解消

その後、「大都市地域における宅地開発及び鉄道整備の一体的推進に関する特別措置法」（以下、宅鉄法）の制定（1989 年）、第三セクター「首都圏新都市鉄道株式会社」の設立（1991 年）、「常磐新線」から「つくばエクスプレス」への路線名称の変更（2000 年）を経て、2005 年 8 月 24 日に全線開通しました。

開発の特徴

つくばエクスプレス線の開発の最大の特徴は、宅鉄法を適用した土地区画整理事業により、鉄道事業に用いる用地を取得しやすくするとともに、鉄道と沿線の開発が一体となって実施されたことです。鉄道用地は、以下の流れで生み出され、総合的なまちづくりが進められていきました。

①鉄道事業者や自治体が、区域内の土地を前もって買収する
②上記①で買収した土地を、鉄道施設が整備される区域に換地する
③鉄道とともに、公園や商業ビルなどの公共施設や住宅等を整備する

これにより、計画路線の土地が予定通り買収できない場合でも、①で区域内の土地が確保されていれば鉄道用地として充当することができ、開発をスムーズに進めることができます。最終的には、東京都、埼玉県、千葉県、茨城県で 3000ha を超える面積の土地が土地区画整理事業の対象となりました。

■守谷駅付近上空写真■

▲1990 年

▲2019 年

提供：国土地理院

■つくばエクスプレス路線図■

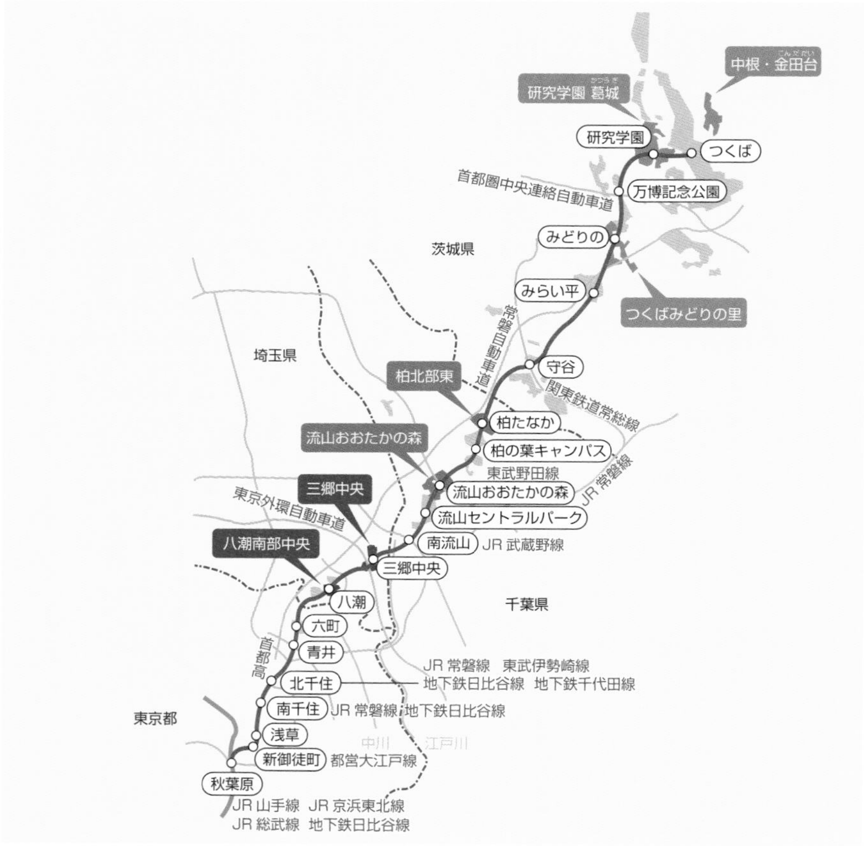

中根・金田台
研究学園 葛城
研究学園
つくば
首都圏中央連絡自動車道
万博記念公園
茨城県
みどりの
みらい平
つくばみどりの里
常磐自動車道
埼玉県
守谷
柏北部東
関東鉄道常総線
柏たなか
流山おおたかの森
柏の葉キャンパス
東武野田線
JR 常磐線
三郷中央
流山おおたかの森
東京外環自動車道
流山セントラルパーク
八潮南部中央
南流山
JR 武蔵野線
三郷中央
千葉県
八潮
六町
青井
首都高
JR 常磐線 東武伊勢崎線
北千住
地下鉄日比谷線 地下鉄千代田線
南千住
JR 常磐線 地下鉄日比谷線
東京都
浅草
中川
江戸川
新御徒町
都営大江戸線
秋葉原
JR 山手線 JR 京浜東北線
JR 総武線 地下鉄日比谷線

■つくばエクスプレス 駅名路線図■

埼玉県
都営大江戸線
JR 常磐線
東京メトロ日比谷線
東武アーバンパークライン［野田線］
茨城県
秋葉原
新御徒町
浅草
南千住
北千住
青井
六町
八潮
三郷中央
南流山
流山セントラルパーク
流山おおたかの森
柏の葉キャンパス
柏たなか
守谷
みらい平
みどりの
万博記念公園
研究学園
つくば
JR 武蔵野線
関東鉄道常総線
JR 山手線
JR 京浜東北線
JR 総武線
東京メトロ日比谷線
都営地下鉄新宿線
JR 常磐線
東武スカイツリーライン［伊勢崎線］
東京メトロ日比谷線
東京メトロ千代田線
千葉県
東京都

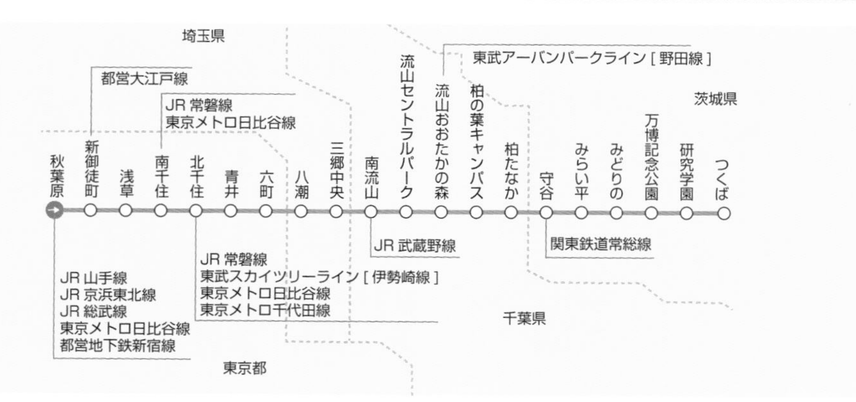

9-3 東急多摩田園都市

東急多摩田園都市は東京急行電鉄が主体となって実施した開発で、民間としては国内最大規模の開発です。イギリス人の都市計画家であるエベネザー・ハワードが提唱した「田園都市」という考え方をもとに、田園都市線の延伸と合わせて整備されてきました。

東急田園都市線の概要

東急多摩田園都市（以下、田園都市）の交通インフラとしての一翼を担う東急田園都市線は、渋谷駅と、神奈川県の中央林間駅を結ぶ 31.5km の路線です。1953 年に発表された「城西南地区開発趣意書」から始まった田園都市の開発に合わせ延伸が重ねられ、1984 年のつきみ野駅から中央林間駅間の開通により、今のかたちとなりました。

▲2002 年に営業運転を開始した 5000 系電車

▲2018 年に営業運転を開始した 2020 系電車

開発の経緯

田園都市とは、東急田園都市線の梶が谷駅から中央林間駅（東京都市圏からは約 15 ～ 35km）の約 5000ha におよぶ沿線地域を指します。東急が主体となって行なった開発事業で、民間としては国内最大規模の開発となりました。

「田園都市」という考え方はイギリス人の都市計画家であるエベネザー・ハワードが、1898 年に著書である『明日の田園都市』で提唱した考え方で、都市および農村の魅力を併せもった、職住近接型の緑豊かな都市を都市周辺に建設しようとする構想です。この必要性を感じた渋沢栄一は 1918 年に田園都市株式会社を設立し、これが今日の東急のもととなりました。その後、1953 年に当時東急の会長であった五島慶太が、田園都市の構想を含めた「城西南地区開発趣意書」を発表し、田園都市の開発が始まり、最終的には約 3200ha の土地が土地区画整理事業の対象となりました。

開発の特徴

東急多摩田園都市の開発の特徴は、業務一括代行方式を採用し、土地区画整理事業を行なったことです。一般的な土地区画整理事業は、地権者が組合を作り、融資を受け、行政とやりとりしながら進めていくものですが、地権者たちはそうした業務に慣れておらず時間がかかる場合が多く、さらに相応の事業リスクを背負うことにもなります。

そこで東急は、組合が生み出した保留地※を一括で取得することを条件に事業資金を提供し、行政とのやりとりといった業務を全て代わりに引き受けるという手法をとりました。これにより開発をスムーズに進めることができるとともに、組合にとっては事業資金が提供されることで、そのリスクが軽減されることになりました。これを一括代行方式と呼び、現在では土地区画整理事業の一般的な手法のひとつとなっています。

■たまプラーザ駅付近の上空写真■

▲1970 年

▲2019 年

提供：国土地理院

※**保留地**：道路、公園などの公共用地などのために確保する土地のこと

■東急線沿線地域・田園都市線路線図■

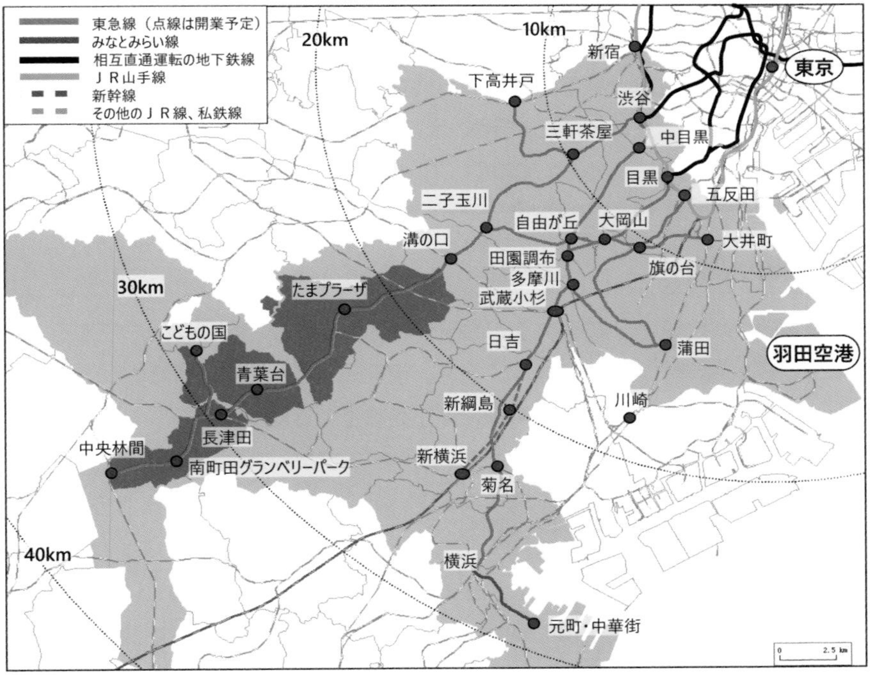

東急線（点線は開業予定）
みなとみらい線
相互直通運転の地下鉄線
ＪＲ山手線
新幹線
その他のＪＲ線、私鉄線
10km
20km
30km
40km
東京
新宿
渋谷
下高井戸
三軒茶屋
中目黒
目黒
五反田
二子玉川
自由が丘
大岡山
大井町
溝の口
田園調布
旗の台
多摩川
武蔵小杉
たまプラーザ
こどもの国
日吉
蒲田
羽田空港
青葉台
川崎
新綱島
長津田
中央林間
南町田グランベリーパーク
新横浜
菊名
横浜
元町・中華街
0
2.5 km

提供：東急株式会社
Copyright 国際航業－住友電工

■田園都市線 駅名路線図■

こどもの国線
世田谷線
京王井の頭線
南武線
JR 山手線
JR 埼京線
副都心線
半蔵門線
銀座線
東横線
大井町線
JR 横浜線
小田急江ノ島線
横浜市営地下鉄
中央林間
つきみ野
南町田グランベリーパーク
すずかけ台
つくし野
長津田
田奈
青葉台
藤が丘
市が尾
江田
あざみ野
たまプラーザ
鷺沼
宮前平
宮崎台
梶が谷
溝の口
高津
二子新地
二子玉川
用賀
桜新町
駒沢大学
三軒茶屋
池尻大橋
渋谷

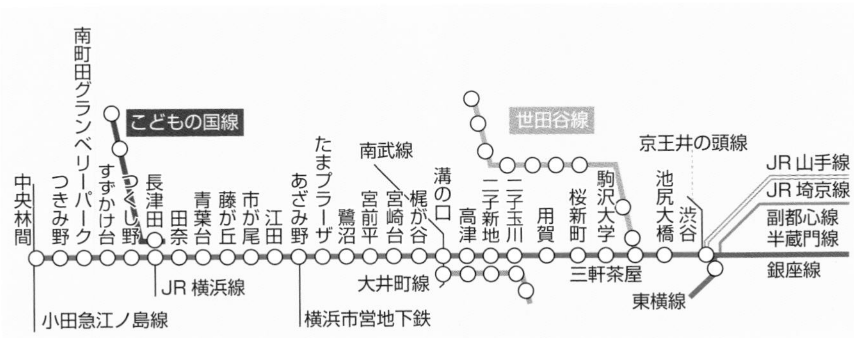

9-4 横浜みなとみらい

横浜市の西区と中区にまたがり、横浜港に面する186haにおよぶ開発で、1983年から工事が着手されました。就業人口19万人、居住人口1万人を計画目標とし、多くの企業の誘致、大規模商業施設や住宅開発が進み、首都圏では類を見ない大規模な都市再生プロジェクトです。

開発の経緯

横浜みなとみらいの開発は、1965年の「横浜六大事業」の一つである「都心部強化事業」に始まります。当時、横浜駅周辺と関内・伊勢佐木町周辺の発展に比べ、中間の桜木町周辺には三菱重工の造船所があり、エリアが二分されていました。また、横浜が東京のベッドタウンとして進んでいくのではないかとの懸念もありました。そこで、横浜駅周辺から関内までの地区に、業務や商業が集積する一大プロジェクトが構想されました。

事業は造船所等の移転完了とともに1983年に「みなとみらい21」事業として着工し、1898年に開催された横浜博覧会を契機に開発が加速しました。事業は2021年末時点も継続していますが、暫定利用を含む街区の事業進捗率は96%を越えるなど、既に街は成熟期に入っています。

■横浜みなとみらい地区の開発■

▲開発前　三菱重工業株式会社横浜造船所（1974年）*

▲開発後　横浜ランドマークタワーとクイーンズスクエア―横浜

*写真提供：三菱重工業株式会社横浜製作所

開発概要

開発規模は延べ186ヘクタール（東京ドーム約40個に相当）に及び、企業やショッピング・文化施設等が集積しています。また、46ヘクタールもの公園緑地が配置され、ウォーターフロントを活用した市民や観光客の憩いの空間が整備されています。

みなとみらい線と地区内のモビリティ

横浜駅から“みなとみらい地区”みなとみらい線は、横浜駅から「みなとみらい地区」を通過して元町・中華街駅までを結ぶ4.1kmの鉄道（地下鉄）で、2004年に開業しました。東急東横線との相互直通運転により、横浜みなとみらい地区への主要アクセスとして機能し、地区の発展に大きく寄与しています。横浜市や神奈川県と民間企業などが出資する横浜高速鉄道株式会社が運行しています。

一方、地区内の回遊性を高める交通としても、様々な特徴のある交通機関が整備されています。

2021年4月からは、桜木町駅前と横浜ワールドポーターズ前を結ぶ日本初の都市型循環式ロープウェイ「YOKOHAMA AIR CABIN（ヨコハマエアキャビン）」が運行を開始し、桜木町駅と横浜港ベイエリアへのアクセスがさらに向上しました。

■みなとみらい地区の全体概念図■

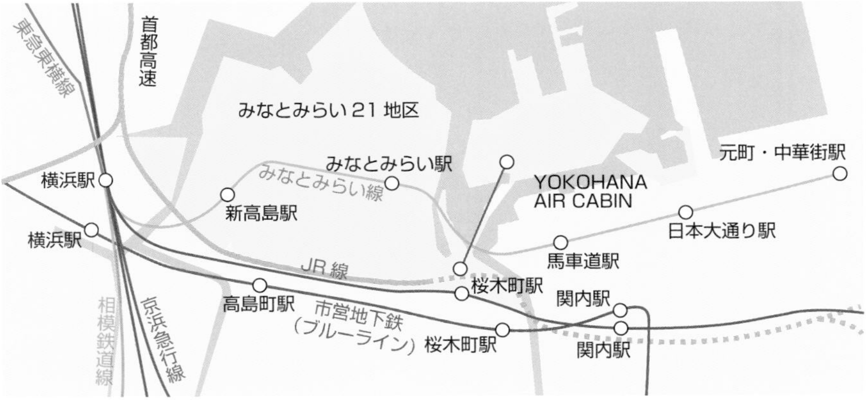

出典：みなとみらい21インフォメーション

開発の効果

これまでにみなとみらい地区へ誘致された事業所は約 1850 社（2021 年末時点）を数え、約 12 万 5000 が就業しています。推定の来街者数総計は 6150 万人を超え、毎年 8000 万を超える人が訪れています。

■みなとみらい線と接続する鉄道路線図■

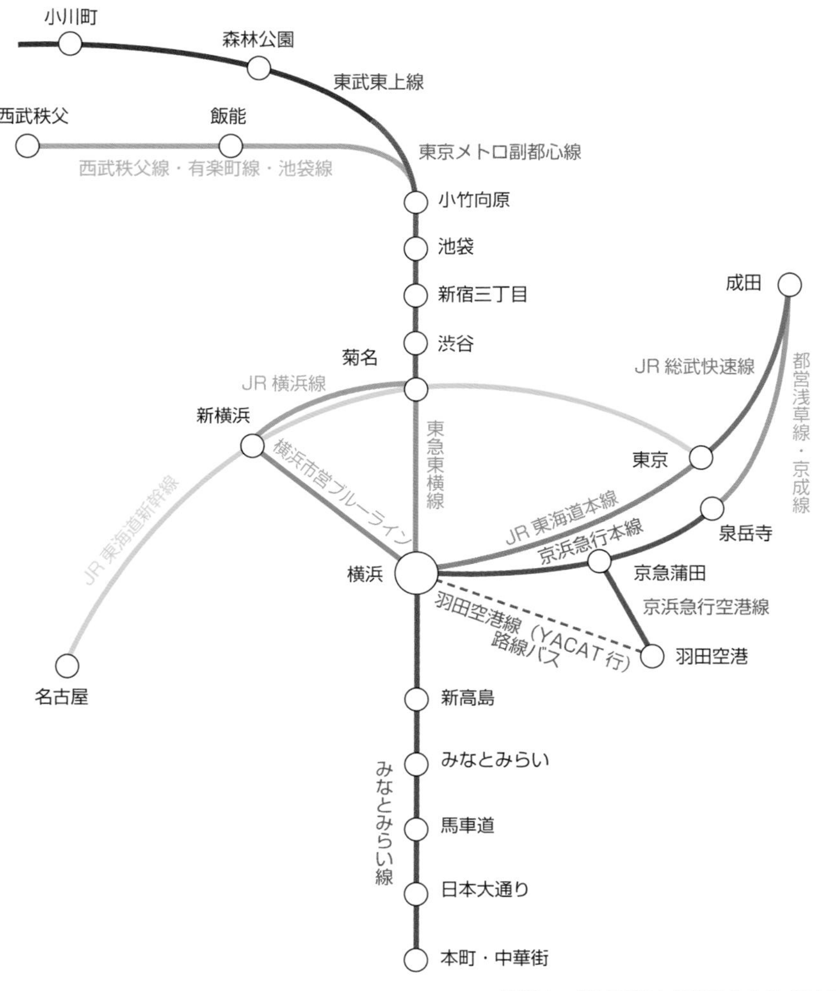

出典：一般社団法人横浜みなとみらい21

みなとみらい地区内の多様な交通機関

▲みなとみらい線

▲横浜地下鉄ブルーライン

▲YOKOHAMA AIR CABIN の駅

▲横浜 BRT ベイサイドブルー（連接バス）

▲動く歩道（桜木町駅～みなとみらい地区）

▲シーバス（水上バス）

9-5 バスタ新宿

世界一の乗降客数を誇る新宿駅に整備された高速バスターミナル（愛称「バスタ新宿」）は、駅周辺に点在していたタクシーや高速バス乗り場を1か所に集約し、交通結節点※としての機能強化を実現しました。

概要

新宿南口交通ターミナルは、国土交通省東京国道事務所が主体で進めた新宿駅南口地区基盤整備事業の一環として整備された、日本最大級の交通ターミナルです。開業は2016年4月で、15か所の停車場から、1日およそ1600便のバスが発着しています。

開発の経緯

新宿駅南口は、国道20号線が跨線橋というかたちで直接面しており、さらにその跨線橋が一般車やタクシーの乗降に使われていたため、交通渋滞の原因となっていました。また、その歩道幅員も狭かったため、歩行者があふれることが日常茶飯事となっていました。それらに合わせ、跨線橋の老化が進んでいたこと、高速バスの停車場19か所が広域に点在しており乗り換えが不便であったことなどの問題を解決するため、国土交通省東京国道事務所が主体となり、JR東日本と連携しながら「新宿駅南口地区基盤整備事業」が実施されました。本事業によって、跨線橋の架け替え、19か所あった停車場を集約化するなどの交通結節点整備が進められました。

開発の特徴

一番の特徴は、19か所に点在していたバスの停車場と、タクシー乗り場をバスタ新宿に集約したことで、鉄道・バス・タクシーの乗り継ぎが各段に便利になったことです。JR新宿駅のホームからバスタ新宿まではエスカレーター・エレベーターで直結しており、鉄道・バス間の乗り継ぎ時間は最大で13分も短縮されました。バスの行き先は、北は青森から南は福岡まで39

※**交通結節点：** 複数の交通手段の接続が行なわれる場所。複数の交通手段を近距離に配置することで、スムーズに乗り換えを行なうことができる。

の都府県にわたっており、本州と四国については全ての都府県が行き先として網羅されています。また、タクシー乗り場が集約され道路も広くなったことから、慢性的に発生していた交通渋滞も大幅に緩和されました。

▲バスタ新宿開業前の跨線橋上の道路混雑状況＊

▲バスタ新宿開業前の歩道上の混雑状況＊

▲着工前の新宿駅＊

▲バスタ新宿開業後＊

＊写真提供：国土交通省関東地方整備局

▲正面から見たバスタ新宿

▲バスタ新宿の切符売場

バスタ新宿では、2 階に切符売場や待合室、3 階にタクシー乗降場、4 階にバスの発着場が立体的に配置されている。

9-6 東京駅八重洲駅前広場

東京駅前における渋滞や、歩道の混雑を解消するとともに、鉄道から二次交通への乗り換えがスムーズに行なえるようにするため、八重洲駅前広場の整備が実施されました。

概要

東京駅は、1914年に開業した日本の首都東京の玄関口とも言える国内を代表するターミナル駅の一つです。近年、丸の内側ではシンボルである赤レンガ駅舎の保存・復元工事が完了し、八重洲側ではグラントウキョウ、グランルーフが完成するとともに駅前広場が整備されるなど、開発が進められてきました。

開発の経緯

東京駅八重洲口は鉄道・バス・タクシー・一般車間の乗り継ぎが数多く行なわれる場所ですが、歩行者道路が狭く、また高速バス利用者が滞留することによって歩道が混雑することや、一般車の送迎スペース、タクシープールがないため交通渋滞が発生することといった課題がありました。

そこでJR東日本は、それらの課題を解決し鉄道と二次交通をスムーズに乗り継ぎすることができるよう、八重洲駅前広場の奥行きを広げてそれらの交通モードを再配置する八重洲駅前広場整備を2004年に着工し、2014年に完成しました。

開発の特徴

交通広場の奥行が45mに拡大され、交通結節点としての機能が大幅に強化されました。

バスバース※は9バースから13バースに増え、駅側が高速バス乗り場、道路側が都営バス乗り場となっています。9バースある高速バス乗り場からは、一日およそ1100便が発着しており、この発着本数は新宿バスタに次

※**バース**：バスやタクシーの発着場のこと。

ぐ規模となっています。タクシー乗降場は３バースから４バースに増え、そのうち乗り場である２バースはより改札に近い位置に設置されています。また、それまでなかったタクシープールは 50 台分確保されており、タクシーの乗客待ちによって発生する交通渋滞が緩和されました。一般車の乗降スペースもそれまでありませんでしたが、７バース整備されました。

　また、環境への配慮のためシラカシを中心に木々が設置されたほか、壁面緑化も行なわれました。グラントウキョウサウスタワー建設時に出土した江戸城外堀の石垣は、駅前広場の一部として活用されています。

▲東京駅八重洲駅前広場の上空写真　　提供：国土地理院

▲東京駅八重洲中央口

▲タクシー乗り場

▲バスバース

▲タクシープール

9-7 ロンドンのキングス・クロス駅周辺開発

TODにおいては駅ナカだけでなく、駅周辺の開発も重要です。ここでは、閑散としていたエリアを人気スポットとして生まれ変わらせた、イギリスのキングス・クロス駅周辺の開発を紹介します。

概要

キングス・クロス駅は、ロンドンにおける主要なターミナル駅の一つで、1852年に完成しました。映画「ハリー・ポッター」に出てくる駅としても知られています。大英博物館が近く、すぐ隣にはユーロスターの終着駅であるセント・パンクラス駅もあります。

以前のキングス・クロス駅周辺は閑散としており治安の悪いエリアでしたが、2007年のセント・パンクラス駅のリニューアル、2012年のロンドンオリンピックなどを契機に2000年代にかけて再開発が進められ、現在ではオフィス、ショッピングセンター、レストラン、学校、広場などが整備され、人気エリアとして生まれ変わりました。

開発の特徴

鉄道事業者であるLCR（London and Continental Railways）と、民間会社の合弁で駅周辺地域の共同開発を行なっています。開発の特徴は、鉄道関連の旧施設をうまく活用しながら再開発を行なったことで、グラナリースクエアにあるロンドン芸術大学のキャンパスもその一つです。グラナリーとは穀物倉庫の意味で、貨物輸送が盛んだった頃に使用されていましたが、再開発にあたって改修され同大学のキャンパスになりました。

このスクエアには時間によって吹き出し方が変わるグラナリーファウンテンと呼ばれる噴水があり、夏は子供に大人気のスポットになります。夜は照明とともに幻想的な雰囲気を楽しむことができます。また、2018年にはコール・ドロップス・ヤードと呼ばれる商業施設が開業しました。コール・ドロップスとは石炭置き場のことで、その名の通りここで石炭を積んだ貨物列車が上階の線路に停車し、底を開いて石炭を倉庫に落として保管していました。当時のレンガ造りを活かしながら商業施設としてリノベーションされ、現在ではブティックやレストランなど約 50 店舗が入った人気スポットとなっています。

キングス・クロス駅周辺

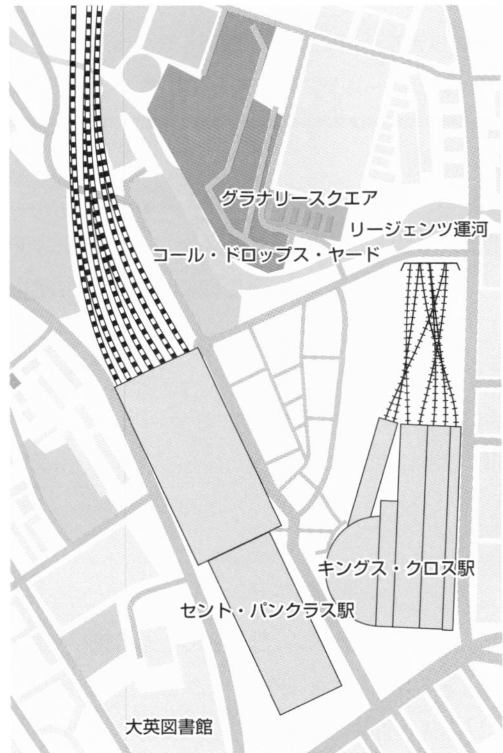

▲正面から見たキングス・クロス駅

▲駅西側のコンコースで、出発ホームが表示されるのを待つ乗客

▲グラナリースクエア

▲コール・ドロップス・ヤード

写真提供：©2021 Matsunawa Mitsuru.

9-8 パリのサンラザール駅の駅ナカ開発

駅そのものの利便性を向上させることは、都市交通システムを最大限機能させることに必要不可欠な要素であり、日本でよくみられる駅ナカ開発はその手段の一つと言えます。また、駅ナカビジネスによって収入が得られれば、鉄道の経営改善に役立つことにもなります。ここでは、海外における駅ナカ開発の例として、フランス・パリのサンラザール駅の開発をみていきましょう。

概要

パリにはサンラザール駅、北駅、東駅、リヨン駅、オステルリッツ駅、モンパルナス駅の 6 つの主要なターミナル駅があり、市街地に分散して位置しています。1837 年に開業したサンラザール駅はこれら 6 つの駅の中で最も古く、画家であるモネが題材として選んだことでも有名です。その歴史あるサンラザール駅に、2012 年にショッピングモールがオープン、パリで初めてとなる駅ナカビジネスが開始しました。

開発の特徴

サンラザール駅にオープンした「サンラザール・パリ」は、3 フロア、合計 1 万 m^2 にわたり約 70 店舗が入っている大規模なショッピングモールです。日本では馴染み深い駅ナカビジネスですが、駅構内に大規模なショッピングモールを整備して駅ナカビジネスを開始したのはパリではサンラザール駅が初めてで、ノルマンディー地方へ向かう旅行客や地元客で賑わっています。

特徴的なのは、駅ビルを新設したのではなく、既存の駅舎をうまく活用して駅ナカビジネスを展開していることです。外観は駅の開業当初からほとんど変わっていませんが、中に入るとスーパーマーケット、ファッションブランド店、雑貨店、コスメ店などが充実しています。

同様の開発が他の 5 駅でも実施されており、列車の乗降のためだけに利用する駅から、食事やショッピングなど賑わいを創出する駅へと変貌を遂げています。ちなみに、リヨン駅では駅弁が販売された実績もあり、日本の駅における文化がフランスにも取り入れられている様子がわかります。

■パリの主要駅の配置■

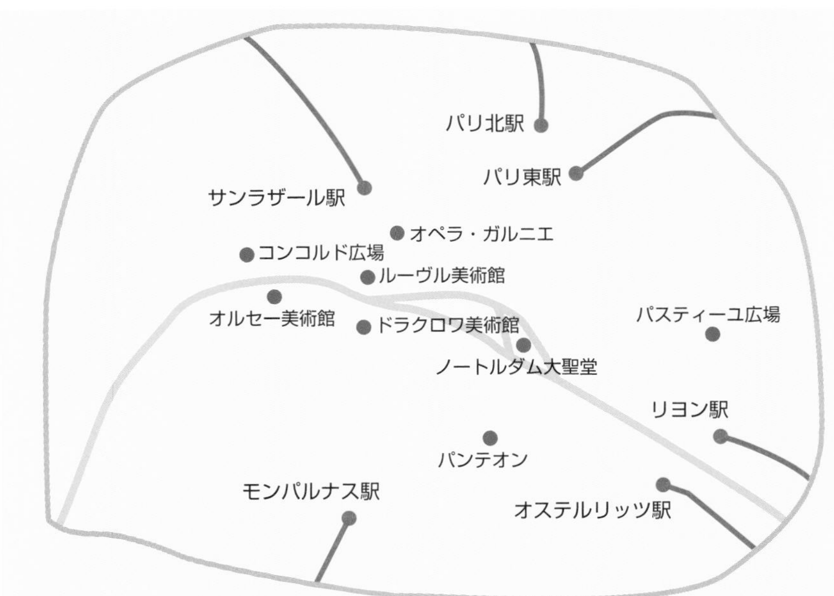

▲サンラザール駅の外観

▲3 フロアにまたがるショッピングセンター

9-9 ニューヨークのハドソンヤード

アメリカではTODが盛んに行なわれており、中でもニューヨーク市のハドソンヤードにおける開発は地下鉄の延伸が前提となっており、その開発規模からもアメリカにおける代表的、かつ典型的なTODと言えます。

概要

アメリカのニューヨーク市で進められているハドソンヤードプロジェクトは、総工費250億ドルともいわれるアメリカ史上最大規模の開発です。ハドソンヤードはマンハッタン島西部のハドソン川沿いに位置し、360エーカー（約146ha）、45街区の再開発事業となっています。地下鉄や公共空地の整備など公共インフラ整備事業を含むマスタープラン※を2003年に策定し、2005年にプロジェクトが始動しました。

開発の経緯

この地区はもともとマンハッタンの軽工場地帯に指定されており、長い間、工場や倉庫が立ち並ぶ低開発地域となっていました。そんな中、1990年代初頭に、2012年のニューヨーク・オリンピック誘致の際のスタジアム建設候補地として挙がるなど徐々に注目を浴び始め、2003年のマスタープラン、環境影響評価、2005年の市議会の採択を経てプロジェクトが始まりました。完成予定は2025年ですが、それに先行し、2019年には東側部分のイースタンヤードが開業しました。

開発の特徴

この開発の特徴は以下のとおりです。

◆ゾーニング※の変更

もともと工業用に使われていたこの地区を、工業・商業・住宅の用途によって分けることで、オフィス、ホテル、住居のためのスペースを生み出しました。

※**マスタープラン**：都市計画に関する基本的な方針のこと
※**ゾーニング**：空間を、公共施設、商業施設、住宅地などの各用途によって分けること

◆地下鉄 7 号線の延伸

タイムズスクエア駅を終点としていた地下鉄 7 号線を約 3.2km 延伸し、ハドソン・ヤード地区につなげました。延伸は 2015 年に完了し、ニューヨーク市内各地域へのアクセスが容易になりました。

◆地下鉄駅近傍の超高層の複合開発

ニューヨーク州都市交通局（MTA）で運用中の車両基地上に人工地盤を建設し、複合開発を実施しました。約 1260 万平方フィート（約 120ha）の用地に、オフィス、住宅、ホテル、商業施設、文化施設、駐車場、公共空地が開発されました。

■地下鉄 7 号線の延伸■

地下鉄 7 号線の延伸
ハドソンヤード駅
タイムズスクエア駅
エンパイア・ステート・ビル
フラットアイアンビルディング
ハドソン川
イースト川

出典：Hudson Yards Development Corporation (HYDC)
(https://www.hydc.org/)

▲ハドソン川沿いから見たハドソンヤード

▲車両基地上の人工地盤で複合開発を実施

写真提供：DenshaDex

COLUMN ケーブルライナー

ケーブルライナーは、既存の鉄道やバス等を補完する短・中距離輸送に適した新交通システムです。AGT と同様に専用軌道を走行しますが、ロープウェイのように車両には駆動装置が搭載されておらず、ワイヤロープによりけん引されて走行する自動旅客輸送システムです。車両の制御はワイヤロープのけん引により行なわれるため、専用軌道表面の状態に左右されず、着氷や積雪、強風などの影響を受けづらくなっています。

なお、ケーブルライナーという名称は、オーストリアのドッペルマイヤーケーブルカー社が開発したシステムを指します。空港のターミナル間移動や空港と最寄りの鉄道駅を結ぶ交通手段として主に導入されており、世界８か国で運行されています。

▼ケーブルライナーの主な仕様

駆動方式	ワイヤーロープけん引方式（交流誘導電動機による）
走行方式	ゴムタイヤ、ガイドローラー案内走行方式
運転方式	ATC 制御による自動運転
線路延長	300m ～約 10km
最高速度	約 50km/h
最急勾配	100‰
曲線半径	30m（推奨値 50m 以上）
車両定員	先頭車両：48 名／中間車両：41 名（4 名／㎡の場合、最大 7 両編成）

▲ケーブルライナーの外観
（ハマド国際空港（カタール））

▲ケーブルライナーの車内
（ハマド国際空港（カタール））

MaaS

MaaS（Mobility as a Service）によって、人々はスマホのアプリを使って公共交通をより自由に、スムーズに利用できるようになります。MaaS が今後さらに社会に浸透していくことで、より環境への負荷が小さい公共交通への転換や、高齢化社会における人々の移動手段の確保など、さまざまな社会課題が解決されていくことが期待されます。

10-1 MaaS とは

2016 年に誕生した Whim（ウィム）※をはじめとして、近年世界レベルで MaaS（マース）が急速に普及しつつあります。MaaS とは何かについて説明してゆきます。

MaaS の定義

2015 年にフィンランドで世界初の MaaS の事業会社とされる MaaS Global を設立した Sampo Hietanen 氏が提唱した MaaS（Mobility as a Service）ですが、その定義は様々あります。国土交通省では、「スマホアプリを活用し、一人一人のトリップ単位の移動ニーズに応じて、複数の公共交通やそれ以外の移動サービスを最適に組み合わせ、検索・予約・決済等を一括で行なうことを可能とするサービス」としています。

これまでは、ユーザーはそれぞれの交通手段の時刻やルートを個別に検索し、これらの交通手段を自分で組み合わせていました。しかし MaaS では、一つのアプリで様々な交通手段を組合せたルートの検索に加えて予約や決済も可能になり、画期的なサービスと言えます。

■従来の交通と MaaS の違い■

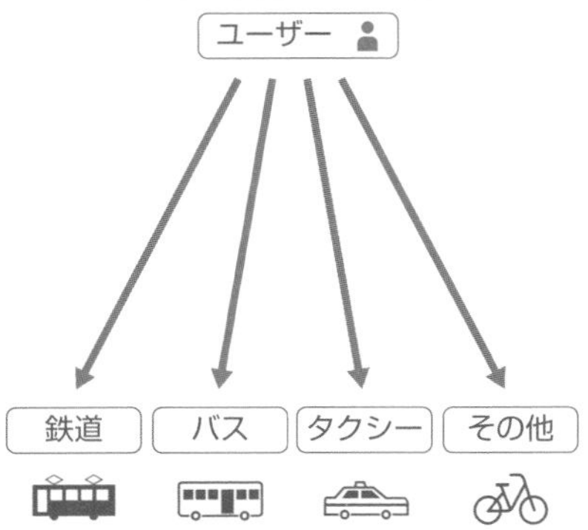

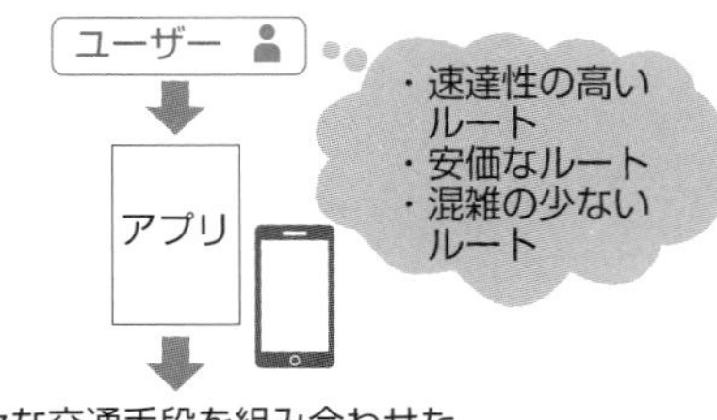

※ **Whim**：10-8 を参照。

MaaSと統合レベル

世界ではMaaS※と呼ばれるサービスがさまざまな形で提供されています。しかし、サービスごとにルート検索や決済まで行なえるものから、ルート検索にとどまるものなど、サービスの範囲が異なります。

この違いを、スウェーデン·チャルマース大学の研究者は下表の5段階で、MaaSの統合レベルとして定義しています。その統合レベルが高いほどMaaSの統合が進んでいると言えます。

MaaSの統合レベル	定義
4	Integration of Social goals（政策の統合） Policies, incentives, etc.
3	Integration of the service offer（サービス提供の統合） Bundling/subscription, cotracts, etc.
2	Integration of booking & payment（予約、決済の統合） Single trip - find, book and pay
1	Integration of information（情報の統合） Multimodal travel planner, price info
0	No integration（統合なし） Single, separate services

統合レベルの重要な要素

これらの統合レベルでは、それぞれの交通手段の運行情報や料金の予約、決済が重要な要素となっています。これらの要素について国土交通政策研究所（2018年）によれば「MaaSでは公共交通の運行情報や駅の地理情報などのデータが必要であり、ヨーロッパではこれらのデータがオープンデータとして整備されている」とのことです。このため、日本でも、「公共交通分野におけるオープンデータ推進に関する検討会」が発足し、さらに現在、公共交通オープンデータ協議会による鉄道、バス、航空関連のさまざまなデータの提供や、情報連携に関する提言などが進められています。

※**MaaS**：2015年にヨーロッパで発足したMaaS Allianceでは、「Mobility as a Service (MaaS) constitutes the integration of various forms of transport services into a single mobility service accessible on demand.（MaaSは、様々な交通サービスを、需要に応じて一つの移動サー ビスに統合するもの）」としています。

10-2 MaaSへの期待と日本の取り組み

MaaSが普及することにより様々な社会課題が解決されることが期待されます。一方で、MaaSの導入に向けては多くの課題があり、日本社会の現状やMaaSの特徴を理解し、MaaSを導入していく必要があります。

MaaSがもたらす効果

公共交通の拡充と共にMaaSが普及することで、ユーザーの立場では、目的地までの到達がより早いルートや、コストがより安価なルート、混雑がより少ないルートなどの選択が可能となります。

さらに、観光や医療サービスとの連携により、交通の予約に併せてこれらのサービスも一緒に予約、決済することで、移動先の観光地や病院において、より少ない待ち時間で観光や医療のサービスを受けることができるようになり、利便性が大幅に向上することが期待されます。

また、公共交通の事業者の立場では、公共交通の利便性が増し、ユーザーが増加することで、これに伴う運賃収入の増加が期待できます。

社会課題解決への貢献

MaaSの普及は、ユーザーにとっての利便性が向上するのみならず、様々な社会問題の解決につながることが期待されます。環境負荷の比較的大きい自家用車の利用や、大都市部での交通渋滞は経済損失や温室効果ガスの排出による地球温暖化の進行といった問題をもたらしています。

MaaSの普及により公共交通の利便性が向上することで、多くの自家用車利用者がより環境負荷の小さい公共交通へシフトし、これらの問題解消につながります。また、過疎化が進む地域では、人口減少、高齢化による交通手段の確保が課題となっています。MaaSを活用した効率的で利便性が高くサステナブルな交通手段の導入により、誰でも移動しやすいコミュニティの実現が期待されます。

MaaSの普及

公共交通の利便性向上により、
より環境負荷の少ない公共交通へのシフト

過疎地における
サステナブルな
交通サービスの提供

温室効果ガスの排出削減

渋滞緩和による
経済損失の削減

過疎地における
移動手段の維持

日本の取り組み①「スマートモビリティチャレンジ」

交通行政や交通産業を所管する経済産業省と国土交通省は、2019年度より自動運転やその他のモビリティ技術の社会実装※を通じて移動に関する課題の解決と地域の活性化を目指すプロジェクト「スマートモビリティチャレンジ」を進めています。

経済産業省では、その前段となる2018年に発足した「IoT※やAIが可能とする新しいモビリティサービスに関する研究会」において、世界的なMaaSの動向や、それら世界のMaaSが日本で提供された場合の課題について研究を行ない、データのデジタル化、オープン化、標準化や、MaaSの導入に向けた制度や新たな技術の導入に向けた実証制度などの環境整備の必要性について提言しています。

また、2019年の同研究会では、自動車産業による、海外展開を含む積極的な取り組みの重要性やスマートシティ構築への貢献について指摘されました。そして、IoTやAIを活用した新たなモビリティの社会実装に向けたパイロット事業の実施やその結果として得られる情報や知見の共有、課題抽出などを目的とした「スマートモビリティチャレンジ」プログラムが立ち上げられました。

2019年にスタートした「スマートモビリティチャレンジ」では、28の地域・事業に対し、実証実験等への支援が行なわれ、MaaSアプリを活用した路線バスと相乗りタクシーの連携（前橋市）や、観光などと連携したクー

※**社会実装**：得られた研究成果を社会問題解決のために応用、展開すること。
※**IoT**：Internet of Things（モノのインターネット）の略。さまざまなものがインターネットにつながることを指す。

ポン配信（大津市）、地域交通の維持を目的とした貨客混載による収益性の向上（永平寺町）、高齢者の使いやすさにこだわったユーザーインターフェース設計による予約アプリの試行（士幌町）などの取り組みが行なわれています。また、これらのパイロット事業の横断的な分析結果を経済産業省のホームページで公表し、知見の共有を図っています。

また、今後の方向性について、これまでのパイロット事業で明らかとなった課題のうち、データの活用・連携基盤の構築、必要な人材の確保、マッチング機能の強化、取り組みの持続性の確保の4点について、今後のパイロット事業においてさらに重点的に取り組むこととされています。

日本の取り組み②「国土交通省によるMaaS普及に向けた活動」

国土交通省では、2019年に「都市と地方の新たなモビリティサービス懇談会」を立ち上げています。地域交通のさまざまな課題に対しMaaS、AI、自動運転技術等を活用した課題解決の可能性を高めるため、これらの技術に関する課題抽出や今後の取り組みの方向性を検討するものです。同懇談会の中間とりまとめでは、次の5点の横断的な取り組みの方向性が示されています。

(1) MaaS相互、MaaS・交通事業者間のデータ連携の推進

日本の特徴として、欧米諸国に比べて官民様々な交通事業者が地域交通を担っています。これらの交通事業者が提供する交通サービスがアプリを介して一つのサービスとしてつながるには時刻情報やリアルタイムの運行情報、予約情報などが円滑に共有される必要があります。また交通と、観光や医療などのサービスとの連携による一層の利便性の向上も期待されることから、データの連携はますます重要と言えます。

しかしデータの連携や共有にはコスト面やデータセキュリティといった課題があることから、連携データの範囲やルールの整備、データ形式の標準化、API※仕様の標準化、データプラットフォームの実現、災害時の情報提供等データの公益的利用に関する取り組みの必要性が指摘されています。

(2) 運賃、料金の柔軟化、キャッシュレス化

MaaSにより、異なる運賃体系を持つ複数の交通事業者による交通サービ

※ **API**：Application Programming Interface（アプリケーションプログラミングインターフェイス）の略。プログラムの機能をその他のプログラムでも利用できるようにするための規約。

スの料金をどのようにユーザーに提示するかが問題となってきます。さらには複数回の利用に対する料金（サブスクリプション※）や、待ち時間の減少などを考慮したダイナミックプライシング※の導入も想定されます。また、キャッシュレス化も必要となってきます。これらの課題に対し、タクシーの事前確定運賃や定額運賃の導入、MaaS 導入に関する現行の法制度上の整理、QR コードを活用したキャッシュレスの導入などが提言されています。

(3) まちづくり・インフラ整備との連携

MaaS の導入により、交通手段と交通手段をつなぐ駅などの交通結節点はますます重要になってきます。また、新たなモビリティサービスの導入により、これまでとは異なる都市交通体系となるような場合も想定されます。一方で、ユーザーの移動データが把握できるようになれば、これを活用した交通政策の立案も可能となることが期待されます。

今後は、新たな交通サービスの導入による交通結節点のあり方の見直しや、移動データを活用した都市交通計画（スマート・プランニング）の導入についても検討していく必要性が指摘されています。

(4) 新型輸送サービスの推進

地域において多様化する移動ニーズや、急速に進む運転者不足に対して、AI 技術を活用したオンデマンド交通の導入や、グリーンスローモビリティ（20km/h 未満で公道を走る 4 人乗り以上のモビリティ）の観光周遊などへの導入、自動運転技術の活用が課題解決の可能性を有しています。これらの導入に向けた実証実験への支援や、制度整備の必要性が指摘されています。

(5) 競争政策の見直し、人材育成、国際協調

MaaS の導入に向けた交通事業者間の連携の必要性から、これまでの競争政策のあり方の見直しや、新たなモビリティサービス導入を担う人材の育成や人材間のネットワークの構築、活発な世界の MaaS 動向へのキャッチアップや日本の MaaS の発信のための国際協調が重要課題としてあげられています。

※**サブスクリプション**：Subscription（サブスクリプション）は定期購読等を意味する英語。月額料金を支払う等の形で見放題・使い放題で利用できる定額制のサービス形態。
※**ダイナミックプライシング**：Dynamic Pricing（ダイナミックプライシング）は変動料金制を指す。

MaaS実証実験の概要

国土交通省では、2019年から、地域ごとのニーズに対応したMaaSの地域モデル構築を通じた全国への普及の促進を目的として、地方公共団体、交通事業者などで構成する協議会等が事業実施主体となるMaaS実証実験への支援を行なっています。

年	採択事業数
2019年	19事業（大都市近郊型・地方都市型：6事業、地方郊外・過疎地型：5事業、観光地型：8事業）
2020年	36事業（うち11事業が継続、25事業が新規）
2021年	12事業（うち9事業が継続、3事業が新規）

COLUMN 公共交通の環境整備

MaaSが有効に機能するためには、それぞれの交通モードを利用しやすくすることが重要です。近年、環境負荷が小さく、機動性が高くラストワンマイルとしての役割も期待できる自転車のニーズが高まっており、民間企業によるシェアサイクルの設置とともに、国や地方自治体による自転車通行空間の整備が推進されています（写真参照）。都内では交通事故に占める自転車関連の事故が約4割となっており、安全に自転車を利用できる環境づくりが求められています。東京都が2021年度に発表した「東京都自転車通行空間整備推進計画」では、20230年に向けて累計900kmの自転車通行区間を整備するとしています。

＊写真提供：藤森啓江

10-3 MaaS の地域分類

国土交通省では、実証事業の実施に向けて MaaS を導入する地域を人口動態や都市形態、交通体系などに応じて、（1）大都市型、（2）大都市近郊型、（3）地方都市型、（4）地方郊外・過疎地型、（5）観光地型の 5 つに分類し、それぞれの分類における MaaS の導入の目的や、実現イメージ、今後の取り組みの方向性を示しています。

MaaS の 5 分類

世界の MaaS の動向を注視しつつも、日本の各地域の実情に応じた課題解決となる MaaS の導入が必要と言えます。そこで、導入を検討する対象地域を、人口や交通体系などの地域特性や、それぞれが抱える地域特有の課題から大きく 5 つのタイプに分類し、導入目的を明確にすることで実現イメージや方向性を共有していきます。

（1）大都市型

地域特性	人口：大 人口密度：高 交通体系：鉄道主体
地域課題	• 移動ニーズの多様化への対応 • 潜在需要の掘り起こし • 日常的な渋滞や混雑

導入目的	• 全ての人にとっての移動利便性の向上 • 日常的な混雑の緩和
MaaS の実現イメージ	• MaaS 相互間の連携 • 多様なモード間の交通結節点の整備 • ユニバーサルデザイン※への配慮 • 多言語での情報提供など
今後の方向性	• 多様な事業者間のデータ連携の実現 • 持続可能な社会を目指す都市、交通政策との整合化

※**ユニバーサルデザイン：**Universal Design（ユニバーサルデザイン）は「どこでも、だれでも、自由に、使いやすく」というデザインの考え方。

（2）大都市近郊型

地域特性	人口：大 人口密度：高 交通体系：鉄道／自動車主体
地域課題	• ファースト／ラストマイル交通手段の不足 • イベントや天候等による局所的な混雑

導入目的	• ファースト／ラストマイル※サービスの充実 • 特定条件下での局所的な混雑の解消
MaaS の実現イメージ	• 大都市 MaaS との連携 • 基幹交通とファースト／ラストマイル交通の統合 • 生活サービスとの連携 • 多様な決済、乗車確認手段の提供など
今後の方向性	• 持続可能な社会を目指す都市、交通政策との整合化

（3）地方都市型

地域特性	人口：中 人口密度：中 交通体系：自動車主体
地域課題	• 自家用車への依存 • 公共交通の利便性、事業採算性の低下 • 運転免許返納後の高齢者、自家用車非保有者の移動手段不足の深刻化

導入目的	• 地域活性化に向けた生活交通の利便性向上 • 域内の回遊性の向上
MaaS の実現イメージ	• 他地域 MaaS との連携 • 新たな乗換拠点の創出 • 複数交通サービスでの定額制サービス • 生活サービスとの連携 • 多様な決済、乗車確認手段の提供など
今後の方向性	• 持続可能な社会を目指す都市、交通政策との整合化 • 交通事業者同士の連携、協働

※**ファースト／ラストマイル**：First/Last mile（ファースト／ラストマイル）は、最寄の駅・バス停と自宅等の目的地の間などのワンマイル程度の範囲。

（4）地方郊外・過疎地型

地域特性	人口：低 人口密度：低 交通体系：自動車主体
地域課題	• 自家用車への依存 • 地域交通の衰退 • 交通空白地帯の拡大 • 運転免許返納後の高齢者、自家用車非保有者の移動手段不足の深刻化

導入目的	• 生活交通の確保、維持 • 交通空白地での交通網、物流網の確保
MaaS の実現イメージ	• 近隣 MaaS 等との連携 • 地域内の様々な輸送資源の統合 • 生活サービスとの連携など
今後の方向性	• 住民視点での持続可能なサービスの実現 • 持続可能な社会を目指す都市、交通政策との整合化

（5）観光地型

地域特性	人口：－ 人口密度：－ 交通体系：－
地域課題	• 地方部における二次交通※の不足、観光交通の実現 • 急増する訪日外国人の移動円滑化 • 多様化する観光ニーズへのきめ細かな対応

導入目的	• 観光客の回遊性の向上 • 訪日外国人の観光体験の拡大、向上
MaaS の実現イメージ	• 空港アクセス交通、都市間幹線交通含む MaaS との連携 • 手荷物配送サービスとの統合 • 観光サービスとの連携など
今後の方向性	• 事業者間の持続可能な連携、協働 • 各地域の MaaS の相互運用の実現

※**二次交通**：観光地等における駅から先、空港から先、港から先の交通を指す。

10-4 MaaS の事例紹介

MaaS は情報通信技術の進展により、シェアリングサービスのような新しい移動手段と既存の公共交通を組み合わせることが世界的な潮流となっています。ここからは、諸外国と日本におけるMaaSの具体事例を紹介していきます。

■本書で紹介する MaaS 事例■

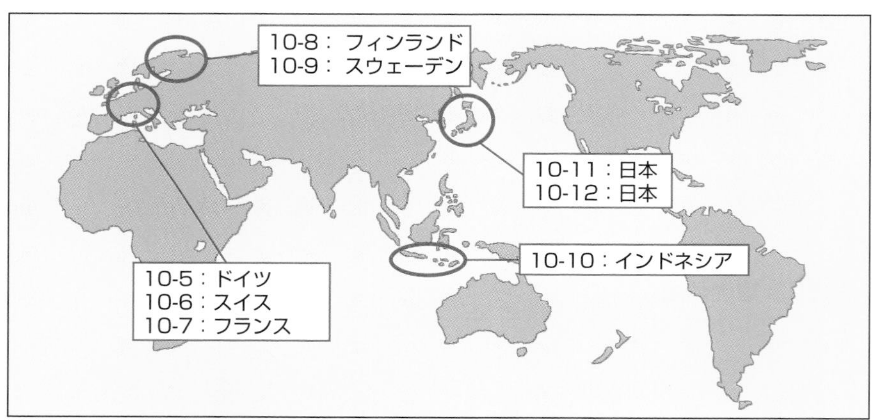

■ MaaS の事例紹介■

国	サービス名	サービス開始時期※1
ドイツ	DB Navigator	2009 年※2
スイス	SBB Mobile	2008 年
フランス	Assistance SNCF	2019 年
	CTS Transports Strasbourg	2017 年
フィンランド	Whim	2016 年
スウェーデン	UbiGo	2019 年
インドネシア	GOJEK	2010 年
シンガポール	Grab	2012 年※3
日本	東京メトロ my ！アプリ	2020 年
	my route	2019 年

※1：実証実験の期間は除く
※2：経路検索からチケット購入が 1 つのアプリでできるようになったのは 2013 年
※3：Grab の前身である My Teksi 社がクアラルンプール（マレーシア）でサービス提供を開始した時期

10-5 ドイツのDB Navigator

DB[※1] Navigatorは、ドイツ鉄道が2009年にリリースした旅行アプリです。ドイツ全土の主要都市をほぼ網羅しているため、ドイツ国内の移動は、このアプリをダウンロードしていれば困ることはないと高く評価されています。

アプリの概要

DB Navigatorは2009年12月にiOS[※2]向けにリリースされました。当初の機能はドイツ鉄道が運行する長距離と近距離列車の経路検索、遅延や障害情報の表示のみでしたが、翌年にはAndroidにも対応、2011年にはDBTicketsアプリがリリースされて、乗車券のペーパーレス化が可能になりました。その後、DB Ticketsアプリは2013年にDB Navigatorに統合され、DB Navigator単体で経路検索からチケットの購入・発券までが可能となりました。現在のアプリはHarmonyOS（HUAWEI製品のOS）にも対応しています。

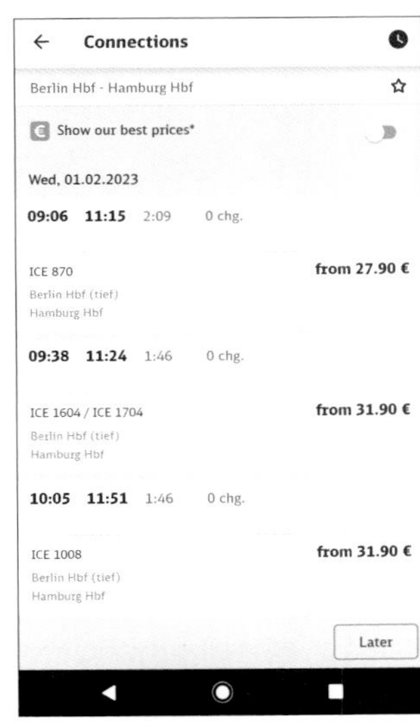

▲経路検索画面の例

DB Navigatorはサービス開始から10年間で4200万回以上ダウンロードされ、モバイルチケットの販売総数は1億500万枚に達しています。なお、2019年時点の利用者数は、1日あたり300万人となっています。

幅広い連携先

DB Navigatorでは、ドイツ鉄道が運行する列車だけでなく、ドイツ国内の各都市における運輸連合[※3]と連携しています。そのため、都市間の移動にはド

※1 **Deutsche Bahn**：ドイツ鉄道
※2 **iOS**：Apple社が開発および提供するiPhoneとiPad touch向けのモバイルオペレーティングシステム。
※3 **運輸連合**：公共交通機関を共同で運営するための、地方自治体や交通事業者でつくる法的・組織的な団体。2021年12月時点で、ドイツ鉄道は44の運輸連合と連携している。

イツ鉄道を利用し、そこから先の都市内移動は運輸連合に加わる路線バス、路面電車、地下鉄（U-Bahn）、ドイツ鉄道が運行する近郊列車（S-Bahn）、さらにはカーシェアリングやレンタル自転車なども利用できるようになっています。

機能の特徴

DB Navigator は、他の事例と同様に、予約から発券までシンプルかつスムーズな操作が可能でデジタルチケットの発券にも対応しています。なお、2022 年 1 月から切符を購入せずに長距離列車に乗車したとしても、ドイツ鉄道のホームページまたは DB Navigator から乗車駅を列車が出発して 10 分以内であればデジタルチケットを購入できるようなシステムになっています。ただし、これには条件があり、乗車駅から次の停車駅まで 10 分以上ある場合に限られています。また、最新の運行情報がメールやアプリのプッシュ通知から確認できます。

DB Navigator の特徴的な機能は以下のとおりです。

1. 列車の空席状況の表示

経路検索および予約時に、アプリで列車がどの程度混雑しているかを 4 段階で確認することが可能です。

2. 駅で列車の在線位置と車内設備の状態を乗車前に確認

ドイツでは急遽の運用変更が発生したり、乗車時にならないと列車がプラットフォームのどの位置に停車するかが分からないことが多くあります。そのため、全ての車両に RFID※（Radio Frequency Identification）チップを装備し、地上側にその読み取り装置を設置しています。これにより、リアルタイムで列車がどこに停止しているか、また車内設備の位置や故障情報をホームの情報掲示板に表示し、アプリでも確認できるようになっています（右ページ図を参照）。

※ **RFID**：無線周波数を介したタグからの識別情報読み取りおよびタグとの通信という概念

■列車の在線位置と車内設備が確認できる仕組み■

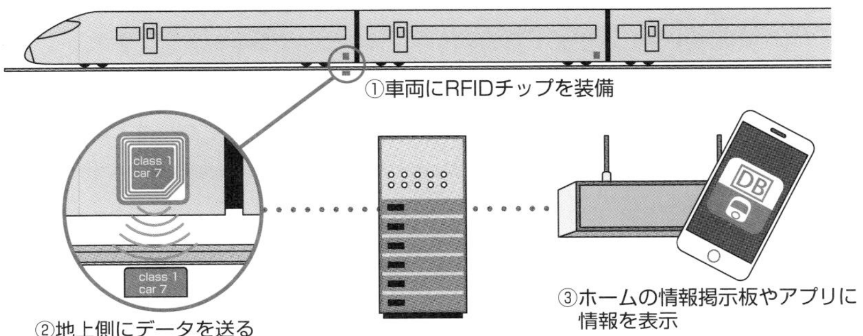

3. アプリでのチェックインにより、車内改札の省略が可能

予約した座席に着席してからアプリを立ち上げ、チェックインすることにより、車内改札の省略が可能になります。2020 年末までに、約 1850 万人の利用者がこの機能を利用しました。

4. 乗車日の最低価格を表示する機能がある

航空券の予約画面のように、運賃の最低価格を日別かつ時間帯別に確認できます。

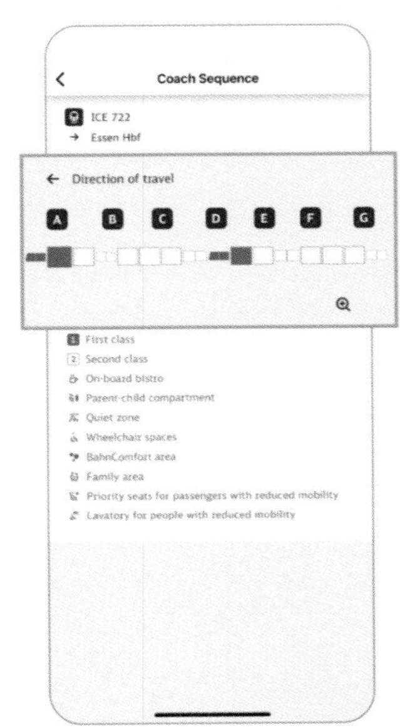

▲在線および車内設備の位置が確認できる画面

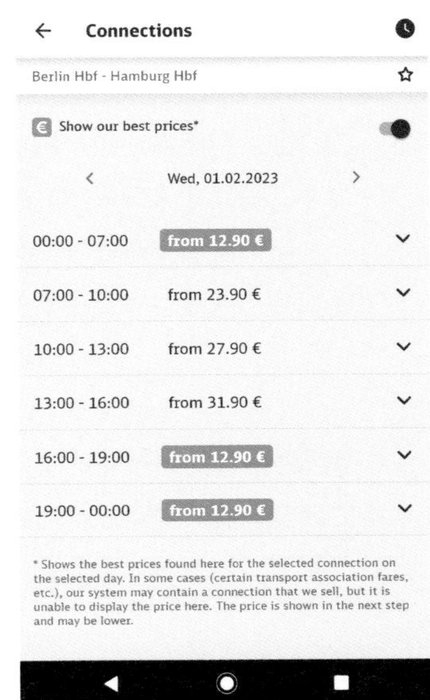

▲最低価格を表示する機能をオンにした画面

DB Navigator公式ホームページ：https://www.bahn.com/en/booking-information/db-navigator-app

10-6 スイスのSBB Mobile

SBB Mobileは、スワイプ操作だけでスムーズに経路検索からチケットの購入まで行なえるアプリです。利用者の利便性を最重視し、スイス全土の交通機関の共通データプラットフォームを基盤としたアプリになっています。

アプリの特徴

SBB Mobileは、2008年に提供が開始され、その後2016年のモデルチェンジを経て現在に至ります。SBB（Schweizerische Bundesbahnen：スイス連邦鉄道）が運営する鉄道だけでなく、その他の路面電車、バス、フェリーなどを含むスイス全土の公共交通ネットワークの経路検索や予約、運賃決済にも対応しています。

スイスでは、移動する際に経由する運行会社や移動手段が変わったとしても、出発地と目的地が同一であれば同額運賃となります。これを実現しているのがNOVAと呼ばれる乗客情報や利用実績、運賃計算などを一元的に管理するプラットフォームです。NOVAは、すべての運行事業者の協力のもとSBBによって構築され、各事業者の乗換検索サイトやアプリがSBB Mobileと連携する仕組みになっています。

また、SBB MobileはEasy Rideと呼ばれる新たな運賃支払い方法にも対応しています。これは、利用者が乗車地点と到着地点をアプリでチェックイン／チェックアウト（画面をスワイプ）するだけで、利用した交通手段が自動的に判別され、利用後に最安運賃が請求される仕組みです。なお、移動経路はスマートフォンの加速度センサーや位置情報から自動的に検出されます。

日本ではICカード（モバイル利用を含む）が普及していますが、SBB Mobileのように複数の公共交通機関にまたがる移動経路をアプリが自動的に検出し、利用後に最安運賃で決済が行なわれるシステムは画期的と言えます。

■EasyRide の利用方法■

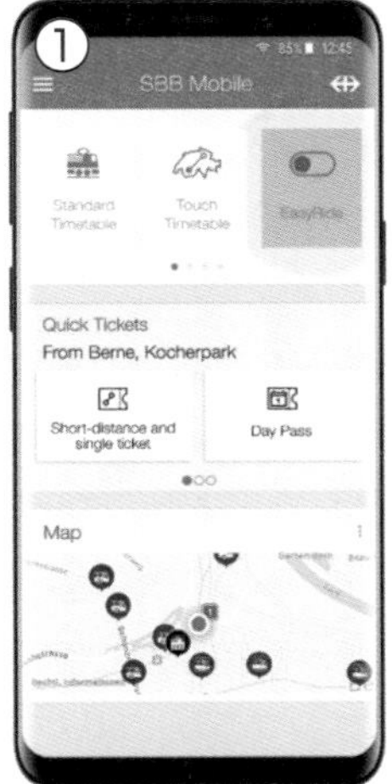

①アプリで EasyRide 機能をオンにする
②乗車地点で画面をスワイプすることにより、チェックインする
③目的地に到着後、②と同様にしてチェックアウトする
④移動経路が自動的に検出され、最安運賃が請求される

複合的なサービスを搭載し、アプリと連携する Swiss Pass

SBB では様々な乗車プランが用意されており、利用者は最適なプランを選択することができます。利用するには Swiss Pass と呼ばれる顔写真付きのカードの作成が必要になりますが、アプリとの連携が可能なため連携することによって Swiss Pass をデジタルの切符として利用することができます。

プランの中には、公共交通だけでなくタクシー、カーシェアリングや自転車シェアなどのシェアリングサービス、さらにはスキー場のリフトパス、映画館などのチケットの予約や購入などもできるサブスクリプションモデル（定額制パッケージ）があります。

中でも特に、公共交通機関と電気自動車が定額制で使える Green Class は非常に画期的なプランとなっています。プランには、タイヤ交換などの自動車の整備、有料道路の通行券、自動車に関する税金や保険が全て含まれており、利用者は必要に応じて追加で契約内容を選択することができます。

■公共交通機関と電気自動車が定額制で使える Green Class ■

基本の契約内容

公共交通機関

電気自動車（EV）

必要に応じて追加で契約できる内容

駐車場

EV のための
充電スポット

カーシェア

自転車シェア

タクシー

10-7 フランスの 2つの MaaS

フランスでは、2019 年に世界初となるモビリティ指針法が国会で可決され、国家レベルの MaaS プロジェクトが始動しています。ここでは、都市内またはフランス全土の移動を対象とする 2 種類の MaaS アプリを紹介します。

世界初のモビリティ指針法

モビリティ指針法（フランス語で LOM：Loi d'Orientation des Mobilités）は、2019 年 11 月に国会で可決され、翌 12 月に公布されました。複数の交通手段をシームレスに統合する MaaS を強く意識したもので、フランス国内全土から交通の空白地帯をなくし、自家用車に代わる交通手段を確保することを目指しています。なお、指針法では以下の 3 つを方針の柱として掲げています。

1. 日常の移動を支える交通手段に対して適切かつ十分な投資を行ない、市民間の交通格差を是正する
2. 自家用車に代わる新しいモビリティサービスの開発を促進し、奨励する
3. より環境に優しい交通への移行を推進する

■ MaaS 法とも称される世界初となるモビリティ指針法■

LOM ホームページ：https://www.ecologie.gouv.fr/loi-dorientation-des-mobilites

10 MaaS

全ての交通の一元化を目標に開発した Assistance SNCF

Assistance SNCF は、SNCF（フランス国鉄）とルノー（フランス政府が筆頭株主の自動車メーカー）が協力し、2019 年から提供している国家レベルの MaaS アプリです。フランスが国家型 MaaS と呼べる体制を構築できたのは、世界初のモビリティ指針法の可決が大きく関係していると言えます。

SNCF によると、2020 年 10 月末現在、フランスでは 4 人に 1 人がこのアプリをダウンロードしており、カバーエリアはフランスの人口比率換算で 70%に相当する 500 都市にのぼるとされています。アプリは iOS、Android の両方に対応しています。

対象となる交通モードは、高速列車 TGV や地域列車 TER をはじめ、各都市の地下鉄や LRT、バス、自転車シェア、タクシー、電動スクーターなどを含むライドシェア、カーシェアリング、さらにはパリ市内からシャルルドゴール国際空港までのシャトルバスも含まれています。経路検索だけでなく運賃決済も可能であり、経路検索画面には乗換に便利な車両位置が表示されるなど、非常に使いやすいものになっています。

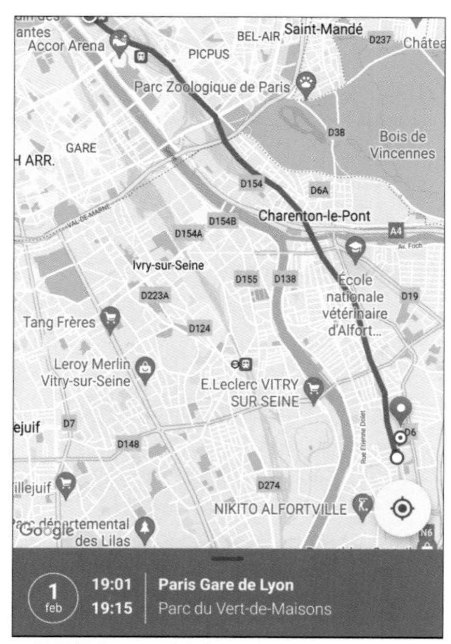

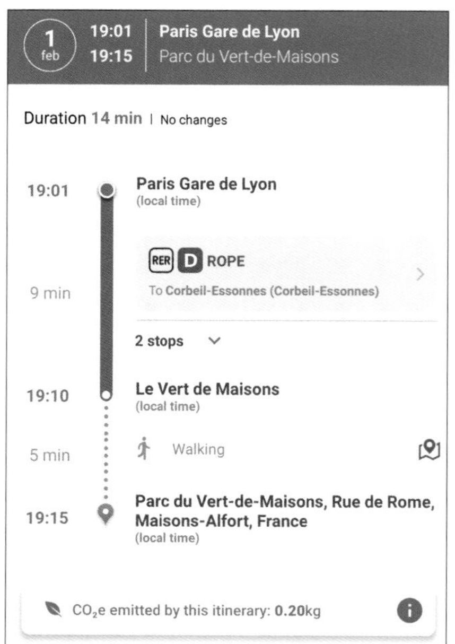

▲経路検索画面の例（CO_2 排出量が表示されている）

都市内 MaaS アプリ CTS Transports Strasbourg

ドイツ国境に近いフランスのアルザス地方ストラスブールでは、市内交通の運営を一括して担当する CTS（ストラスブール交通会社）が 2017 年から MaaS アプリ CTS Transports Strasbourg を提供しています。経路検索だけでなくチケットの購入や決済も可能で、複数人で移動する際にも 1 つのアプリでまとめて購入（同一行程に限る）することができます。さらには、定期券をアプリで購入し使用することもできます。

利用できる交通モードは、LRT やバス、地下鉄、SNCF（フランス国鉄）の地域列車 TER といった公共交通だけでなく、自転車シェアやパーク＆ライドも含まれます。なお、自転車シェアやパーク＆ライドを利用する際は、現在地から最も近いレンタルスポットや駐車場が表示されるだけでなく、空き状況も併せて確認できます。

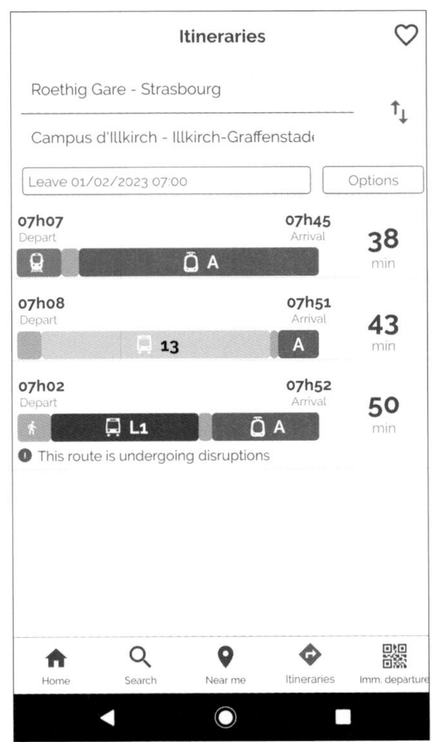

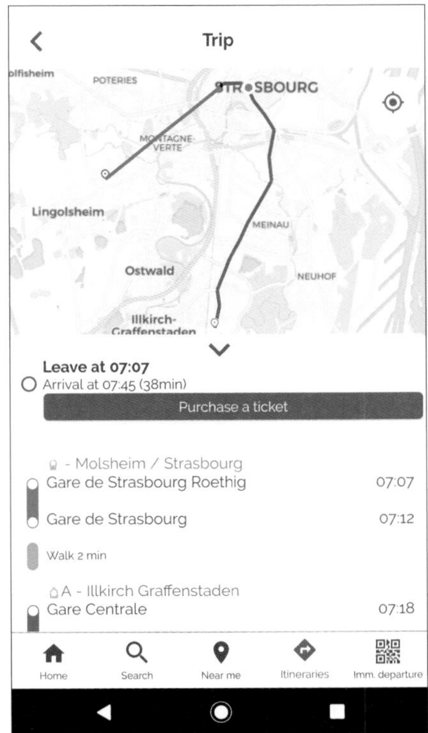

▲経路検索画面の例（地図上で経路が可視化されており分かりやすい）

10-8 フィンランドの Whim

北欧の国フィンランドは、面積が日本とほぼ等しい 34 万㎢の国土に、人口約 550 万人が暮らす国です。一人当たりの GDP は約 5 万ドルと日本を超える高い水準を誇り、国民の幸福度が世界で一番高い国とされています。この国の MaaS「Whim（ウィム）※」は世界で最初の成功例として有名です。

導入に至る背景

フィンランドの特に都市部では自家用車の依存度が高く、交通渋滞が大きな問題となっていました。交通機関同士の乗り継ぎや駅へのアクセスの利便性が低いことも自動車利用が高い要因として指摘されていました。また、ドライバーの高齢化による交通事故の多発も大きな社会問題とされていました。

フィンランドではこうした交通問題の解決に向け、運輸通信省などが人々にもっと公共交通機関を利用してもらうための取り組みに動きだしたのです。

なぜ Whim は成功したのか

フィンランドでは、公共交通の利便性向上に向け、運行スケジュール、遅延情報、料金、駅などの情報をオープンソース化し、それまで別々に区分されていた鉄道、道路、輸送関連の法律を、ひとつの法律としてまとめました。あらゆる交通機関のデータが一元的にかつオープンに管理されることで、利用者へ向けた様々なサービスが可能となり、MaaS が導入される土台が整っていきました。

こうした行政の公共交通への積極的な介入とスタートアップ企業が開発した Whim という画期的なサービスの登場により、フィンランドが抱えていた交通問題は解決へと進みました。Whim は、2016 年に首都ヘルシンキでサービスが開始され、現在は世界最初の MaaS の成功例として世界から注目を集めています。

※ **Whim**：フィンランドのベンチャー企業「MaaS Global」が展開する MaaS プラットフォーム。whim とは英語で「気まぐれ」の意。

サービスの内容

Whim は、月額固定料金あるいは都度決済により、ルート検索、予約、決済までを一括してできるサービスです。月額料金タイプだと、ルート検索された公共交通（鉄道、タクシー、バス）、シェアサイクル、レンタカーを自由に乗り放題できます。2016 年にヘルシンキでサービスが開始され、その後、イギリスのバーミンガム、ベルギーのアントワープ、オーストリアのウィーンにも進出し、日本でも実証実験が行なわれています。

■ Whim の料金プラン ■

	Whim Urban 30 €59,7 / 30 days	Whim Weekend €249 / 30 days	Whim Unlimited €499 / month	Whim to Go Pay as you go
Public transport	HSL 30-day ticket	HSL 30-day ticket	Unlimited HSL single tickets	Pay as you go
City bike	Unlimited	Unlimited	Unlimited	Not included
Taxi (5km)	€10	-15%	80 rides (max 5 km)	Pay as you go
Rental car	€49/day	Weekends	Unlimited	Pay as you go
	Read more	Read more	Read more	Read more

Whim 公式ホームページ：https://whimapp.com/

MaaS が社会へ与えた影響

Whim の登録者数はヘルシンキで 20 万人（2019 年時点）にのぼり、公共交通の利用率は着実に増加しています。一般の公共交通利用率が約 48% であるのに対し、Whim のユーザーは 74% にも達します。

日本語版 Whim の実証実験がスタート

日本版 Whim の実証実験は、マンション専用 MaaS という形で「柏の葉」「豊洲」「日本橋」の合計 6 棟のマンションで 2020 年の秋に実施されました。Whim アプリを用いて、タクシー、バス、カーシェア、自転車シェアを月額料金にしたサブスクリプション・プランが用意されました。

　実証を進めていく中では、プランにも様々な試行錯誤がありました。例えば、利用するモビリティを選択できるタイプでは、Whim10 プラン、Whim5 プラン、Whim2 プランと金額に応じて 3 つのプランを用意して比較実証が行なわれています。

■実証実験による料金プランの例■

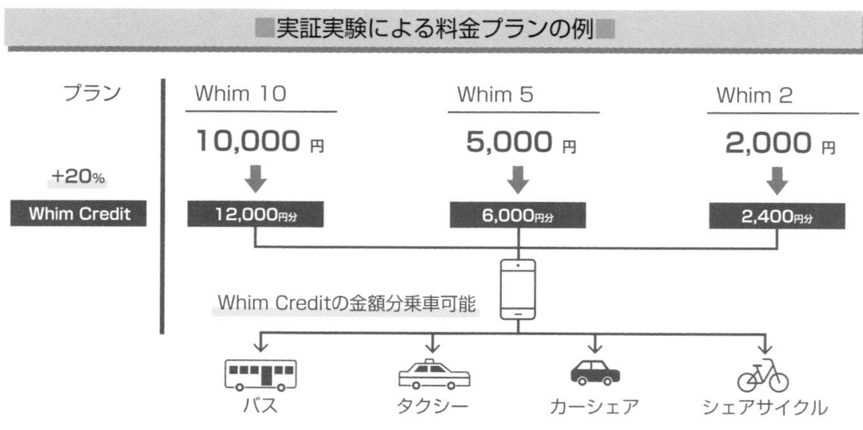

出典：三井不動産プレスリリース

■日本版 Whim アプリ■

▲Whim アプリ画面

▲アプリでの地図表示

10-9 スウェーデンのUbiGo

スウェーデンは、面積が日本よりもやや広い45万㎢の国土に、人口約1000万人強が暮らす国です。世界的な自動車メーカーであるボルボのお膝元でありながら、地球温暖化対策の一環で進めるMaaS「UbiGo（ウビゴー）」は隣国フィンランドとともに世界で最も最先端なシステムとして普及が進んでいます。

導入までの背景

スウェーデンのMaaS「UbiGo」は、同国第二の都市イェーテボリで始まり、現在は首都のストックホルムを中心に利用が進んでいます。MaaS総合レベル（10-1参照）のレベル3に位置し、世界でも有数の最先端システムです。

スウェーデンは地球温暖化による気候変動への危機感から、国をあげて自家用車の削減に向けた取り組みが行なわれています。公共交通利用の促進に向けて導入が進むUbiGoは、2013年に既に実証実験が一定の成果を収め、2019年に公式に運用が開始されました。

サービスの内容

UbiGoはSL※社が管理運営する近郊鉄道、地下鉄、トラム、路線バス、水上バスなどの公共交通機関に加え、民間会社が運営するレンタカー、カーシェアリング、タクシー、電動アシスト付シェア自転車などが対象となります。

ルート検索、予約、発券、配車、決済が一括で行なえ、月極定額や利用日数に応じたサブスクリプションプランが用意されています。

経済性のメリットをPRして利用を拡大

UbiGoの利用は、自家用車を保有することと比べて経済的にもメリットがあることを盛んにPRすることによっても利用拡大を図っています。例えば、夫婦共働きで子供2人というモデル世帯を例に取り、自家用車保有とUbiGoによるサブスクリプションプランを利用した場合のコスト比較などがされています。

※**SL**：AB Storstockholms Lokaltrafik. ストックホルムの公共交通機関を管理運営する株式会社大ストックホルム都市交通。

UbiGo のアプリ画面

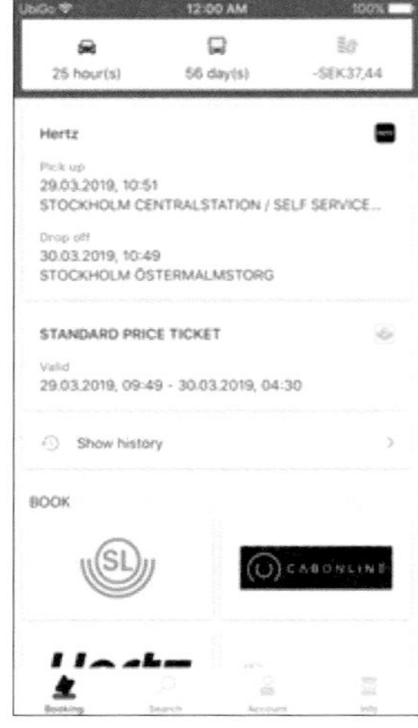

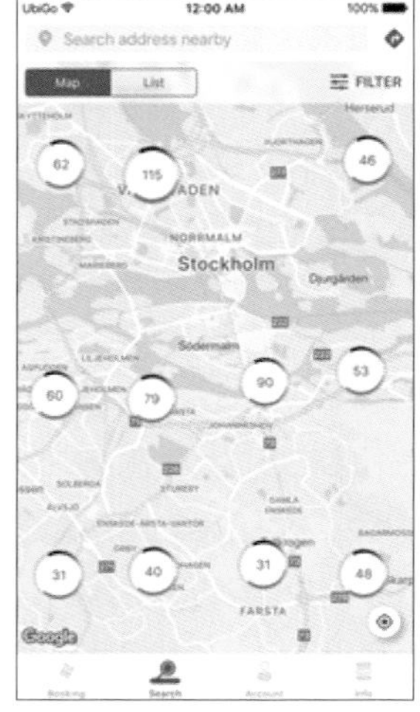

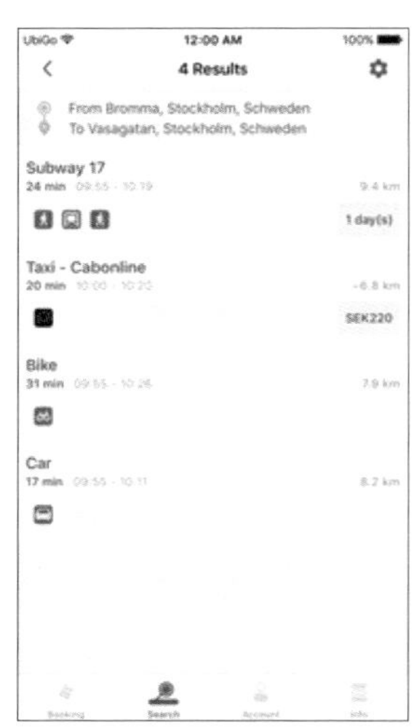

UbiGo 公式ホームページ：https://ubigo.me/

ストックホルム SL 社の交通機関

▲SL 社の近郊電車

▲岩盤アートが有名なストックホルムの地下鉄

▲利便性の高い SL 社の路面電車

▲市内を走行する SL 社のバス

10-10 インドネシアのGOJEKとGrab

インドネシアの携帯電話加入数は2019年時点で3億4500万件を超え、普及率は127.5%と国民一人当たり1台以上の携帯電話保有状況です。世界4位の人口を抱えた広大なマーケットを背景に、デジタル技術を活用した配車サービスを足掛かりに、多様なアプリ群を集めた2つのスーパーアプリが急速に発達しています。

GOJEK

2010年、オジェック（OJEK）と呼ばれるインドネシアで普及する二輪車のための予約・配車サービスとしてスタートしました。アプリ内で決済が完了するGo-Payを備え、現在、18のサービスを含むマルチプラットフォーム（フードデリバリー、物品の配達、公共料金支払い、引っ越し、イベントチケット、車修理、家事代行サービス等）として市民の必需アプリにまで成長しています。

GOJEKはインドネシア最大の財閥であるAstra Internationalをはじめ、blibli.com、Google、三菱、Sequoia、Northstar、シンガポールの政府系ファンドTemasek Holdings、KKR、Warburg Pincus、Visa、Parallon、SCB、中国のインターネット大手Tencent、JD.com、meituan.com、Capital Groupなどの企業や投資家から資金面での支援を得ています。

2019年7月にはベトナム、シンガポール、タイにも進出し、さらにフィリピンや、マレーシアへの進出可能性も検討されています。

Grab

シンガポールに本社を置くGrabは、東南アジアを中心としたタクシー配車サービスで、インドネシアには2012年に進出しています。バイクタクシー及び個人タクシーの配車が可能で、フードデリバリーサービスにも対応しています。GrabアプリとGoogle Mapアプリが自動連携し、Google Map

上での配車が可能な便利なサービスとして展開されています。

日本からも、Softbank、トヨタ、ホンダ、三菱 UFJ 銀行といった多くの企業が投資をしています。

■ GOJEK 関連の出資・提携企業■

■ Grab 関連の出資・提携企業■

10-11 東京メトロ my! アプリ

「東京メトロ my! アプリ」は、モビリティの枠組みを超えた多様なパートナーとの連携を通じ、大都市東京に集う一人ひとりにとっての“移動のしやすさ”や“わたし好みの東京”の実現を目指して開発されました。

大都市型 MaaS「my! 東京 MaaS」のコンセプト

東京メトロが推進する大都市型 MaaS の取り組みの一環として、東京メトロ my! アプリは 2020 年 8 月 27 日にリリースされました。

大都市型 MaaS「my! 東京 MaaS」は、多様なモビリティやサービスとの連携を通じて“更なるネットワークの連続性”を追求し、“パーソナライズされた移動経路・付帯サービス”や、“リアルタイムな運行情報”を新たに提供することで、利用者一人ひとりのニーズに応え、これまで以上に移動を快適に楽しくするとともに、新たな移動需要の創出を目標にしています。

■「my! 東京 MaaS」のコンセプト■

パーソナライズド検索
・エレベータールートや、雨に濡れないルート検索などで、東京をもっと「移動しやすく」していきます。

パーソナライズド

SDGs 達成への貢献
（持続可能な社会の実現）

更なる稠密性・連続性の追求
・多様なモビリティや、駅周辺・沿線地域の目的地サービスと連携し、首都圏の中心にあるネットワークを更に磨きこみます。

my! 東京 MaaS
一人ひとりの
移動・ビジネス・生活を支え、
都市の活力を高める

リアルタイム検索
・リアルタイムな運行情報・列車の走行位置確認に加え、運転見合せを回避する経路も提案します。

リアルタイム

更なる
稠密性・連続性
の追求

デジタルなサービス（MaaS）
◆MaaS で実現したいサービス

リアルな交通ネットワーク改善
◆今までも、これからも
・駅とまちの一体整備・輸送の改善・バリアフリー設備整備・交通結節点整備
・運行情報の提供・東京を楽しむ情報の提供・ビジネス、ファミリー向けサービスの提供

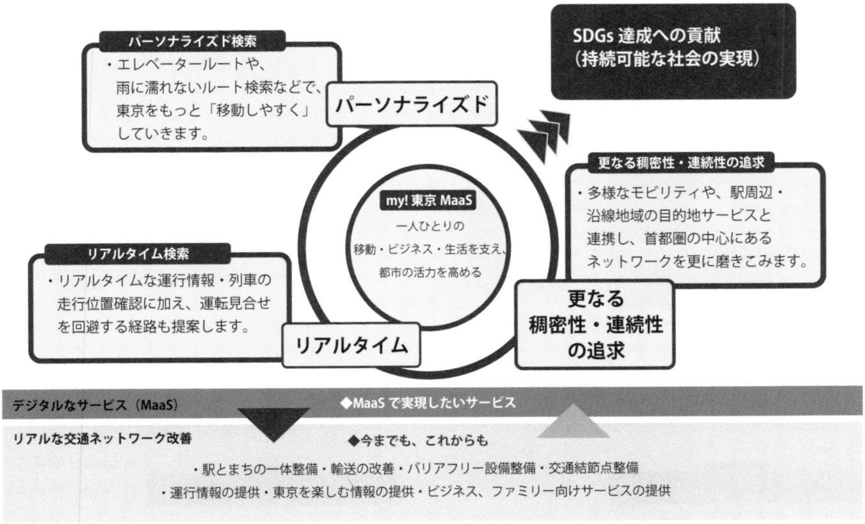

出典：東京メトロ NEWS RELEASE（2020 年 3 月 25 日）を基に作成

アプリの概要

「東京メトロ my! アプリ」は、この「my! 東京 MaaS」を実現するアプリとして 2020 年 8 月から配信され、2022 年 1 月末時点で累計 120 万回ダウンロードされています。これまで運行情報の配信などが中心だった東京メトロアプリをリニューアルし、シェアサイクルやタクシー、コミュニティバスを含むマルチモーダルな経路検索案内、列車および改札口の混雑状況等が確認できるようになったほか、“移動のしやすさの追求（エレベータールート検索）”、“健康応援”、“ビジネス加速”、“東京を楽しむ” 等の取組みを推進しています。

例えば、エレベータールート検索は、大きな荷物を所持またはベビーカーを利用して移動する際に便利な機能です。駅構内ナビゲーション機能とも連携しており、階段やエスカレーターを使わないルートを平面図と説明文で確認することができます。なお、駅構内ナビゲーション機能は、2022 年 2 月時点で東京メトロおよび都営地下鉄の 43 駅に対応しています。

移動のしやすさを追求したアプリの画面

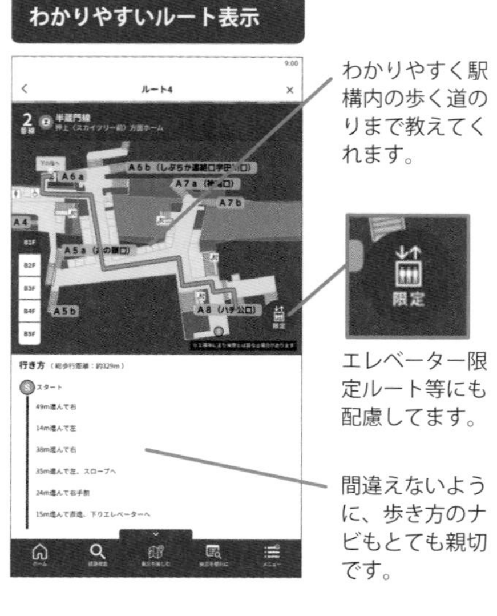

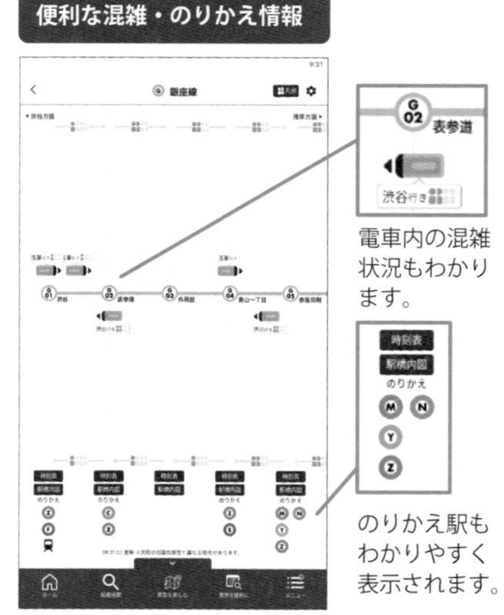

10-12 トヨタ自動車のmy route

my route は、トヨタグループが中心となって開発・提供しているマルチモーダルモビリティサービスです。ルート検索や移動手段の予約・決済だけでなく、お出かけスポット情報も充実しており、提供エリアは順次拡大しています。

アプリの概要

my route は、2018 年 11 月から福岡でトヨタと西日本鉄道が協力して行なった実証実験を経て、2019 年 11 月 28 日より福岡市と北九州市で本格的なサービスを開始しました。その後、提供エリアを順次拡大し、前述した 2 都市を含む 12 エリアでサービスが提供されています（2023 年 1 月現在）。

ルート検索は全国各地で可能であり、公共交通機関、タクシー、サイクルシェア、マイカー、パーク＆ライド、船、飛行機などあらゆる移動手段に加え、トヨタのモビリティサービス（トヨタレンタカー、トヨタシェアなど）を組み合せたものになっています。また、リアルタイムでバスの運行情報（到着予想時刻や遅延状況）や駐車場、サイクルシェア、カーシェアの空き情報も確認することができます。

アプリで予約や決済ができるのは、前述した各エリアで連携する事業者のみですが、電車やバスの my route 限定デジタルフリーパスをキャッシュレスで購入することができます。さらには、タクシーの予約や支払もアプリで完結することができ、サイクルシェア、カーシェア、レンタカー、駐車場に関しても予約ができるようになっています。

アプリは、多言語（日本語、英語、中国語（繁体字・簡体字）、韓国語）に対応しており、外国人居住者や旅行者の方々でも利用できるようになっています。

MaaS は公共交通と自動運転などの先端技術を活用した次世代モビリティサービスの組み合わせが一般的ですが、自動車メーカーであるトヨタが提供しているので移動手段の一つにマイカーが含められているのがユニークです。

■my route のアプリ画面■

▲経路検索画面の例（福岡空港から福岡 PayPay ドームに向かう場合）

移動に関わる様々なサービスとの連携

トヨタは my route を通して、利用者がよりシームレスな移動を実現するだけではなく、旅行手配など移動に関わるさまざまなサービスを含めた連携により、より多くの人々に快適な移動体験を提供することを目指しています。そのため、my route ではお出かけスポット情報（イベント、グルメ、観光情報）を充実させており、目的地へ向かう途中にあるお店やスポット情報を利用者に提供するようにしています。

なお、お出かけスポット情報は JTB パブリッシングが提供する観光データベース「るるぶ DATA※」と連携しており、トヨタはさらに今後、長距離移動に伴う宿泊手配の対応として旅行手配サービス事業者との連携も進めていくとしています。

※**るるぶDATA**：旅行ガイドブック「るるぶ」に掲載されている観光施設や店舗などの情報を蓄積し、デジタルデータ化したもの。

■移動に関わるサービスの連携の画面■

▲複数の交通手段が指定区域内で自由に利用できるマルチパス（横浜エリア）

▲周辺情報のスポットで「観る」を選択した一例

COLUMN　my routeは飲食店の混雑状況もリアルタイムで確認できます

my routeは、2021年9月からリアルタイム空き情報配信サービス「VACAN（バカン）」と連携を開始し、飲食店のリアルタイムな混雑情報をアプリ利用者へ提供しています。当初は糸島エリアのみでの提供でしたが、現在は福岡エリアなどにも対応し、順次エリアを拡大しています。なお、混雑状況は「空きあり」「やや混雑」「満」の3段階で表示されます。

このように、my routeはマルチモーダルな移動サービスの提供にとどまらず、移動先の密も回避でき、新型コロナウイルス感染症の流行で急速に浸透した新しい生活様式であるニューノーマルに対応した環境の実現をサポートしています。

COLUMN デジタルサイネージ

デジタルサイネージとは、屋外・公共交通機関・オフィスなどにディスプレイやプロジェクターなどの映像表示装置を設置することで情報を発信するメディアの総称です。

近年は、閲覧者の動きに反応して情報を収集・発信できる双方向性の「インタラクティブサイネージ」の導入・普及が進んでいます。インタラクティブサイネージでは、AI（Artificial Intelligence：人工知能）やAR（Augmented Reality：拡張現実）といった最新技術が活用されています。デジタルサイネージのディスプレイに触れることなく、ディスプレイ上に表示された二次元コードを読み取ることでスマートフォンと連携できるため、感染症予防の観点でも注目されています。

▲駅構内で使用されているデジタルサイネージ（大手町駅）

▲車内で使用されているデジタルサイネージ（東京メトロ副都心線）

▲ホームドアと一体になったデジタルサイネージ（渋谷駅）

▲インタラクティブサイネージ（高輪ゲートウェイ駅）

都市交通システムとまちづくりを結ぶ要素技術

まちづくりの構成要素の１つに都市交通システムがあります。そのため都市交通システムとまちづくりを結ぶ要素技術には、まちのだれでもが、交通システムを安心して安全で利活用しやすい技術により構成されています。それは、どのような技術でしょうか？

11-1 駅の機能

都市交通システムとまちを結ぶ交通結節点としての駅とその主要機能を紹介します。人・物の移動の中で、まちから鉄道システム利活用の結節点にあるもの、すなわち都市の玄関（顔）が駅であり、その機能はどのようなものでしょう。

駅

駅には、駅を利用する人の移動の順に見ると、駅前広場、駅前広場から駅の切符購入の出札、駅のラッチでの改札、改札後の駅コンコース・ホーム、ホームでの列車乗車待ち場所、ホームから車両乗車までの駅利活用の設備があります。この移動の途中に駅ナカがあります。

駅の機能

交通結節点の機能には、最も基本的な乗換え機能・都市として備えるべき拠点形成機能・都市の玄関（顔）としての機能などがあります。駅を利活用するためには、バリアフリー・ユニバーサルデザイン・シームレス化機能、利用するための共通乗車券・チケットレスカード、駅ナカ・防災拠点化・防災備蓄等があります。移動にはエレベーター・エスカレーター・スロープ・階段・車椅子用階段昇降機（エスカル等）等、安全対応にはホーム柵等、環境対応では照明・換気・空調等があります。

駅前広場

駅前広場には、乗客が住宅・商業・生産・行政・医療設備などのまちを形成する場所から鉄道（ターミナル）を利用するための移動手段である都市鉄道・バス・タクシー・自家用車・自転車・徒歩からシームレスに駅に入る工夫が必要です。バスターミナル、自動車駐車場、駐輪場、移動交通手段からの乗降場、駅前広場に結節する利便性の良い銀行・飲食店・商業設備など利用客が利用・滞留する場所・設備が必須です。特にヨーロッパ各国の主要な終端（ターミナル）駅が顕著です。

駅ナカ

駅ナカとは、駅のラッチ（出改札）内での従来の売店 Kiosk、各土産物ショップ、飲料スタンド、駅弁店、薬店、書店、理髪店、スポーツクラブ等に加え、近年ではシェアオフィス、オンラインで事前予約ができる手荷物預かり所などがあります。ヨーロッパの鉄道ターミナル駅ではラッチがない駅内の商業施設もあります。

▲駅前広場：東京駅

▲駅ナカ：(左)DB フランクフルト駅　(中)SNCF パリ リヨン駅　(右)JR 東日本東京駅

▲鉄道駅と隣接商業ビル・バスターミナル：
(左)東急電鉄二子玉川駅　(中)商業施設ライズ　(右)東京メトロ永田町駅

▲ターミナル駅：(左)ドイツ フランクフルト駅　(中)パリ リヨン駅　(右)イタリア ミラノ駅

11-2 SDGs とまちづくり

SDGs（Sustainable Development Goals）は、将来にわたって持続可能な開発目標を指します。この目標には、まちづくりと密接な関係があり、地域活性化、強靭な国土と質の高いインフラ整備、省エネルギー・再生可能エネルギーの実現、防災・減災・気候変動対策、循環型社会の構築への開発目標などが関係します。

SDGs とまちづくり

SDGs の 17 開発項目の中で、「都市交通とまちづくり」に関連する主な項目は、「7：エネルギー・クリーン：エネルギーをみんなにそしてクリーンに、9：産業・技術革新：産業と技術革新の基盤をつくろう、11：まちづくり：住み続けられるまちづくりを」が想定され、これを基本に将来を考え、開発することが必須です。

SDGs を実現するための都市交通とまちづくり

このSDGs の実現するための都市交通とまちづくりには、地域活性化（住みやすく、移動し易く、働きやすく）、持続可能で強靭な国土と質の高いインフラの整備、省エネ・再生可能エネ、 防災・気候変動対策、循環型社会の構築が必要不可欠です。特に、交通機関の中では鉄道輸送が最も省エネで、そして鉄道と地域社会の融合が必要です。

持続可能な開発目標（SDGs）

■ 2015年9月の国連サミットで全会一致で採択。**「誰一人取り残さない」持続可能で多様性と包摂性のある社会**の実現のため、2030年を年限とする**17の国際目標。**（その下に、169のターゲット、232の指標が決められている。）

＊出典：内閣府ホームページより

鉄道へのSDGs取組みを関東の東急電鉄では「美しい未来へ号」、関西の阪急電鉄・阪神電鉄では「未来のゆめ・まち号」としてラッピング電車を走らせてPRしています。この電車の電力は100%再生可能エネルギー発電からまかなわれています。東京メトロでも、銀座線でCO_2排出量実質ゼロの「ちかエコトレイン　サステナ号」を運転しています。

▲東急電鉄：田園都市線車両

▲阪急電鉄：神戸線車両*

＊写真提供：山田健斗

▲東急電鉄　世田谷線SDGsトレイン

▲SDGsの意義と必要性を表示

▲東急電鉄：東横線車両と車両内の中刷り広告

11-3 バリアフリー

バリアフリーとは、子供から高齢者や障害者まで、容易に気楽に乗降可能な都市交通を目指し、高齢者や障害者などが社会生活を送る上で障害となるものを取り除く事が目的でバリアフリー法が制定されました。鉄道交通の利用の容易性向上の工夫を紹介します。

バリアフリー法

高齢者、身体障害者等の公共交通機関を利用した移動の円滑化の促進に関する法律です。高齢者、身体障害者等の公共交通機関を利用した移動の利便性・安全性の向上を促進するために、鉄道駅等の旅客施設及び車両についてバリアフリー化を推進しています。

鉄道交通へのバリアフリー化例

駅を中心に、いろいろな場所でバリアフリー化の工夫をしています。

〇駅への工夫：エレベーター、エスカレーター、スロープ、誘導ブロック
〇駅での工夫:点字案内表、点字･音声券売機、幅広自動改札機、誘導ブロック、多目的多機能トイレ、エレベーター･エスカレーター、段差解消スロープ、傾斜型券売機、階段昇降機、各種点字案内、接触案内図、ホームドア、可動ステップ
〇車両での工夫：車いすスペース、ホームと車両の段差解消・間隔縮小
〇音声・表示の工夫：インターホン、ピクトグラム等の視認性向上

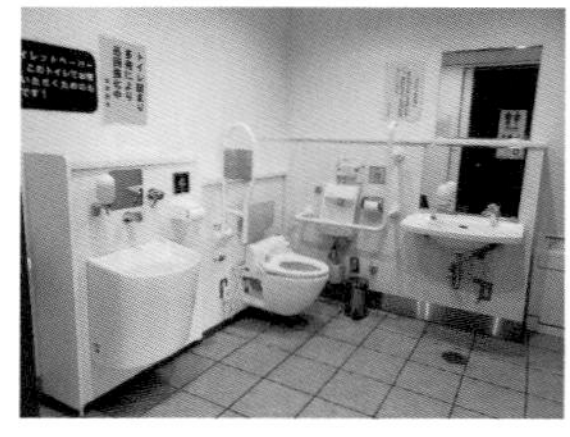
▲多目的多機能トイレ

▲誘導ブロック

▲車いす用幅広改札機

▲エレベーター

▲エスカレーター

▲腰高ホーム柵

▲階段用 2 段手摺り

▲車いすスペース

▲車いす用トイレ

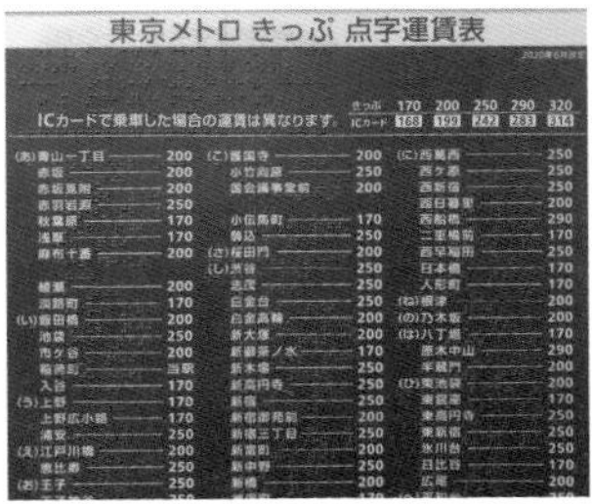

▲点字運賃表

▲動く歩道

▲斜行エレベーター

▲車両段差と隙間解消

▲隙間解消可動式ステップ

▲段差解消スロープ

▲階段用昇降装置

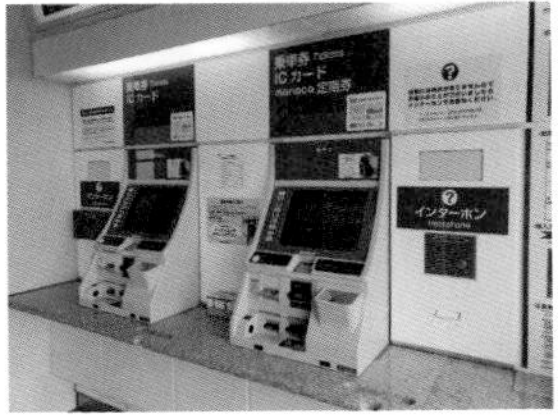

▲出札機インターホン

11

都市交通システムとまちづくりを結ぶ要素技術

11-4 ユニバーサルデザイン

すべての人のためのデザインであり、文化・言語・国籍や年齢・性別・体格・能力などの違いにかかわらず、出来るだけ多くの人が判り易く・利用し易い設計（デザイン）がユニバーサルデザイン（UD: Universal Design）です。今後のまちづくりや交通結節点の整備にあたってますます配慮すべき大切な機能です。

ユニバーサルデザインの７原則

より多くの人が判り易く利用し易い社会の実現を目指す７原則です。アメリカノースカロライナ州立大学のRonald Maceが1985年に提唱しました。

① 誰でも同じような利用の公平性（Equitable use / 公平な利用）
② 利用の選択自由度（Flexibility in use / 利用における柔軟性）
③ 利用容易な単純性（Simple and intuitive / 単純で直感的な利用）
④ 欲しい情報の認知性（Perceptible information / 認知できる情報）
⑤ ミスや危険への安全性（Tolerance for error / うっかりミスの許容）
⑥ 体への利用負担の少なさ（Low physical effort / 少ない身体的な努力）
⑦ 利用し易い空間性（Size and space for approach and use / 接近や利用可能サイズと空間）

鉄道利用での実例紹介

誰にでも簡単に使用できる自動ドアはユニバーサルデザイン代表例です。それ以降に、駅やホーム出入口の段差解消、多機能トイレ 、料金投入口の大きい自動切符販売機 、点字 、センサー式設備 、ピクトグラム（絵文字）案内表示、音声放送・注意喚起設備等々、幅広くあります。バリアフリーと重なる内容も含まれます。鉄道の具体的事例を紹介します。

・ 誰もが余裕を持って通過することのできる幅の広い改札
・ 適切にデザインされた身体的負担の少ないスロープと階段の組合せ
　状況に応じてエレベーターやエスカレーターとの組合せ

・絵文字（ピクトグラム）による視覚的・直感的な情報伝達と音声や音響、触覚による情報伝達の組合せ
・ユーザーが自由に選択できる、多様な入力および出力装置（出札機の入力操作キー、音声ガイダンスなど）
・視認性やユーザーの感情に与える効果に配慮した配色計画
（色弱・色の区別判断対応への配色と危険表示配色の配慮）
・読みやすさ、視認性を向上させる目的で開発したフォント

ここでは絵文字（ピクトグラム）を主体に紹介します。

▲ホーム柵の注意

▲優先席案内

▲エレベーター、トイレまでの距離　▲トイレ種別案内

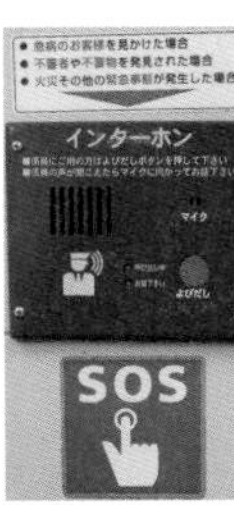

▲多機能トイレ、トイレ種別・開閉、列車非常停止、車いす乗降位置

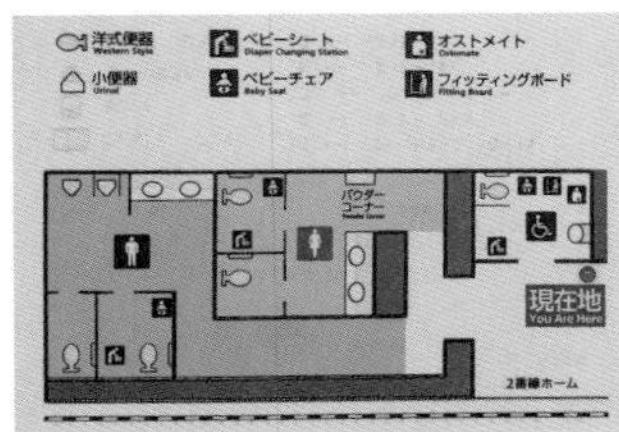

▲トイレ詳細案内（点字含む）

▲車いす・ベビーカー、消火器、ドア開閉

11-5 都市交通のシームレス化

都市交通のシームレス化は、ソフト・ハード両面で実施されます。ハード面とは、空間的な接続・ダイヤ設定などの時間的な接続です。ソフト面では、手続きや制度、運賃の接続（割引など）などが考えられます。相互直通運転はシームレス化の顕著な例ですが、方向別ホーム、パーク＆ライド、共通カードなども有効な施策です。

都市交通のシームレス化

目的地までの都市交通の利用・乗換の不便解消のための利便性・乗換の容易性が重要です。スムーズな鉄道への乗降、鉄道と鉄道、近郊鉄道と地下鉄の相互直通運転、鉄道とバスやLRTなどのフィーダー交通、バスとLRT間、鉄道と空港アクセスでの乗り換え、MaaSに代表され地点から地点などでの移動の円滑化です。

そのための鉄道や駅構造などのハード面やソフト面の工夫・配慮が必要です。相互直通運転、共通乗車券、スマートホン・Suica等電子乗車券、MaaS（DX、IoT活用）等は別章で紹介しています。海外では、事前切符購入・打刻するだけで改札のない信用乗車や無線でのチケットレス化もあります。

鉄道と鉄道間の乗換の連続性

鉄道と鉄道との乗換接続では、平行路線同士の接続と交差路線同士の接続があります。同一ホームでの乗換接続、上下階床での乗換接続の方法があり、どちらも乗換接続時間と移動距離で利便性に差異があります。

これをスムーズに上下/水平移動で接続する手段として、線路の配線、エスカレーター、エレベーター、動く歩道があります。バリアフリー化もその一つです。鉄道の乗換を省略するための乗入運転、地下鉄と近郊鉄道との相互直通運転、秋田新幹線・山形新幹線の新幹線と在来線間のシームレス化は、乗換時間や乗換の手間を省く乗換の連続性の代表です。（相互直通運転は2-3を参照）

振替輸送

紙などの乗車券では、乗車予定の路線に運行支障が生じた場合、手持ちの乗車券のまま別の経路で目的地に到達できる振替輸送の対象となりますが、IC カードを含むストアードフェアシステムで乗車した場合は、振替輸送の対象外となります。これは、乗車時点ではどこで下車するかが明確でなく、事業者と利用者の輸送契約が確定していないからです。ただし、IC カード定期乗車券は区間が確定しているので、その区間内であれば振替輸送の対象となります。

IC カードの例

▲モノレール Suica（小児用）

▲nimoca（福岡地区）

▲icsca（仙台地区）

相互利用できる交通系 IC カード

名称	カード発行会社
Kitaca（キタカ）	JR 北海道
Suica（スイカ）	JR 東日本
PASMO（パスモ）	㈱パスモ（関東圏各社局）
TOICA（トイカ）	JR 東海
manaca（マナカ）	㈱名古屋交通開発機構・㈱エムアイシー（中京圏各社局）
ICOCA（イコカ）	JR 西日本
PiTaPa（ピタパ）	㈱スルッと KANSAI（関西圏各社局）
SUGOCA（スゴカ）	JR 九州
nimoca（ニモカ）	㈱ニモカ（西日本鉄道ほか）
はやかけん	福岡市交通局

鉄道事業者を含む主な地域別交通系 IC カード

名称	使用できる主な鉄道事業者
SAPICA（サピカ）	札幌市交通局
ICAS nimoca（イカすニモカ）	函館市企業局
icsca（イクスカ）	仙台市交通局
ecomyca（エコマイカ）	富山地方鉄道
LuLuCa（ルルカ）	静岡鉄道
ナイスパス	遠州鉄道
Hareca（ハレカ）	岡山電気軌道
PASPY（パスピィ）※	広島電鉄、広島高速交通
IruCa（イルカ）	高松琴平電気鉄道
IC い〜カード	伊予鉄道
DESCA（ですか）	とさでん交通
nagasaki nimoca（ながさきニモカ）	長崎電気軌道、松浦鉄道
でんでん nimoca（でんでんニモカ）	熊本市交通局
くまモンの IC CARD	熊本市交通局、熊本電気鉄道
Rapica（ラピカ）	鹿児島市交通局
OKICA（オキカ）	沖縄都市モノレール

※ PASPY は 2025 年 3 月までに順次サービスを終了する予定。

用途の広がる IC カード

▲IC カードが鍵として使えるコインロッカー

▲マチナカでの買い物でも使用可能

11-7 駅ナカと駅前広場

都市交通の活性化の実現には、集まり易く行きたくなる駅、日常生活の中に溶け込んだ駅が必要です。もちろん、都市交通は、目的地までの移動時間や利便性が優先しますが、移動目的以外の駅での利用として、特に駅前広場（アプローチし易い、集まり易い）、駅ナカ（買い物し易い、なんでも揃う、楽しく魅力ある興味を引く商業施設、待ち時間の有効利用ができる、テレワーク、一休みができる）が駅での乗降客の利便性向上に必須です。

駅の利便性向上

駅の利便性向上には、駅と駅前広場と商業ビルとの一体化や連続性、駅と商業施設（駅ビル・オフィスビル・百貨店等）との協業や一体化です。駅での乗降客の利便性に尽きると言えます。

▲高架鉄道と商業ビルとの結節（例1）

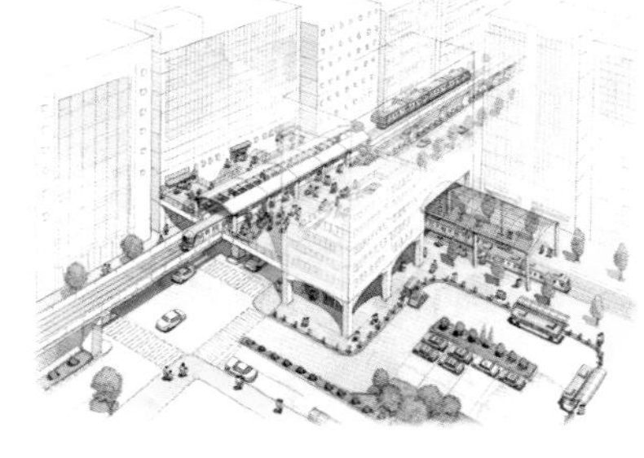

▲高架鉄道と商業ビルとの結節（例2）

▲地下鉄道と駅前広場（ホーム面）

▲地下鉄道と駅前広場（全景）

提供：一般社団法人日本地下鉄協会

駅ナカ

駅ナカは、鉄道利用者が買い物し易い、なんでも揃う、楽しく魅力ある興味を引く商業施設があり、待ち時間の有効利用ができ、テレワーク、一休みができる場所で構成されています。駅ビルも商業施設に当たります。

JRの例

▲東京駅：ecute

▲新大阪駅：エキマルシェ

▲品川駅：ecute

都市近郊鉄道・地下鉄の例

▲東急電鉄二子玉川駅：Rise

▲東京メトロ永田町駅：Echika fit

欧州のターミナル駅の例

ラッチがないので、レストランや軽食販売店などが駅の一部になっている例が多いです。

▲フランス国鉄 SNCF パリリヨン駅

▲ドイツ国鉄 DB フランクフルト駅

駅ビル

駅ビルは鉄道駅ターミナルの一部で、JRのショッピングセンターや民鉄のターミナルの百貨店・ショッピングセンター等は駅ナカと駅前広場を構成しています。

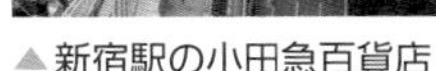
▲新宿駅の小田急百貨店

▲池袋駅の西武百貨店とパルコ

駅前広場

駅前広場は、駅への出入口の機能はもちろん、鉄道の集客性の利点があり、鉄道の結節点と商業施設の一体化に繋がる場です。駅にアプローチし易い、集まり易い場所、百貨店・ショッピングセンターなどの商業施設の集合、鉄道に接続するバスターミナル・タクシー・フィーダー交通ターミナル・ラストワンマイル手段などの交通結節施設で構成されています。

東京駅は、皇居に向かって大きな広場、ステーションホテル、八重洲口にはバスターミナル、タクシー、地上地下2層の駅ナカ商業施設、百貨店、新幹線、在来線、地下鉄があります。

▲丸の内皇居側の広場

▲八重洲側の駅ビル内の百貨店・商業施設、バスターミナル

11-8 都市内の鉄道物流

都市に入る都市鉄道や都市内鉄道ネットワークを利用して、郊外車両基地や主要駅から都市内の物流拠点相互間の物流は、都市内の配送自動車を少なくして、化石燃料の縮減、排ガスの防止を行ない、代わりに省エネ性のある鉄道で物流に変えて環境問題の解消や脱炭素化が可能となります。これは現在、提唱されているSDGsの実践に他なりません。行政でも総合物流施策大綱を挙げてその促進に努めています。

総合物流施策大綱

新たな物流の在り方を目指して、技術革新の進展（Society5.0）、SDGs対応への社会的気運、生産年齢人口減・ドライバー不足、災害の激甚化・頻発化などの社会の劇的な変化も相まって、課題が先鋭化・鮮明化しています。

具体的には、物流DXや物流標準化などの簡素で滑らかな物流、労働力不足対策と物流構造改革などで担い手に優しい物流、および強靭で持続可能な物流ネットワークの構築などで強くてしなやかな物流の実現を目指しています。

都市鉄道物流

物流に関する環境負荷軽減と新たな価値の創造を目指して都市鉄道の活用が望まれています。その目的は、

・環境負荷の小さい物流体系への転換

貨物自動車の削減に伴う交通渋滞の緩和と環境負荷（CO_2、大気汚染、騒音、振動等）の軽減、道路インフラの維持管理に資する、既存ストックとしての都市鉄道の有効活用の実現です。

・新たな価値の創造

時間短縮等による既存物流システムへの効率化改善へ寄与、鉄道沿線の地産地消（ターミナルに道の駅）、旅客に加えて新たな運賃収入の創出、観光地区等の手ぶら観光へ寄与、都市物流のパイオニアとしての企業ＰＲなどの新たな価値が生まれます。

都市内物流構想例

鉄道を活用した都市内物流は、物流拠点の多い郊外の車両基地や主要駅の物流拠点から、都市内ターミナルや物流拠点に手荷物や小口荷物を輸送する物流手段です。都市近郊鉄道から地下鉄への相互直通運転の活用により地下鉄駅等へ、または都市内地下鉄ネットワークの活用による主要駅間での小口荷物の配送が可能となります。そしてSDGsに代表される脱炭素化に従い都市内の自動車の制限区域化による配送トラック物流の人手不足解消・脱炭素化（自動車から鉄道へ）の目標が実現でき、その具体化が期待され、一部では実証実験や試用に繫げています。

都市内鉄道物流システム構想図

▼郊外物流拠点（車両基地や主要郊外鉄道ターミナル）から都心へ

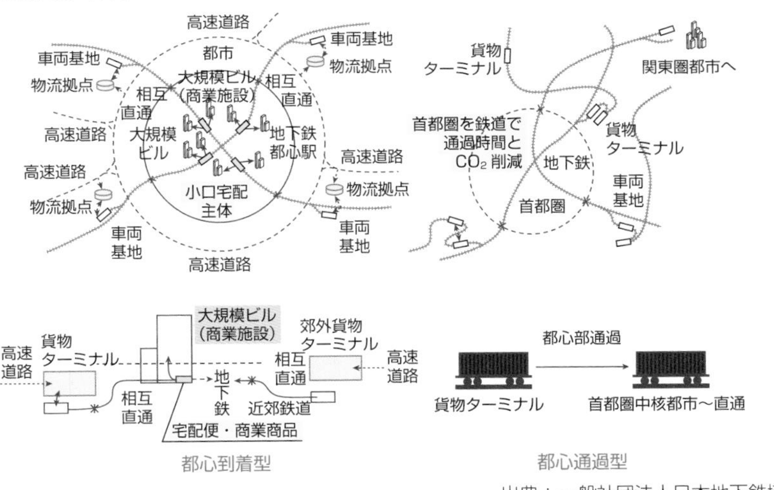

出典：一般社団法人日本地下鉄協会

都市近郊鉄道、新幹線、都市間鉄道での鉄道物流例

過去には、国鉄時代に編成客車列車に荷物車や郵便車を連結して都市と地方都市やまちへの手荷物や小口荷物の配送に活躍していました。現在は、新聞（JR東日本・名鉄等）、産地野菜・生鮮食材の輸送（JR新幹線・在来線、民鉄等）、小口荷物輸送（近鉄）、バス活用例もあり多種多様です。一方、都市内廃棄物の郊外処理設備への搬送（民鉄等）も実現しています。海外では、台湾の台北市内から空港へ専用荷物車両を連結して輸送するものや、都市間輸送ではTGVの電源車に荷物室を設けた例など沢山の実用例があります。

11-9 防災対策

自然災害（震災・洪水・強風・停電）からの減災・防災（地下鉄駅出入口の止水・防水、トンネル防水扉、防風柵）、防災拠点化（駅の防災品備蓄、帰宅困難者受け入れスペース）、鉄道運行の強靭化（バッテリー変電所、バッテリー搭載車両（地下鉄・新幹線等）、移動ルートのネットワーク化（都市鉄道の環状化）による都市鉄道の防災対策の準備を進めています。

鉄道防災・減災

輸送の安全の確保は最も重要な都市鉄道の使命であり、地震・洪水・強風・落雷・火災対策に様々な安全への取組をしています。

地震対応

・駅 / トンネル

大きな地震でも崩れない様に地下の柱の補強をしていますが、過去の震災を教訓に最大震度 7 クラスでも崩壊しない、早期の運転再開が可能な耐震補強工事を進めています。停電しても、駅やトンネル内では、非常用発電機から非常灯など防災設備に電気が供給されます。

・電車

沿線に設置してある地震計や緊急地震速報のデータから強い揺れを予測・検知した場合、揺れの継続や更なる揺れの増大に備えて緊急停止します。安全を確認した上で最寄り駅まで運転を継続します。停電しても、バッテリーにより一部の照明や放送・通信設備を使用することができます。最近では、車両や地上に蓄電池を準備して最寄りの駅までの走行を可能にする試みが始まっています。

・帰宅困難者

駅に飲料水・アルミ製ブランケット・簡易マット や携帯トイレを用意する鉄道事業者が増えています。

洪水対策

運輸指令所で、気象状況の収集や、雨量計での監視等により運転規制（速度や運転区間の制限）を行ないます。同時に、線路の斜面の崩落検知、橋梁河川の増水情報、地下駅では河川の氾濫を想定した駅出入口を塞ぐ止水板、防水扉、トンネルを塞ぐ防水扉、換気口の浸水防止機、自動排水ポンプ等を準備しています。

強風対策

輸送指令所で、気象状況の収集、橋梁等の風の強い場所に設置した風速計の監視等により運転規制（速度や運転区間の制限）を行ないます。特に風の強い橋梁では、防風柵の設置等もあります。台風が頻繁に襲来する地域の鉄道では、進路の予想をもとに、乗客に事前案内をして、運行を停止するケースもあります。

落雷対策

雷の発生が多い地域では、基本的に地上 / 地下鉄に限らず地上走行する車両には、避雷器が設置されています。また、地上の電力を供給する架線・電力線には避雷線、避雷器、誘雷芯、避雷針などが設置されています。AGTやモノレールはゴムタイヤで大地と絶縁されていますが、電力供給線と車体間に避雷器を設置しています。

火災対策

車両は、耐火基準で車両の材料が規定されており、特に日本の地下鉄では、A-A 基準として、燃えない難燃性材料や極難燃性材料が使われ、電線などは有害な煙が発生しない無煙化電線も使用しています。

防災対策の事例

▲防水対策をした駅出入口

▲駅防水扉

▲トンネル防水扉（架線遮断）

▲橋梁の防風柵（総武線）

▲橋梁の防風柵（関西空港）

▲風速計

1. 通常の電力供給

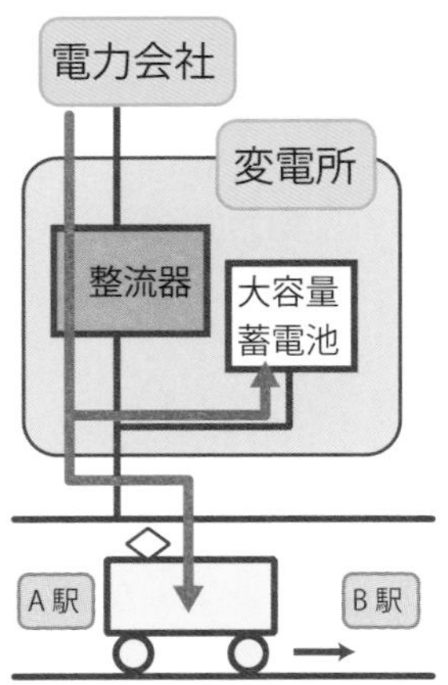

2. 停電時の電力供給

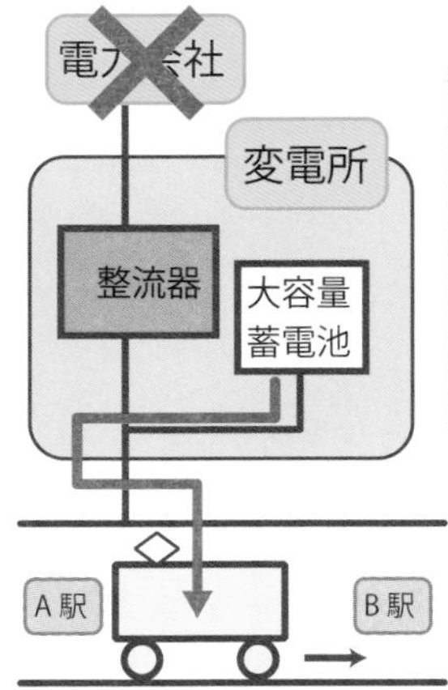

電力会社からの電気の供給が停止した場合でも、列車が次駅まで走行可能

▲バッテリー設置変電所（停電時の駅間から駅までの移動避難が可能）

バッテリー搭載車両（停電時の駅間から駅までの移動避難）

▲東京メトロ丸ノ内線 2000 系

▲東海道・山陽新幹線 N700S

中柱、橋脚の耐震性強化

▲地下鉄駅の中柱の耐震性強化例

▲橋脚の耐震性強化（リニモの例）

落雷対策（地上側）

▲誘雷芯

▲避雷器

落雷対策（車上側）

▲直流避雷器

▲交流避雷器

11-10 鉄道の脱炭素化

脱炭素化は、火力発電所等で化石燃料（石油・石炭）などを燃焼して電力を得る場合、化石燃料の燃焼により CO_2 が発生します。この CO_2 を発生させない対応を脱炭素化といいます。従って、化石燃料に代わる再生可能なエネルギー源で電力を発生させるカーボンフリー（ノンカーボン）化の新技術が必要です。

脱炭素化（脱化石燃料）

人間の生活に欠かせない電力エネルギーは、化石燃料からの石油火力 / 石炭火力、原子力、自然エネルギーである水力 / 地熱 / 新エネルギー（太陽光、風力、潮力、波力）で賄われています。脱炭素化は、この化石燃料の燃焼による CO_2 発生をなくすることです。

カーボンフリー・カーボンオフセット

カーボンフリーとは、化石燃料を使わず、二酸化炭素を排出しない、または最小限の排出に抑えることを示します。そのための代替エネルギーとしての新エネルギーや再生可能エネルギーによる発電を目指します。

オフセットとは埋め合わせるという意味で、カーボンオフセットとは、CO_2 の発生量に見合う CO_2 を吸収させることです。そのためには CO_2 を吸収する新技術が必要です。

電力エネルギーの変遷

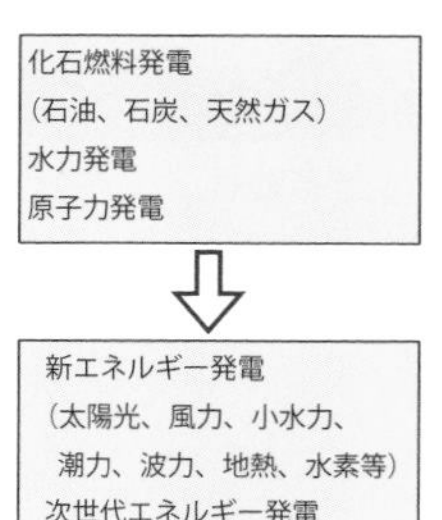

カーボンオフセットのイメージ

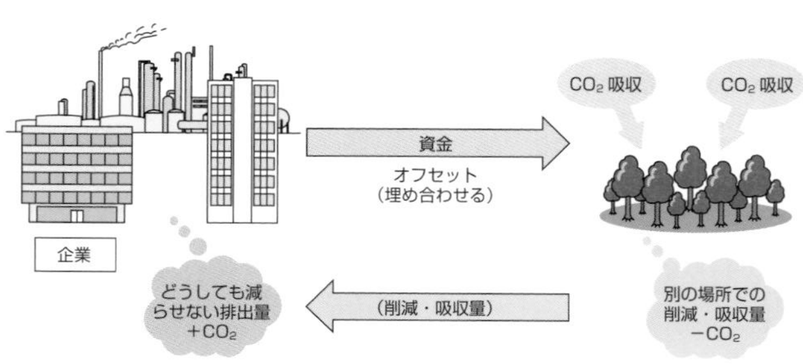

新エネルギー（再生可能 / 代替えエネルギー）

化石燃料に代わるエネルギー源は、核融合、水力発電、原子力発電に加えて、小水力発電、太陽光発電、地熱発電、バイオ廃棄物発電、風力発電、潮力発電、波力発電などが新しい発電エネルギーに相当します。このための工夫・創造が新技術です。しかし、これらの発電能力は化石燃料を使用した石油・石炭・天然ガスからの発電能力をまだ凌駕するものではありません。

▲太陽光発電

▲風力発電

▲バイオマス発電

鉄道の脱炭素化

鉄道では、電力エネルギーの使用を最小限に抑える低炭素化・省エネ化、および化石燃料に代わる水素エネルギーの活用やハイブリッド化の推進が進められています。

具体的には、車両の軽量化、電車を動かす高効率駆動システムや運動エネルギーを電気エネルギーに変換する回生ブレーキシステムの活用、その回生エネルギーを有効活用するための車上蓄電池 / 地上変電所蓄電池活用や変電所の回生吸収インバーターや回生吸収チョッパーシステム、車両工場や駅屋根への太陽光発電設備等が挙げられます。一方で、再生可能エネルギー発電の電力利用（SDGs トレイン）なども脱炭素化に貢献しています。

▲ハイブリッド車両

▲ディーゼル電気車両*

▲燃料電池車両*

*写真提供：笠原宏和

*写真提供：穴水俊太朗

11-11 鉄道の省エネ化

移動手段としての都市鉄道は、SDGs の目標、脱炭素化の達成に欠くべからざる手段として、本来、運輸部門の他の交通手段に比べて CO_2 排出量が最も少なく、エネルギー損失を最小に抑えた省エネルギーシステムとして環境に配慮したものと言えます。

カーボンニュートラルに向けて

日本では、2050 年までに脱炭素社会の実現、温室効果ガス排出ゼロの達成「2050 年カーボンニュートラルの宣言」（2020 年 10 月)、温室効果ガス排出 46%削減（2030 年／ 2013 年比）の表明（2021 年 4 月）を行なっています。これを受けて、カーボンニュートラルへの取組みを推進「第 6 次エネルギー基本計画」（2021 年 10 月)、さらに COP26（国連気候変動枠組条約第 26 回締約国会議）（2021 年 11 月）が開催されています。

国内総排出量（2019 年）は 11 億 800 万トンです。その内 2 億 600 万トン 18.6%が運輸部門で、この中の割合は、鉄道 3.8%、飛行機 5.1%、内航海運 5.0%、自動車 86.1%（バス・タクシー 3.3%、自家用乗用車 45.9%）です。

鉄道における省エネに向けて

①ブレーキ時の省エネ化

鉄道における省エネ化は、1960 年代から運動エネルギーを熱で大気に捨てず電気エネルギーに変換する電力回生ブレーキから始まっています。勾配区間での直流電気機関車の直流回生、交流電気機関車の交流回生の実績があります。

②加速時の省エネ化

その後、直流複巻電動機を使用した界磁チョッパー制御方式、直流直巻電動機を使用した電機子チョッパー制御方式を使用した省エネ車両が実現しました。

また、直流直巻電動機での添加励磁制御方式、直流分巻電動機をチョッパー制御する分巻チョッパー制御方式が実現されました。同時に車両の軽量化も省エネ化に貢献しています。

究極の省エネ電車は、交流誘導電動機をVVVFインバーター制御する駆動方式が開発され、現在、日本国内の新幹線から都市交通の電車や電気機関車に適用されています。さらに電動機の損失を減らした永久磁石電動機の同期電動機制御方式が開発され実用化されています。この省エネ化の実現には、パワーエレクトロニクス技術とマイクロエレクトロニクス技術の目覚ましい発展が寄与しています。

③地上側での省エネ化

同時に地上側では、この回生電力を吸収する回生吸収インバーター方式やバッテリーを併用した回生吸収チョッパー方式により、車両の電力回生エネルギーを鉄道事業者の地上設備へ供給する方式も実現しました。また、変電所の出力電圧をサイリスターで制御するサイリスター変電所も採用され省エネ化に貢献しています。

④ハイブリッド化や水素利用

この他、ディーゼルエンジンの気動車の電気駆動システム化が始まり、バッテリーを搭載したハイブリッド駆動方式やディーゼル発電機を電力源にして交流電動機を駆動するコンバーター・インバーター方式での省エネ化も確立されています。これに加えて、水素と酸素を燃料とする燃料電池車両も開発中であり、今後の脱炭素化に期待されています（11-10参照）。

鉄道における省エネ化

①車両の省エネ

回生ブレーキ方式は、1960年代から実用に供し発展し、直流電動機では、チョッパー方式、交流電動機では、誘導電動機インバーター方式（交流誘導モーター）、永久磁石式同期電動機インバーター方式（交流同期モーター）が実用化し交流リラクタンス電動機の開発も進んでいます。

②変電所の省エネ

○変電所の省エネに回生吸収装置を設置

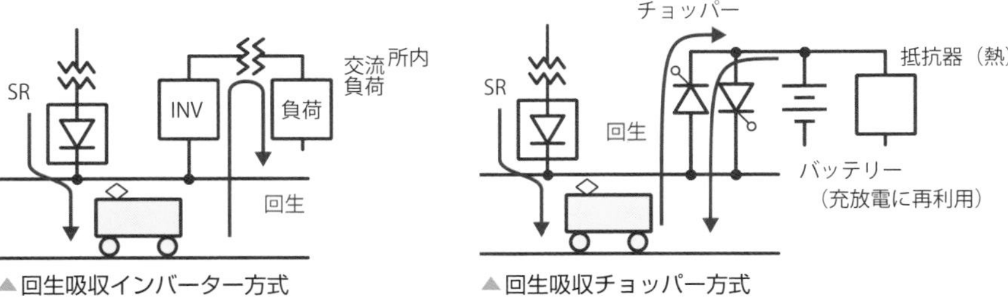

▲回生吸収インバーター方式　　▲回生吸収チョッパー方式

○変電所の省エネに出力電圧可変装置を設置

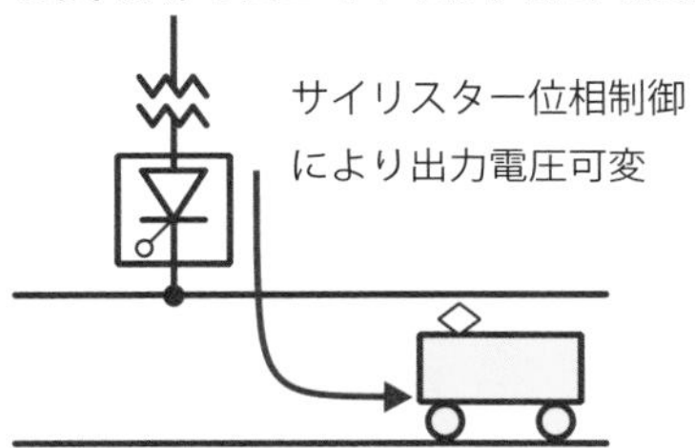

▲変電所電圧制御方式（PWM 位相制御）

③省エネ用バッテリーの活用

○非常時（停電）の移動手段にバッテリーの活用

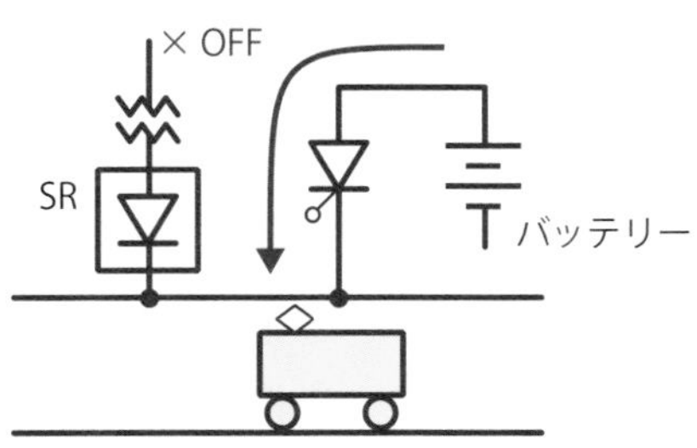

▲変電所バッテリーの活用

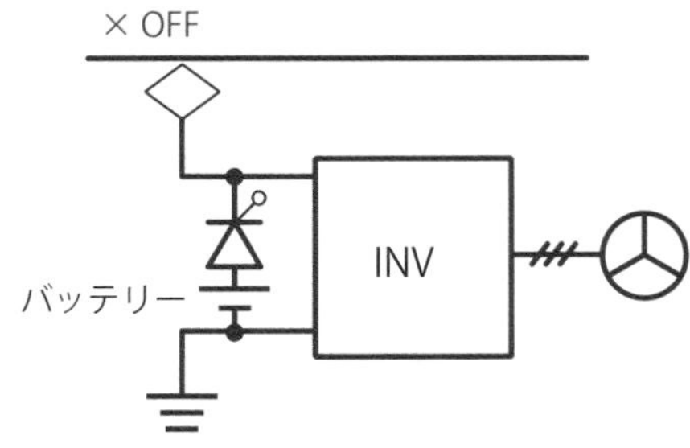

▲車載バッテリーの活用

第12章

海外の先進的な都市交通の事例紹介

ここでは、都市交通システムを中心として都市の整備・開発が行なわれている海外の先進的な事例を紹介します。都市の状況や環境にあわせて、需要に応じた複数の都市交通システムをうまく組み合わせ、それぞれの結節性を高め、公共交通システムを使いやすくする共通 IC カードなどを導入しています。

12-1 シンガポール

都市国家シンガポールでは、都市機能の強化と生活環境を向上させるために、政府の強い指導のもとに、自動車交通量を制限するとともに、都市鉄道（MRT）を中心とする公共交通機関を整備し、緑が多く、整然として清潔な都市環境を作りあげています。

ガーデンシティと呼ばれるシンガポール

赤道に近いシンガポールは、緑が多く「ガーデンシティ」と呼ばれています。東京23区の面積よりやや広い682km^{2}に約570万人（2019年）が住んでおり、都心部には超高層ビルが立ち並び、郊外には高層住宅地が広がる現代的外観の都市です。現在ではコンテナ取扱量世界第2位（2019年）の貿易港を抱え、また東南アジアの金融の中心としても重要な地位を占めています。

シンガポールでは「ガムの持ち込み禁止」とか「ゴミの投げ捨て禁止」などに象徴されるように、厳しい法規制と罰則により整然とした都市環境が保たれています。交通分野でも、増加する自動車交通による生活環境の悪化を防ぐために、自動車の都心流入量を減少させるための乗り入れ賦課金制度※をいち早く1975年に導入し、これと並行して最新技術を採用した都市鉄道（MRT: Mass Rapid Transit）の整備が精力的に行なわれています。このシンガポールでは「世界レベルの陸上交通システム」（A World-Class Land Transport System）を目標として、公共交通機関重視の交通政策が推進されてきています。

世界の大都市が抱えている慢性的な渋滞や排ガスに象徴される都市交通問題は、経済発展に伴い、ますます深刻化しています。その解決策として、シンガポールの都市交通政策は研究する価値が十分にあります。

※**乗り入れ賦課金制度**：1995年からロードプライシング（Road Pricing）を導入。さらに1998年からは料金を自動的に徴収する電子交通料金徴収システム（ERP: Electronic Road Pricing）を採用している。

シンガポールの MRT ネットワーク

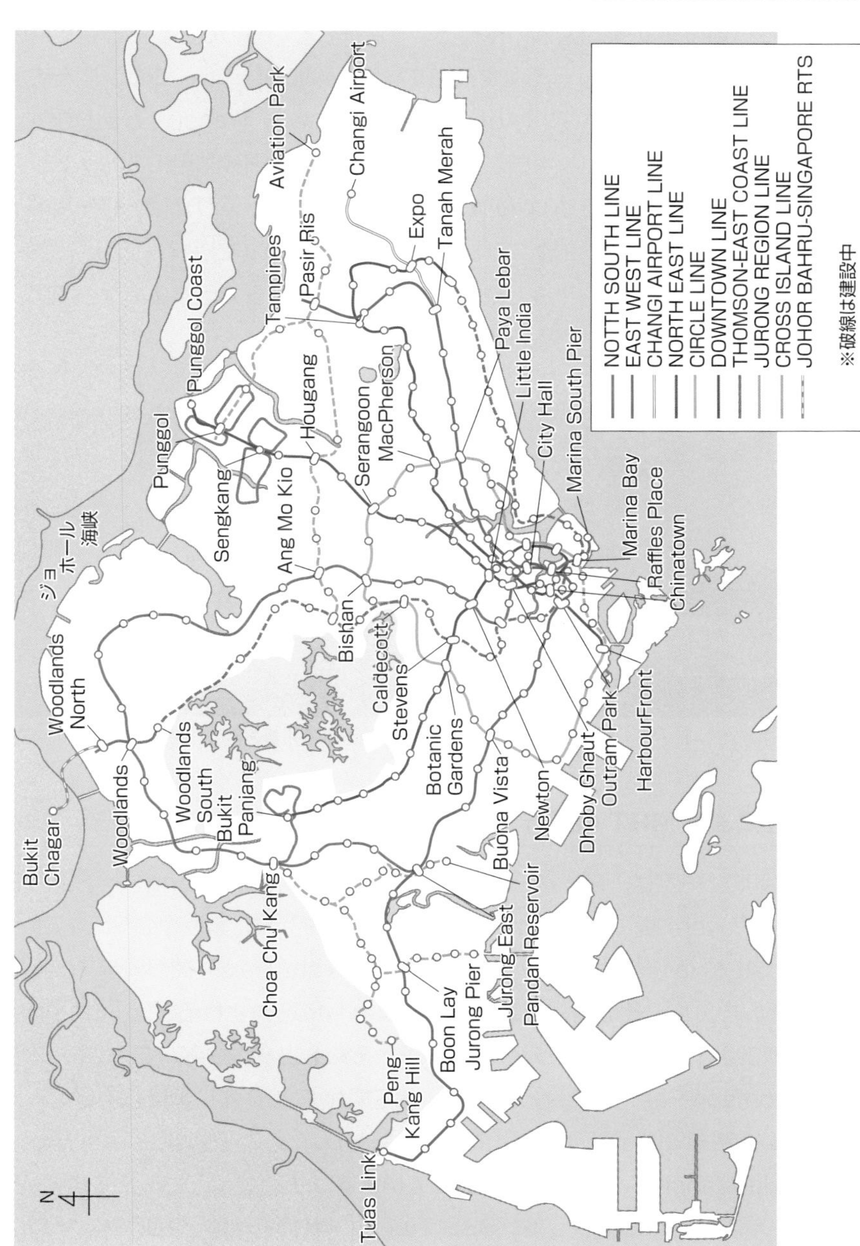

MRTを中心とした都市交通システム

シンガポールの都市交通の主役として活躍しているのが大量高速輸送用の都市鉄道（MRT）です。それを補完する培養輸送用（フィーダー）にニュータウン内を走る中量輸送システムのAGT（Automated Guideway Transit）があります。

これら以外に、チャンギ国際空港内のターミナル間移動用にスカイトレイン（Skytrain。システムはAGT）、また観光地セントーサ島は、観光用のモノレール（セントーサ・エクスプレス）とロープウェイ（マウント・フェーバー・ライン）でシンガポール島と結ばれています。これらのうちチャンギ国際空港内のAGTは三菱重工製、モノレールは日立製です。

▲モノレールのセントーサ・エクスプレス

▲シンガポール島とセントーサ島を結ぶロープウェイ

2社によるMRTの運行

最初のMRTは、南北線のヨーチューカン（Yio Chu Kang）～トアパヨ（Toa Payoh）間（延長6km）が1987年11月、また東西線のシティ・ホール（City Hall）～オートラム・パーク（Outram Park）間が同年12月に開業しました。その後、南北線・東西線ともに延伸されるとともに、環状（Circle）線の先行区間が2009年、さらにトムソン・イーストコースト（Thomson-East Coast）線の第1期区間が2020年に開業しました。これら4路線（合計139km）をSMRTトレインズ（Singapore Mass Rapid Transit Trains）社が運行しています。

一方、SBSトランジット（SBS Transit）社の路線は、2003年6月に北東線、2013年にはダウンタウン線の第1期区間が開業しました。SBS

トランジット社は、2 路線（延長 62km）で運行しています。

なお、シンガポールの MRT は、シンガポール陸上交通庁（LTA: Land Transport Authority）が鉄道インフラを建設・保有し、SMRT トレインズ社と SBS トランジット社の 2 社が運営する上下分離方式を採用しています。

▲SMRT トレインズ社の MRT 車両

▲SBS トランジット社の MRT 車両*

＊写真提供：シンガポール陸上交通庁 LTA

最新技術を採用した都市鉄道（MRT）

シンガポールの MRT は、都心部での線路の配置が工夫され乗り換えが便利になっていたり、無人自動運転が実施されるなど最新技術が採用されています。

◆乗り換えの利便性を考慮した線路配置

MRT の南北線と東西線の両線が結節する都心部のシティ・ホール駅とラッフルズ・プレイス（Raffles Place）駅では、地下ホームが 2 階構造になっていて、駅前後の線路配置を工夫して同一ホームで方向別に南北線と東西線の乗り換えができ、大変便利になっています。

◆様々な最新技術

シンガポール MRT では、赤道に近いため冷房効果を高めるためにフルハイト（全高）のホームドアが地下駅の開業当初から導入されています。また、MRT 北東線では、アジアの MRT では初めての無人自動運転が実施され、その後環状線でも採用されています。

路線網をわかりやすくするための駅番号付けシステムは、2001 年に導入されました。IC カードの ez（イージー）リンクカードの導入も早く、2002 年から使用開始されました。さらには、オフピーク通勤の促進のため、平日の

7時45分までにMRTを利用すると最大で0.5シンガポール・ドル※（約40円）が割引されます。

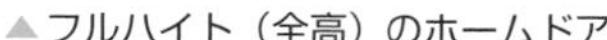
▲フルハイト（全高）のホームドア

▲駅の番号付け

乗り換えが便利な線路配置

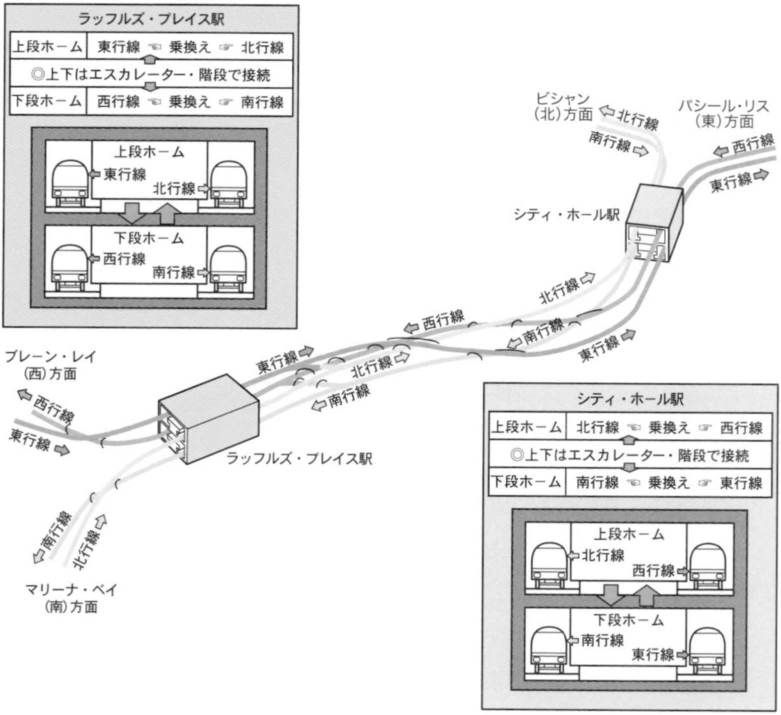

ラッフルズ・プレイス駅

上段ホーム	東行線 ☜ 乗換え ☞ 北行線
◎上下はエスカレーター・階段で接続	
下段ホーム	西行線 ☜ 乗換え ☞ 南行線

上段ホーム 東行線 北行線
下段ホーム 西行線 南行線

ビシャン（北）方面
パシール・リス（東）方面
シティ・ホール駅
ブレーン・レイ（西）方面
ラッフルズ・プレイス駅
マリーナ・ベイ（南）方面
北行線 南行線 西行線 東行線

シティ・ホール駅

上段ホーム	北行線 ☜ 乗換え ☞ 西行線
◎上下はエスカレーター・階段で接続	
下段ホーム	南行線 ☜ 乗換え ☞ 東行線

上段ホーム 北行線 西行線
下段ホーム 南行線 東行線

出典：『世界の地下鉄』（山海堂）

※1シンガポール・ドル＝約85円（2022年2月）。

ニュータウン内を走るAGT

　シンガポールには、MRTの培養（フィーダー）路線として、ニュータウン内を走行するAGT（Automated Guideway Transit）が整備されています。シンガポールではAGTのことをLRT（Light Rapid Transit）と呼んでいます。

◆ブキ・パンジャンLRT

　ブキパンジャン・ニュータウン内の足として、ボンバルディア製のAGTが1999年11月に開業しました。複線・高架の路線（延長7.8km）は、SMRT南北線のチョア・チュー・カン（Choa Chu Kang）駅と結節しています。日本のAGTと違ってセンターガイド方式を採用しています。このAGTの窓ガラスは、沿線の高層アパートに住む住民のプライバシー保護のために、アパート近くではアパート側の窓ガラス（液晶ガラスを使用）が白く曇って外が見えなくなります。

◆センカンLRTとプンゴルLRT

　どちらのLRTもニュータウン内を走行しており、三菱重工製のAGTシステムを採用しています。MRT北東線のセンカン（Sengkang）駅とプンゴル（Punggol）駅を中心として、ループ線が東西それぞれにある8の字形をした複線高架の路線です。センカンLRTは2003年に東側のループ線、プンゴルLRTは2005年に東側のループ線がそれぞれ最初に開業しました。

▲ブキ・パンジャンAGTの新型車両

▲2両で運行するセンカンAGT

12-2 トルコのイスタンブール

中東の大都市イスタンブールは、ヨーロッパ側とアジア側がボスポラス海峡によって分断されていますが、海峡の両側ではメトロとライトメトロ・路面鉄道などが整備され、また2013年にはボスポラス海峡横断海底鉄道が開業しました。ここでは鉄道を中心とした都市開発が進められています。

世界的な観光・商業都市イスタンブール

イスタンブール（人口約1550万人：2020年）は、戦略上重要な位置にあることからローマ帝国以来約1600年にわたり首都として栄えるとともに、東西文明の接点であるため、トプカプ宮殿やブルーモスクなど歴史的な見どころが数多くある世界的な観光都市です。

また、1923年に遷都した首都のアンカラ（同約570万人：2020年）が行政都市であるのに対して、トルコ最大の都市イスタンブールは商業の中心として活気に満ち溢れた都市でもあります。

1990年代にはライトメトロと路面鉄道しかありませんでしたが、ライトメトロやメトロ網の拡大、ボスポラス海峡横断海底鉄道の建設などにより、イスタンブールの発展に鉄道が大きな役割を果たしています。ここ20年間で都市鉄道網が随分と充実してきており、ほとんどの目的地に公共交通機関を利用してゆけるようになっています。引き続き、メトロの建設や延伸工事が行なわれており、将来は国際的大都市にふさわしい鉄道網が出来あがることになるでしょう。

多様な交通システムがある都市

イスタンブールの鉄道として、メトロ8路線、路面鉄道5路線、ケーブルカー3路線、ボスポラス海峡の海底を横断するトルコ国鉄（TCDD: Türkiye（トゥルキエ） Cumhuriyeti（ジュムフリエット） Devlet（デヴレット） Demiryolları（デミルヨルラル））の1路線、それ以外にロープウェイ2路線、高速輸送バス（BRT: Bus Rapid Transit）1路線があります。

またトルコ高速鉄道（YHT: Yuksek（ユクセック） Hızlı（フズル） Tren（トレン）。トルコ語で「高速列車」の意）が2014年から首都アンカラとイスタンブールを結んでおり、ヨーロッパ側・アジア側の両方から高速列車の利用が可能になっています。

■イスタンブールの鉄道ネットワーク■

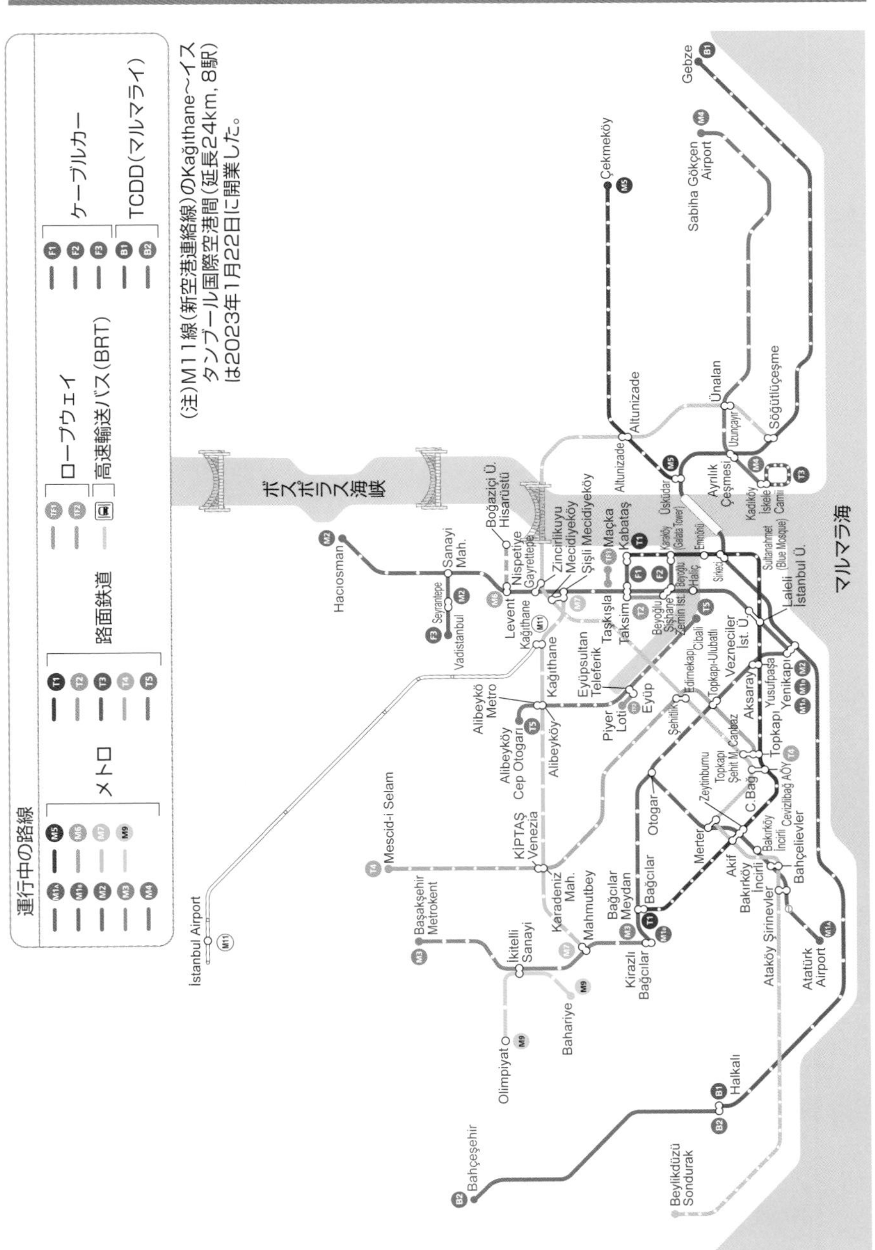

12　海外の先進的な都市交通の事例紹介

これらの路線がネットワークを形成しており、イスタンブールの人々の日常生活に欠かせない交通手段となっています。

なお、イスタンブールの公共交通機関で使用できるプリペイド式の交通カード「イスタンブールカード」があり、ジェトンや回数券よりも運賃が低く設定されており、とても便利です。

ライトメトロから始まったイスタンブールの都市鉄道

初期の都市鉄道として、ライトメトロ（M1 線）が 1989 年に開業しました。この路線（延長 26km、一部地下）は、アタテュルク空港（当時のイスタンブール空港）と都心を結んでいて、2018 年 10 月にイスタンブール新空港が開港するまでは、空港連絡鉄道としてよく利用されていました。

2000 年にヨーロッパ側を走る本格的なメトロ M2 線が開業して以来、メトロの建設が精力的に進められ、ヨーロッパ側に 6 路線（M1 線・M2 線・M3 線・M6 線・M7 線・M9 線）、アジア側に 2 路線（M4 線・M5 線）の合計約 144km で営業運転を行なっています。このうち 2017 年に開業した M5 線は、トルコ初の自動運転を行なっています。

▲ライトメトロ M1 線

▲ヨーロッパ側のメトロ

観光名物となっている路面鉄道

路面鉄道は 5 路線（T1 線～ T5 線）あり、そのうち T1 線と T4 線（専用軌道）・T5 線（専用軌道）は路線延長も長く、都市鉄道として利用されています。特に T1 線は、観光スポットが集中するヨーロッパ側旧市街の世界遺産に登録されているイスタンブール歴史地区を走っていますので、観光に便利です。

なお、T5 線は架線を使用しない APS（Alimentation Par le Sol）地表集電システムを採用しています。

ヨーロッパ側新市街にある繁華街イスティクラール通りを走る T2 線（単線。延長 1.6km）は、「ノスタルジック・トラムヴァイ」とも呼ばれ、観光客が主に利用しています。チンチンチンと頻繁に警笛を鳴らしながら、道幅いっぱいに歩く通行人をかき分けながら走ってゆく旧型路面電車は、イスタンブールの観光名物になっています。また、アジア側のカドゥキョイ埠頭近くの T3 線は、単車の路面電車が環状運転をしています。

▲旧市街を走る低床式の路面電車

▲ノスタルジック・トラムヴァイ

日本の援助により完成したボスポラス海峡横断海底鉄道

黒海とマルマラ海を結ぶボスポラス海峡（延長約 30km）の海底に円借款（約 1530 億円）により建設されたトンネルが 2011 年に完成し、ヨーロッパ側とアジア側を結ぶ近郊電車（マルマライ）が 2013 年から運行を開始しました。これにより、大型連絡船で約 20 分かかるボスポラス海峡両岸間の移動がわずか 4 分になったため、大勢の市民に利用されています。

なお、海峡部のトンネル工事では、海峡の複雑に変化する速い潮流（表層最大速度 3m/s）と多数の船舶が航行する厳しい条件のもと、世界最深となる海面下約 60m の海底に沈埋（ちんまい）トンネル（長さ約 1.4km）を建設するため高い土木技術力が求められました。また、埋蔵文化財（遺跡）に配慮しながら地下駅を建設するという歴史の古い都市ならではのきめ細かな対応も要求されました。

　このプロジェクトの最終目的であるヨーロッパ側のハルカルとアジア側のゲブゼを結ぶ近郊鉄道（延長 76.3km）の整備も終わり、アンカラとを結ぶ高速列車（YHT）と貨物列車もヨーロッパ側まで運行できるようになりました。この路線の整備により、ヨーロッパとトルコ・カフカス・中央アジア諸国との物流も増加すると期待されています。

▲ボスポラス海峡横断海底鉄道用の電車

▲シルケジ地下駅のタイル壁画

新旧の地下ケーブルカー

　地下ケーブルカーが 3 路線（F1·F2·F3）で運行しており、いずれもヨーロッパ側新市街の高台と平地を結んでいます。

　このうち「テュネル」と呼ばれる F2 線（延長 573m）は、1875 年 1 月に開業し、地下鉄としてはロンドンに次いで世界で二番目に古く、また世界一短い地下鉄といわれています。最急勾配が 149‰であるため、万一の場合の保安用制動装置として「アプト式」を採用しており、巻上げは、地上に固定された原動機（開業当初は蒸気動力、1910 年に電化）によって行なっています。また、1971 年からはゴムタイヤ式の車両が使用されています。

　新型地下ケーブルカーの F1 線と F3 線は、いずれも高台と平地を結ぶ短距離路線で、急勾配に対応するため車内は階段状になっています。これらの路線も両端駅でメトロや路面鉄道と結節していますので、利用者は多いです。

▲1875年に開業した「テュネル」

▲新市街の高台と平地を結ぶ地下ケーブルカー

ヨーロッパ側とアジア側を結ぶ大型連絡船（ワプル）、ロープウェイ

鉄道とバス以外の公共交通機関として、ヨーロッパ側とアジア側を結ぶ大型連絡船、都市交通として使われているロープウェイ（索道）が2路線（TF1・TF2）あります。

ボスポラス海峡を航行する大型連絡船からは、イスタンブール歴史地区や第一ボスポラス大橋などを眺めることができるため、ボスポラス海峡横断海底鉄道（マルマライ）が開業したあとも大勢の市民や観光客が利用しています。最上デッキの座席に座り、海風に吹かれながらモスクや長大吊橋などを眺め、船に寄ってくるカモメの群を見ていると、イスタンブールならではの異国情緒を味わうことができます。

また、ロープウェイは密閉式のゴンドラ（搬器）2基を連結して運行しており、輸送力はないものの、谷越えなど起伏の大きな地形のある場所に設置されているので、それなりに利用客があります。

▲ボスポラス海峡を結ぶ大型連絡船（ワプル）

▲ヨーロッパ側で運行するロープウェイ

12-3 アラブ首長国連邦のドバイ

中東の高熱砂漠都市ドバイでは、交通渋滞緩和のために、世界最長の無人自動運転メトロや架線なしLRTを都市交通の中心手段として整備し、今や世界的な経済・金融都市となっています。この成功によりアラビア半島の他都市でも都市鉄道の整備が進められています。

経済発展を続けるドバイ

ペルシャ湾に面するアラブ首長国連邦は、アブダビやドバイなど7つの首長国から構成され、石油・天然ガス関連産業を中心として発展しています。中でもドバイ（人口約330万人：2019年）は貿易と製造業を両輪に経済発展を続け、世界的な経済・金融センターとなっています。

ドバイの交通手段は自家用車とタクシーが中心になっていて、バスなどの公共交通機関のシェアは6%にすぎませんでした。このため近年の経済成長に伴う慢性的な大渋滞が問題となり、その緩和のためにドバイ政府道路交通局（RTA：Roads & Transport Authority）は、人口が600万人になると予測されている2030年までに公共交通機関のシェアを30%にまで向上させることを目標に公共交通機関の整備・活用・システム化を進めています。その中心となっているのが、日本企業が中心となって建設したメトロ（都市鉄道）です。公共交通機関のシェア30%のうち、メトロが17%を分担する目標を掲げています。

高熱砂漠都市に建設された都市鉄道網

このドバイでは、世界最先端ともいえる無人自動運転メトロ以外に日本製のモノレール、景観に配慮して架線のないフランス製のLRTが運行しています。

ドバイでは、アラビア語で「運賃」を意味するノル（Nol）から名付けたノルカード（Nol Card）と呼ばれるICカードを採用していて、メトロやLRT・バスで使用できます。ただし、モノレールでは使用できません。

■ドバイの鉄道ネットワーク■

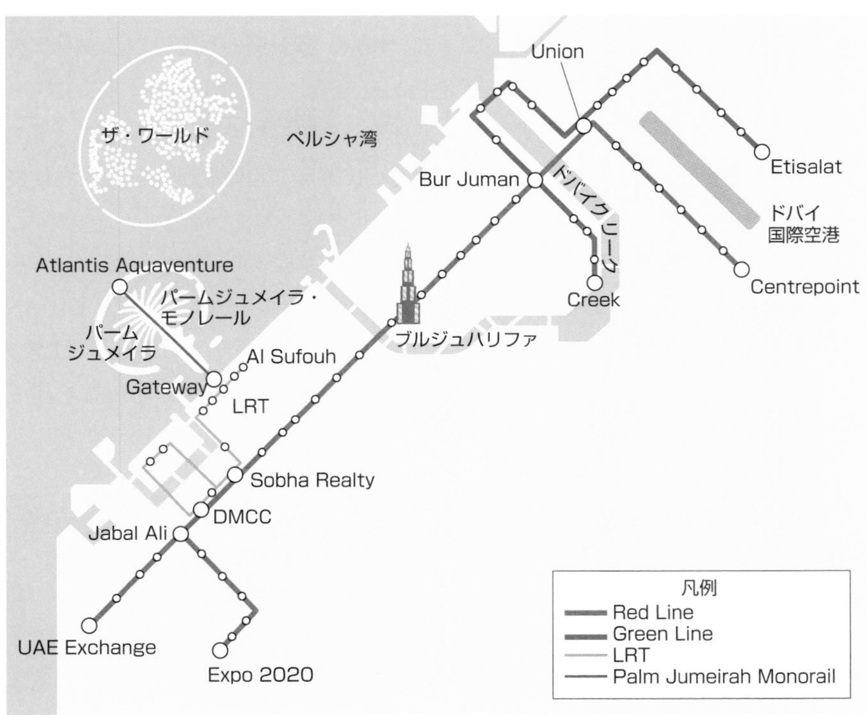

世界最長の無人自動運転メトロ

湾岸諸国初の都市鉄道であるドバイメトロ（軌間 1435mm）の路線は、ドバイ国際空港と商業地区、沿岸の開発地域を南北に結ぶレッドライン（67.1km、33 駅）とドバイクリーク周辺の旧市街を走るグリーンライン（22.5km、20 駅）の 2 路線（合計 89.6km、53 駅）があります。高架が主体ですが、ドバイクリーク周辺では地下になっています。また、2020年 9 月には、南の万博会場までレッドラインが延伸開業しました。

このドバイメトロは、日本の会社を中心とする企業連合が受注し、2005年 8 月に着工しました。レッドラインは 2009 年 9 月 9 日午後 9 時 9 分 9 秒、またグリーンラインもちょうど 2 年後の 2011 年 9 月 9 日に開業しました。

最高速度 90km/h の電車は近畿車輌製（18m 車の 5 両編成）です。砂漠地帯にあるドバイの気候を考慮して、高温対策として 52℃までの温度に機器が耐えるように設計されています。また、砂対策としてはプラグドアを採用するとともに窓はすべて固定窓として気密性を非常に高くしています。さらに、景観を重視するドバイでは、架線方式ではなく第三軌条方式（直流 750V）を採用しています。すべての区間において自動制御され、世界最長の無人自動運転の鉄道としてギネスブックに認定されています。

ドバイメトロでは利用客を増やすために、パーク＆ライドのための駐車場（合計約 8000 台）を郊外駅に整備し、メトロの駅を中心としたバス運行ルートの再編、駅やバス停留所の冷房完備、LRT との結節などの方策が取られました。

なお、ドバイメトロの運営・維持管理は、日本とフランスの 3 社から構成される事業会社が RTA との契約により 2021 年から行なっています。

▲高層ビル群を背景に走行するドバイメトロ

▲ゴールドクラスは横に 2+1 席配置

▲統一されたデザインの高架駅

▲豪華な Bur Juman 地下駅

リゾート島のパームジュメイラを走るモノレール

ドバイ有数の政府系開発事業者ナキール社が開発を進めている人工リゾート島パームジュメイラ（アラビア語で「美しい椰子の木」の意）を訪問する観光客の輸送を目的に建設されたのがパームジュメイラ・モノレールです。

高級リゾート地としての島内の雰囲気に見合うデザインだけでなく、かつ高い信頼性と安全性を有する輸送システムをナキール社は要求していました。これに対して、丸紅を中心とする日本の企業連合が無人自動運転の跨座型モノレールシステムを提案し、土木・建築工事も含んだ契約を受注し、2009年4月30日に開業しました。

パームジュメイラの陸地側入口に位置するゲートウェイ駅を起点とし、島の先端にある海洋リゾート施設アトランティスにあるアトランティス・アクアベンチャー駅を終点とする全線高架（全長5.4km、複線、現在は両端の2駅のみ）の路線になっています。3両編成の跨座型モノレール4本が納入されており、その最高速度は70km/h、電気方式は直流1.5kVです。

このパームジュメイラ・モノレールは、利用客の大半が観光客やリゾート客なのが特徴です。沿線には、リゾートマンションが建ち並んでいます。

▲走行中の日立製ドバイモノレール

▲ドバイモノレールの Atlantis Aquaventure 駅

架線のない LRT

ドバイの LRT は2014年11月12日に開業しました。第1期開業区間（延長10.6km）には停留所が11か所にあります。路線の大半はアルスーフ道路に沿って地平を走行していますが、ドバイ・マリーナ地区には高架区間もあります。

このLRTには次のような特徴があります。①全停留所にホームドア(全高)が設置され、停留所内は冷房されていて、最高外気温50℃まで対応可能です。②ここでも景観を重視して、架線方式ではなくアルストム社のAPS(Alimentation Par le Sol)地上集電システムを全線で採用しています。③エレベーターやエスカレーターが設置されている停留所もあります。

このLRT路線は、ドバイメトロを運営している日本とフランスの事業会社がRTAとの契約により運営しています。

▲架線のないLRT

▲冷房のためLRTの停留所にもホームドア(全高)を設置

中東へ進出する日本企業

アラビア半島の荒涼とした砂漠地帯にある人工都市ドバイは、砂漠のオアシスといえます。そのドバイの基幹交通手段であるメトロとリゾート用モノレールは日本の企業により建設され、日本製の車両が走行し、多くの人々に利用されています。さらに現在は、ドバイメトロとLRTの運営・維持管理も行なっています。

また2022年サッカーワールドカップの主要交通機関として整備されたドーハメトロ(カタール。2019年5月にプレサービス開始)の車両や信号システムなども日本企業が受注しています。

このように中東の都市鉄道の整備と運営に日本企業が貢献しているのです。

12-4 フランスのパリ

世界中の環境客をひきつけてやまないフランスの首都パリ。同市では、メトロやバスだけでなく、近年ではシェアサイクル、電動キックボードなど、新たなモビリティ（New Mobility）が多数整備されています。

パリ市の公共交通概要

華の都とも称されるパリは、芸術、ファッション、食の中心としても知られ、世界中から多数の観光客を引きつけています。パリ市の公共交通は、14 号線まであるメトロや近郊鉄道、バスなど様々な公共交通が整備されています。

パリにおける New Mobility

2005 年、パリ市に Velib（ヴェリブ）と呼ばれる自転車シェアサービスが導入されました。本サービスは多数の加入者を増やし、自転車シェアサービスは、その後、フランスのみならず世界中に広がりました。

また、パリでは、スクーター（電動キックボード）のレンタル会社（例：Bolt Mobility）も進出しています。このように、パリは、New Mobility の実験場とも言うべき様々な新サービスが導入されており、パリ市民や観光客は自分の目的に応じた交通サービスを選択できるようになっています。

15 分シティ構想

2020 年パリ市長選の際、パリ市長アンヌ・イダルゴ（Ms. Anne Hidalgo）氏は、「15 分シティ」と名づけられたコンセプトを発表しました。これは、2024 年までに誰もが 15 分で仕事、学校、買い物などにアクセスできる都市を目指すと宣言するものです。

通勤時間や通学時間が 15 分になるということは、それだけ家族や友達と過ごす時間を増やすことができることを意味し、人々のストレス軽減にも大きな影響を及ぼすことが期待されます。

現在、パリでは、同コンセプトの実現に向けて、交差点の改良（自家用車の通行を禁止し、歩行者専用道に変更）や、路上駐車スペースを公園や緑地帯への転換などが行なわれています。

これまでのように、都市近郊から、都市中心部に通勤·通学するのではなく、「セグメントされた都市」（カルロス・モレノ・パリ第１パンテオン・ソルボンヌ大学教授）をパリ市は目指しています。このような新しい都市のあり方は、ポストコロナ社会の一つのスタンダードになるかもしれません。

■パリの公共交通■

▲メトロの入口

▲メトロの改札

▲バス停

■New Mobility を導入した都市交通■

▲パリで活躍する電動キックボード

▲パリで活躍する自転車シェアサービス

12-5 オーストリアのグラーツ

オーストリアは、2021年11月に、世界に先がけて「環境チケット(ClimateTicket)」を発行するなど、環境と景観に配慮した都市交通システムの構築を行なっています。同国第2の都市であるグラーツ市は、環境のみならず、景観にも配慮した都市交通システムを創り上げています。

グラーツ市の公共交通

グラーツ市はオーストリアの首都ウィーンの南約200kmに位置するオーストリア第2の都市（人口:約25万人）です。

市内中心部には、トラムとバスが運行されており、グラーツ市が運営するグラーツ・ホールディングズ社がトラムとバスの運行を行なっています。また、市内と近郊都市を結ぶ鉄道として、オーストリア連邦鉄道の他、グラーツ・ケーフラ鉄道会社（GKB社:Graz-Köflacher Bahn）が存在します※。

グラーツ市の都市交通政策

グラーツホールディングズ社が実施する公共交通政策の基本理念は、①各交通モード間の連携を図ること、②公共交通の基軸として鉄道を位置づけること、③インフラの維持管理を適切に行なうことの3つであるとされています。

近年は、ショッピングセンターと交通結節点を近接させることにも取組んでおり、州内のターミナル駅（例:Murapark や Raaba）には、巨大ショッピングセンターを誘致し、自家用車ではなく、電車でショッピングセンターに移動してもらうように誘致しています。

オーストリアでは、駅周辺に住んでいる住民はほとんどいないため、パーク＆ライドも重要な政策の一つとされています。原則として、駅前の駐車場の使用料は無料であり、これにより人々が、パーク＆ライドをより利用できるように工夫されています。

また、もともと公共交通がない地域に、適切な公共交通を提供すべくオン

※**交通分担率（2020年）**：公共交通（約20%）、自家用車（約37%）、自転車（14.5%）、徒歩（約20%）

デマンドバスサービスの拡充も行なわれています。これは、バス会社から、地元タクシー会社に運行を委託する形で実施されています。

トラムと車道・自転車道・歩道の共存

▲街中は、❶車道、❷自転車道、❸歩道に分離

▲トラム軌道上に自転車道が整備

▲トラム軌道上を自転車が走行

▲市内中心部は自動車の侵入不可

環境チケット（Klimaticket（ドイツ語））

オーストリアでは、2021年11月、世界初の「環境チケット（Climate Ticket）」が発行されました。これは、オーストリア国内の全ての公共交通に乗り放題のチケットで、年間1095ユーロ（約14.5万円）です。オーストリア政府は、本チケットの発行により、人々が温室効果ガスを多数排出する自家用車ではなく、より環境に優しい交通モードである公共交通（トラム、バスなど）を利用することで、パリ協定に基づく脱炭素社会の構築を目指しています。このように、ヨーロッパでは、公共交通を利用することは、

気候変動対策としても重要な政策の一つとなっています。

■グラーツ市内を走行するトラム■

▲グラーツ市庁舎前のトラム乗り場ターミナル

▲旧市街を走行するトラム

景観に配慮した公共交通システムの構築

グラーツ市の隣のヴァイツ市（Weiz）では、シュタイアーマルク鉄道（Steiermarkbahn）の軌道スラブ面に植物を植えることで、市内を走る鉄道軌道が町の景観を崩さないような工夫がなされています。同市のオースウィン・ドナー（Mr. Oswin Donnerer）副市長は、「軌道に植物を置いてから、軌道にゴミを捨てる人などもいなくなり、街の景観も良くなったと大変良い評価を市民から頂いてます。」と述べています。このように、都市鉄道は、街の一部ともなることから、街の景観を壊さないように整備することも重要です。

▲左側は❶鉄道のプラットフォーム。右側は❷バスの停留所。スムーズな乗り換えを実現。

▲軌道周辺に植林し、景観を保護
グラーツ市とヴァイツ市を結ぶ GKB 路線の軌道風景。

COLUMN　国際協力機構（JICA）によるグラーツでの第三国研修

オーストリア・グラーツ市は、本編で紹介されているとおり環境と景観に配慮した都市交通システムを構築していることから、さまざまな国が同市の交通政策を学ぶために訪問しています。
国際協力機構（JICA：日本の政府開発援助を一元的に行う独立行政法人）は、ボスニア・ヘルツェゴビナ国サラエボにおいて、サラエボの都市交通改善プロジェクト（「サラエボ県公共交通管理及び運営能力強化計画策定プロジェクト」）を2020年10月より実施していますが、日本のみならず世界の事例を学ぶため、日本以外の第三国での研修も実施しています。
2021年11月、サラエボ交通省副大臣他が、JICAの支援を受けて、オーストリア・グラーツを訪問し、統合された都市交通システムの構築手法や車両の維持管理手法等について学びました。
　JICAは、世界のさまざまな好事例をもとに、開発途上国における交通渋滞などの都市交通分野の課題解決に広く取り組んでいます。

▲JICAがオーストリア・グラーツで実施した研修に参加するサラエボ交通省副大臣他と日本人専門家

＊写真提供：株式会社アルメックVPI

12-6 コロンビアのメデジン

世界で最も革新的な都市と評価されているコロンビア第２の都市メデジンでは、都市鉄道（メトロ）とゴムタイヤ式トラム・BRT（高速輸送バス）・ロープウェイなどがうまく組み合わされて整備され、利用者にとって便利な都市交通システムを作りあげています。

「世界一の革新都市」メデジン

首都ボゴタに次ぐ人口約260万人（2020年）のメデジンは、メデジン川沿いのアブラ渓谷にある標高約1500mの盆地に発達し、花祭りで有名な都市です。

かつては麻薬王パブロ・エスコバル（1949年～1993年）が活動の拠点としていて、この頃は「世界で最も危険な都市」といわれていました。その後、麻薬組織は解体され、約20年でメデジンの治安は大幅に改善され、2013年にウォールストリートジャーナルとシティグループが実施したコンテストで「世界一の革新都市」に選ばれるなど、数々の国際的な賞を受賞しています。

このメデジンでは、都市交通システムだけでなく文化施設や公共空間などの都市環境も短期間のうちに飛躍的に整備・改善されてきており、メデジンというと、現在では「革新」・「文化」・「変革」などがキーワードとして挙げられ、世界的に注目されている都市です。

メデジン市が提案する革新的な交通戦略のひとつに、モビリティ・マネジメントがあります。持続可能なモビリティ社会の実現に向けて、公共交通システムの近代化及び利用促進の重要性を環境的側面から広く周知することにより、過度なモータリゼーションの進行を抑制する政策です。

▲盆地にあるメデジンの都心部

多様な交通システムがある都市

メデジン市は盆地にあるため、南北方向の都市鉄道（メトロ）を基軸として、地形や導入空間にあわせた多様な都市交通システムが整備されています。

具体的には、鉄道路線（メトロ）2 路線（A 線と B 線）、ゴムタイヤ式トラム（トランビア）1 路線（T 線）、BRT（メトロプルス）2 路線（1 号線と 2 号線）、ロープウェイ（メトロカブレ）6 路線（H 線・J 線・K 線・L 線・M 線・P 線）、屋外エスカレーターがあります。

都市交通の基軸となっている 2 路線のメトロ

1995 年から 1996 年にかけてコロンビア唯一のメトロ 2 路線がメデジンで相次いで開業しました。早期に完成した背景には、麻薬王パブロ・エスコバルの投資があったといわれています。このメトロ 2 路線（合計延長 31.3km）を基軸として、各種の交通システムが培養（フィーダー）路線として整備されています。

南北に走るメトロ A 線は、1985 年～ 1995 年に建設されました。メデジン川に沿って北のニキアと南のラエストレジャ間を結び、スペイン CAF 社製の 6 両編成（3 両／ユニット× 2 ユニット）の電車が運行しています。また、東西方向に走るメトロ B 線は、交通結節駅のサンアントニオ駅とサンハビエル駅を高架で結んでおり、3 両編成のシーメンス社の車両と CAF 社の新車が運行しています。

▲メデジン川に沿って走るメトロ

▲メトロの駅

メデジン市の都市交通システム路線図

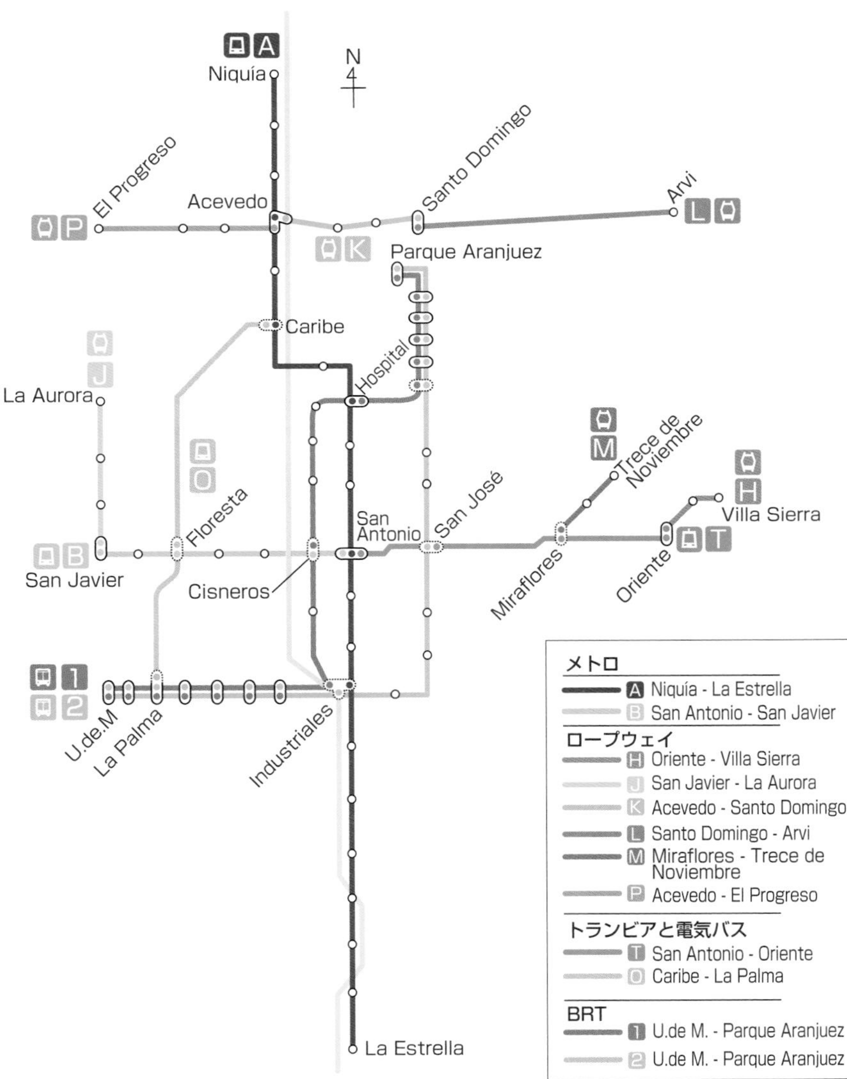

傾斜地を走行するゴムタイヤ式トラム（トランビア）

2015 年 10 月から運行しているトランビア（延長 4.2km）は、アルストム社製の「トランスロール」です。ゴムタイヤ式の 5 車体連接式車両を使用し、道路の中央に案内軌条（1 本のレール）が設置されています。床面の高さは 250mm で、100% 低床車両になっています。

メトロのサンアントニオ駅（高架）の下にトランビアの停留所が設けられています。トランビアの停留所には改札口があり、切符がないと中に入れないようになっています。サンアントニオ停留所を発車すると商店街の中を走り、ずっと坂道を上ったところにあるオリエンテ停留所が終点です。傾斜地の急勾配路線のためゴムタイヤ式トラムが採用されたのです。

▲ゴムタイヤ式のトランビア

▲メトロと結節するサンアントニオ停留所

メトロを補完する BRT（メトロプルス）

メデジン初の BRT 1 号線は 2011 年、2 号線が 2013 年に開業し、2 路線（合計 26.0km）で運行しています。BRT は、主にメトロの補完用交通機関としての機能を果たしています。

停留所は、鉄道の駅と同じように自動改札があり、BRT の乗降時間を短縮するように高床ホームになっています。また高床ホームに連動する乗降口のある BRT は、需要に応じて連接式も走行しています。混雑時には、車内の狭い通路は立ち客でいっぱいになるため、輸送量に対応した編成の BRT が運行しています。

▲BRT の停留所とバス

▲BRT の停留所内部

都市交通システムとしてのロープウェイ（メトロカブレ）

メデジンでは、都市交通システムとして 2004 年以降ロープウェイ 6 路線（合計 14.7km）が整備されています。ロープウェイがこれだけの路線で使用されている例は、ボリビアのラパスとともに世界的に珍しいです。

メデジンでは、歴史的に盆地から山の斜面に人口が広がってゆき、斜面一帯は生活の貧しい人たちの居住地（スラム）となってゆきました。斜面の上から盆地までおりるために、以前はバスで 2 時間、約 5 米ドル（約 550 円）かかっていましたが、フランスのポマ（POMA）社製のロープウェイができたおかげで、所要時間は 20 分、運賃は約 1 米ドル（約 110 円）に改善されました。これによりスラムの住民が市街地に容易に行くことができるようになり、教育や雇用の機会が増え、治安が大幅に改善しました。

キャビン（搬器）の着席定員は 8 人、立ち客は 2 人まで許容しており、立ち客を入れた定員は 10 人です。ただし、駅員が監視していて太った人が乗ると、乗車人数を制限しています。

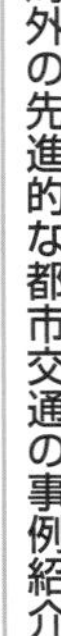

▲盆地の斜面に沿って設置されたロープウェイ

▲メトロの駅と結節するロープウェイ乗り場

屋外エスカレーターとシェアサイクル

メトロB線のサンハビエル駅近くにある第13地区（コムナ13（トレセ））は、丘陵地に形成されたスラム街で、その治安は世界最悪といわれていました。しかし、盆地の下から斜面の上まで400段以上ある階段の脇に設置された屋外エスカレーター（日本製、6か所×上下＝12基、合計384m）が2011年に運転を開始し、これにより住民の移動が楽になり治安が劇的に改善されただけでなく、多くの観光客が「コムナ13」を容易に訪れることができるようになりました。今や有名な観光地になっています。

また、アブラ渓谷の環境改善のために自転車の無料貸し出しシステムが整備されています。2011年に運用を開始したシェアサイクル（エンシクル）の自転車ポートは、約90か所にあり、約1600台を設置しています。

▲急傾斜地のコムナ13とエスカレーター（中央赤色）

▲治安も改善され大勢の観光客が訪れている

▲コムナ13に設置されたエスカレーター

▲シェアサイクル

第13章

新技術

　都市鉄道に係る新技術は、少子高齢化、カーボンフリー、SDGs などの環境・社会情勢の変化に対応して、鉄道を動かすエネルギーは脱炭素化・低炭素化・省エネ化、人を乗せて移動する車両は軽量化・省保守化、車両を動かす機器は小型/軽量化・高機能化、車両を動かす運転関連の運転や信号システムは高機能・高度化、少子高齢化による無人運転化や安全性/安定性向上のために開発されています。

13-1 CBTC

列車の運行を制御する信号システムは、レールの軌道回路での在線検知により信号電流を制御するATS、ATC保安システムが中心ですが、最近では無線を利用した無線式信号システムが開発されました。信頼度の高い無線通信を使用して安全な列車間隔を制御するCBTCシステムです。この無線信号システムを利用した列車運行制御システムは、海外の地下鉄や都市交通システムを中心に導入が進んでいます。

CBTC（無線式信号保安システム）

CBTC（Communications-Based Train Control：無線式列車制御システム）はその名の通り、無線で列車の在線位置検知により列車の運行制御を行なうシステムです。車上制御装置で自車の位置情報を演算し、無線で地上のATP※論理部に送信します。地上のATP論理部で路線の進路情報を加味して、後続列車の停止限界点情報を算出し、後続列車に、そのATP情報を無線で送信します。後続列車の車上制御装置で車上の車両性能などのデータ情報からブレーキパターンを演算し、一段ブレーキで速度制御して、停止限界点で安全に停止させます。CBTCの列車制御の処理フローの一例を右ページに示します。

CBTC（無線式信号保安システム）の特徴

CBTCは、列車間隔を短くすることが可能で、高い遅延回復の効果が得られるなど運行の安定性の向上とともに、軌道回路等の地上設備を簡素化でき、保守作業の効率化や輸送障害の削減等にも寄与するので、今後の更なる導入が期待される技術です。すなわち、従来の軌道回路を無線信号システムに置き換えて、地上の軌道・信号設備を省略して大幅な保守費の節減が可能で、なおかつ、高機能で信頼性の高い鉄道運行システムが実現できます。

従来の信号システムは、2本のレールに信号電流を流し、車両の車輪軸でこのレールを短絡して、車両の位置を検知し、後続の車両の信号現示を制御

※ **ATP**：自動列車間隔制御方式（日本のATC）

する方式です。この車両検知区間を閉塞区間といいます。この閉塞区間ごとに信号電流を流す装置や区間ごとに信号電流を区分するインピーダンスボンド、地上ケーブル及び信号機など多くの機器が必要でしたが、CBTCでは基地局と地上無線機に機器が集約され、その維持管理も大幅に簡略化される特徴があります。

■CBTCの列車制御の処理フローの一例■

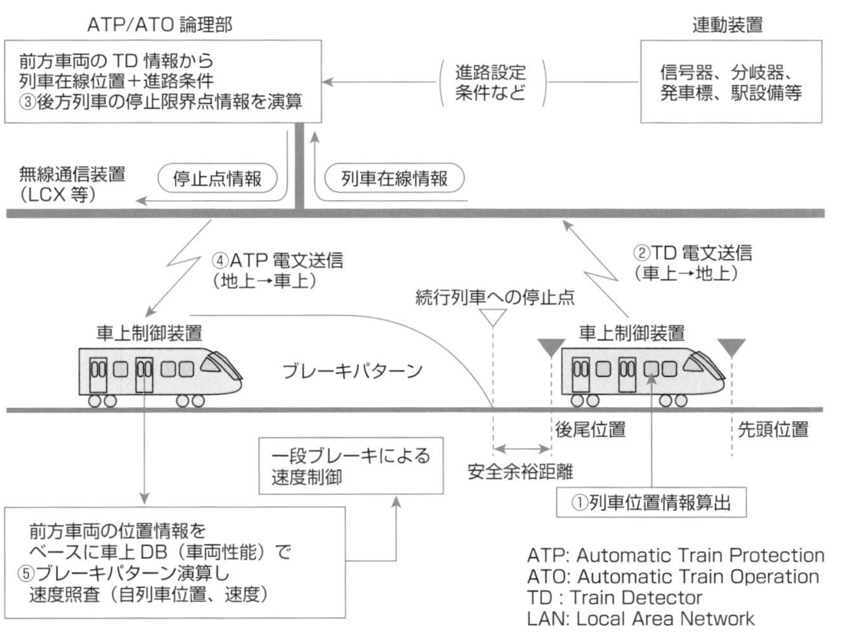

■CBTCの適用例■

▲重慶モノレール3号線*

*写真提供：日立製作所

▲北京地下鉄15号線*

*写真提供：日本信号

13 新技術

13-2 CBM（状態基準保全）

機械・設備保全は、事後保全から予防保全が主流となり、この予防保全は、TBM（時間基準保全）からCBM（状態基準保全）に移行しつつあります。CBMは、機械・設備の状態を監視し、状態に応じて維持管理を行なうことで、故障を未然に防ぐ保全が目的の技術です。CBMは「状態監視保全」とも表現されます。

CBMとTBMとは

CBM（Condition Based Maintenance: 状態基準保全）は、鉄道を構成する機械・設備の状態を点検する期間をそれぞれ定めて、定期的に維持管理してその状態を保全するTBM（Time Based Maintenance：時間基準保全）に対して、機械・設備を常時モニタリング監視してその状態に応じて適切な時期に適切な維持管理を行なうことです。その結果、機械・設備の安全性が向上し維持管理費用の最適化を目指しています。

最近のCBMの鉄道車両への具体的応用例

車載機器の車両モニタリングと車両基地メンテナンスでの状態保全、軌道検測車・架線検測車や検測装置を搭載した営業線車両の活用により、軌道・架線・信号のモニタリングによる状態保全が可能になりました。

鉄道は、車両、給電、軌道、踏切等の多種類のシステムで構成されており、これらの状態を常時モニタリングして、その変位・変化を監視して、適切な維持管理を行なう必要があります。そのためのセンシング技術が急速に発展し、精度の高い状態監視が出来るようになりました。

電気的な計測のための電圧・電流・磁界測定などに加えて、機械的な振動などを計測する加速度計・ジャイロ、レーザー変位計、LiDAR（ライダー）センサー※の高精度化と相まって画像データの解析技術の発展により、異常や劣化を高頻度でリアルタイムにモニタリングして維持管理するCBMは、鉄道システムDXの一翼を担っています。

※**LiDAR**：Light Detection And Ranging. 光による検知と測距。

具体的には、新幹線のドクターイエロー・イーストアイをはじめとする検測車による線路設備・電車線モニタリング、在来線の各種検測車の定期検測によるモニタリングがあります。さらに、営業車両に検測装置を搭載し、架線・軌道・信号通信などのモニタリングする事例もあります。

■軌道・架線検測車の例■

▲JR東海・西日本：ドクターイエロー

▲JR東日本：イーストアイ

▲JR東日本：イーストアイE

▲東急電鉄：TOQiデヤ7500

▲京王電鉄：DAXクヤ900
＊写真提供：穴水俊太郎

▲JR西日本：DEC741

▲JR西日本：キヤ141
＊写真提供：山田信一

▲JR九州：マヤ34

▲JR北海道：マヤ50
＊写真提供：亀井秀夫

■営業車両に検測装置を搭載した車両の例■

▲JR東海：N700S新幹線

▲JR東日本：E235通勤電車

▲東京メトロ：2000系地下鉄

13-3 ドライバーレス運転

ドライバーレス運転とは、列車前方に運転士を乗せない自動運転をいい、係員（添乗員・巡回員）を列車に乗せるか否かで自動運転レベルが区分されます。都市交通は、少子高齢化、運転の自由度向上、経営資源の最小化などの社会情勢の変化に対応する必要性から、自動運転化の機運が高まっています。なお、海外ではたくさんの都市で地下鉄を中心に急速に自動運転化されています。

自動運転の定義

自動運転は、自動運転化のレベル（GoA）※の4段階で定義されます。通常のツーマン運転はGoA1、地下鉄等でのATOワンマン運転はGoA2、添乗員付き自動運転はGoA3、完全無人運転はGoA4です。このGoA3とGoA4が自動運転（ドライバーレス）運転です。最近、日本では、運転台に乗務する添乗員付き自動運転（GoA2.5）の定義が追加されています。

ドライバーレス運転の状況

日本では、ゆりかもめと東京都日暮里舎人ライナー、大阪市のニュートラム、神戸ポートライナーなどのAGTで完全ドライバーレス運転（GoA4）が行なわれています。

地下鉄の福岡市交通局七隈線は、GoA3のシステムで構成されていますが、運転台に運転資格を持った添乗員が乗車して「ドア閉抑止」操作のみしているためGoA2レベルのATOワンマン運転となっています。また、モノレールの舞浜リゾートラインは車掌（添乗員相当）を乗せたGoA3で運転しています。一方、JR九州の香椎線では車両運転台に添乗員を乗せた自動運転GoA2.5を目指して、実証実験を継続しています。

海外地下鉄での世界最初の無人（ドライバーレス）運転は、ゴムタイヤによるVAL方式（AGT）によるものとしては、1983年に開業したフランスのリールの地下鉄が最初です。また、本格的な地下鉄としては、1994年フランスのリヨンのD線で初めて実施されました。その後、アジアを含む世界

※ **GoA**：Grade of Automation

の多数の都市で無人運転が実施されています。

少子高齢化、運転の自由度向上（高密度運行、需要への弾力的対応）、経営資源の最小化高密度運行、需要への弾力的対応などさまざまなメリットがあることから、近年所要の安全対策を講じた上で急速に普及しつつあります。

ドライバーレス運転システムの構成

ドライバーレス運転システムは、従来のATOワンマン運転方式の鉄道設備に加えて、機器の2重系構成やバッテリーバックアップなどの車両設備機能、地上設備機能の充実、および地上―車上間の情報伝送設備機能の充実により、地上指令員（OCC係員）と車両機器で、車両乗務員（運転士）に代わり、車両の乗客情報・機器情報の異常時対応に対処できるシステムです。即ち、ドライバーレス運転を行なうにあたり、線路の安全確保、事故の拡大防止、異常時の旅客の安全確保（確実な避難誘導など）の観点から従来の運転方式と同等以上の対応ができることが必要です。

▲ゆりかもめ
（完全ドライバーレス運転状況）

▲東京都日暮里・舎人ライナー
（完全ドライバーレス運転状況）

▲福岡市交通局七隈線
（ホーム柵で乗客の線路への転落防止）

▲福岡市交通局七隈線
（運転台への添乗員乗車状況）
後部運転台は、運転設備をカバーでとじているので、乗客は自由に利用できます。

13
新技術

13-4 燃料電池車両

水素と酸素を結合すると電気と水ができる原理が燃料電池です。この燃料電池の仕組みを車両に搭載した電車に応用し、実験車両を経て営業線での試験走行を開始する予定です。既に、バスは、JR 東日本・東急電鉄・東京都営等で使用されています。鉄道では、JR 総研で実験車、JR 東日本で実験車・試験車を造り、開発・実用化中です。海外でも同様に開発・実用化をしています。

車両システムの構成

車載水素貯蔵ユニットからの水素（H_2）と空気中の酸素（O_2）を燃料電池に供給して直流電力を発電するものです。この発電した直流電力は、一旦、DC/DC コンバーターで直流電力に変換し、この直流電力をインバーターで交流に変換し、駆動用交流電動機に供給して電車を加減速します。なお、直流電力の安定化とブレーキエネルギー（回生）電力吸収を目的に主回路用蓄電池を並列に接続する構成です。

■燃料電池を使用したハイブリッドシステム■

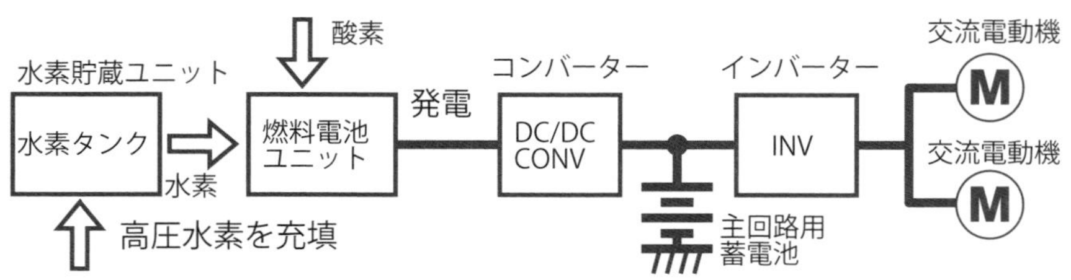

車両システムの特徴

燃料電池は将来にわたり安定的にエネルギーを確保するエネルギーの多様化の実現、CO_2 排出量の削減などのメリットがあります。そのための水素は、水の電気分解による水素製造はもちろん、石炭やガスなど多様な資源から製造できるのが大きな利点です。

JR 東日本では、水素を燃料とする燃料電池と蓄電池を電源とするハイブリッドシステムを搭載した試験車両を製作しました。水素を燃料とすることにより、将来にわたり安定的にエネルギーを確保するエネルギーの多様化の実現や、CO_2 排出量の削減などのメリットがあります。

▲鉄道総合技術研究所 R291
＊写真提供：公益財団法人鉄道総合技術研究所

▲JR 東日本 FV-E991「Hibari」
＊写真提供：JR 東日本

3 種類の水素の製造技術

水素の製造工程や CO_2 排出要否により、「グレー」「ブルー」「グリーン」3 種に分類されます。

①グレー水素：あまり使用されておらず、安価な「褐炭」（低品位な石炭）や、未使用のガスなどを原料として使う改質法があります。このような化石燃料からつくられた水素です。
②ブルー水素：化石燃料からの水素の製造工程で排出された CO_2 を回収して貯留 / 利用する「CCS※」「CCUS※」技術との組み合わせで、排出量の削減手法で CO_2 排出をおさえた水素です。
③グリーン水素：再生可能エネルギー（太陽光や風力発電）などを使って、水の電解法で CO_2 を排出せずにつくられた水素です。

水素製造の低コスト化のためには、以下の努力が必要です。

①安価な原料を製造に利活用。
②大量製造や大量輸送の可能なサプライチェーンの構築。
③燃料電池自動車（FCV※）や発電・産業利用などで大量に水素を利用。

出典：「NEDO 水素エネルギー白書」

※ **CCS**：Carbon Capture and Storage. 二酸化炭素の回収・貯留。
※ **CCUS**：Carbon dioxide Capture,Utilization and Storage. 分離・貯留した CO_2 を利用するための技術
※ **FCV**：Fuel Cell Vehicle.

13-5 ハイブリッド車両とバイモード車両

ハイブリッド車両は、ディーゼル発電機と蓄電池を併用し非電化区間を走行する車両です。JR 東日本の小海線で世界で初めて開発され、その後、JR 西日本・JR 東海でも実用化しました。バイモード車両は、複数の動力源から電力を供給され、電化区間と非電化区間を走行できる車両です。電化区間は架線から電力を供給される電車で走行し、非電化区間は、ディーゼル発電機またはバッテリーを動力源として走行します。

ハイブリッド車両

動力システムの革新により、環境負荷低減を図ることを目的に、JR 東日本では NE Train を試作し、世界で初めてのハイブリッド車両のキハ 200 を小海線に登場させました。ディーゼル発電機と蓄電池を併用した駆動電動機で加減速走行できるハイブリッドシステムです。

ハイブリッド車両の駆動システム構成

ディーゼルエンジン（EN）、発電機（G）、蓄電池（Bat）、主変換装置のコンバーター（CONV）とインバーター（INV）、交流電動機（M）で構成されています。この主変換装置は最近の通勤電車に使用されている機器との共通化を図り、保守軽減、電車並みの走行性能を実現しました。

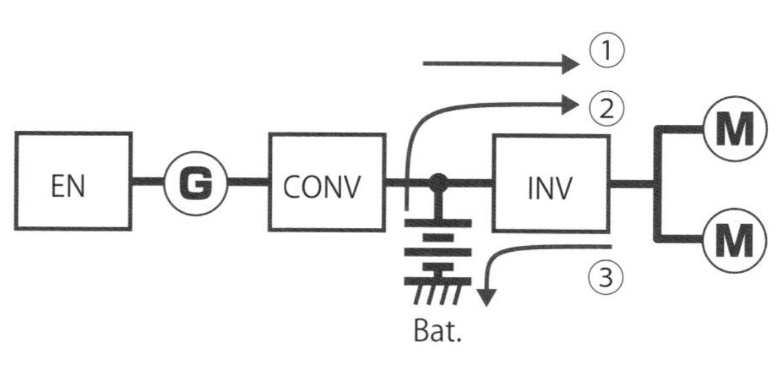

起動②
起動時はバッテリーからモーターと車両の電気設備に電気を供給する。

加速①+②
加速時はエンジンを起動し、発電機とバッテリーから電気を供給する。

減速③
ブレーキ時は、モーターを発電機に変えて、バッテリーに電気を充電する。

ハイブリッド車両の特徴

ハイブリッドシステムにより、ブレーキ時の回生エネルギーを有効利用して、従来の気動車に比べて２０%程度の省エネルギー化が図れています。最新の排ガス対策エンジンで交流発電機を駆動することにより、発電された電力を直接または一度蓄電池に蓄えて、その電力により、加速時はモーターを駆動し、ブレーキ時は、駆動用モーターを発電機として利用して、その回生エネルギーを蓄電池に蓄積し、次の起動時に動力として再利用します。

このほか、JR 東海でも同様なハイブリッド車両 HC85 が登場しました。海外でも実用化中です。

■ハイブリッド車両の応用例■

▲JR 東日本小海線

▲JR 東日本羽越本線他

▲JR 東日本東北本線仙石線

バイモード車両

複数の動力源から電力が供給され、電化区間と非電化区間を走行できる車両です。非電化区間は、ディーゼル発電機や蓄電池、電化区間は、直流・交流電力から供給されます。いずれも交流電動機で加減速走行できる車両です。日本のみならずイギリスでも実用化され始めています。

直流電化区間は架線から電力を供給し、非電化区間はバッテリーから電力を供給してバッテリーのみで走行できる車両「でんちくん（ACCUM）」がJR 東日本（東北本線と烏山線）で実用化されました。交流電化区間版は、JR 九州の香椎線・筑豊本線（若松線）で「デンチャ」が実用化され、JR 東日本の男鹿線にも登場しました。さらに交流（AC20kV/25kV、50/60Hz）・直流電化区間（DC1500V）・非電化区間を自由に走行できる車両も登場しました。ここでは、非電化区間と電化区間両用のバイモード車両を紹介します。

バイモード車両の応用例：蓄電池＋直流 / 交流電力

非電化区間は蓄電池で走行し、電化区間はそれぞれの直流 / 交流電力で電車として走行します。

■駆動システム構成（蓄電池、直流電力）の例■

・**直流電化区間**
直流架線から電力供給＋変換器＋交流電動機、回生利用

・**非電化区間**
蓄電池から電力供給＋変換器＋交流電動機、回生利用

▲JR 東日本烏山線（蓄電池）非電化区間

▲JR 東日本宇都宮線（直流架線）電化区間

▲JR 烏山駅の充電設備（終端駅）非電化区間

■駆動システム構成（蓄電池、交流電力）の例■

・**交流電化区間**
交流架線から電力供給＋変圧器＋変換器＋交流電動機、回生利用

・**非電化区間**
蓄電池から電力供給＋変換器＋交流電動機、回生利用

▲JR 九州香椎線
香椎駅で交流 20kV60Hz 架線から充電

▲ JR 九州香椎線、筑豊本線（蓄電池、交流 20kV60Hz）非電化区間

▲JR 東日本男鹿線（蓄電池、交流 20kV50Hz）非電化区間

バイモード車両（非電化 DEC、直流電力、交流電力（50Hz、60Hz））

非電化区間は電気式気動車（DEC）で走行し、直流電化区間は通常の直流電車で、交流電化区間は、通常の交流電車（20/25kV、50/60Hz）で走行します。

駆動システム構成：JR 東日本 E001 の例

- **非電化区間：DEC（電気式気動車）**
  ディーゼル発電機（交流）＋変換器＋交流電動機
- **電化区間：交流 / 直流両用電車**
  交流区間：交流架線から電力供給＋変圧器＋変換器＋交流電動機
  直流区間：直流架線から電力供給＋変換器＋交流電動機

▲直流 1500V 電化区間

▲交流 20kV50Hz 電化区間*
＊写真提供：三上晴康

▲非電化区間*
＊写真提供：島村聡彦

バイモード車両（交流直流両用車両）

郊外の駅間の長い区間は、交流電化で高電圧給電で変電所間隔を伸ばし、電力き電設備を簡素化し、都心部の駅間が短く運転間隔の短い区間は、直流電化する方式が、海外でも日本でも実用化されています。この直流区間と交流区間を相互直通運転する電車を交流直流両用電車と云います。

▲常磐線通勤 531 系

▲つくばエクスプレス 3000 系

▲イギリス：ロンドン*
＊写真提供：望月健人

13-6 電気式気動車（DEC）

省エネ化と省保守化を目的に、従来のディーゼル動車に替わり、ディーゼル発電機の交流出力を交流電動機で走行できる車両をJR東日本はじめJR各社の非電化区間で導入を開始しています。これは、ディーゼル電気機関車（DEL：Diesel Electric Locomotive）の電車版で、電気式気動車（DEC：Diesel Electric Car）です。

今まで、日本のディーゼル車両は液体式変速機が主流であり、ディーゼル機関車などやディーゼル動車が普及していましたが、駆動システムの発展により、変換装置の小型軽量化が進み、実用化されていました。その電車版です。

システム構成

従来はディーゼルエンジンの回転力を直接、歯車を介して駆動軸に伝え、車輪を回させて車両を走らせる構成でしたが、このディーゼルエンジンの回転力を交流発電機で一旦電気エネルギーに変換し、その電気エネルギーを駆動電動機の回転力に変えて車両を走行させる構成です。

今までは、この電気エネルギーから速度を可変させる駆動電動機への変換装置の部分が大型で重く、車両の床下に取り付けできませんでしたが、パワーエレクトロニクスの発展で、小型軽量の変換装置が構成でき、省保守のDECが実現できました。

なお、このDECの実用化に先立ち、ハイブリッド気動車の開発実用化が先行して、この先行した技術開発の応用で実現できたといってもよいです。

■構成図■

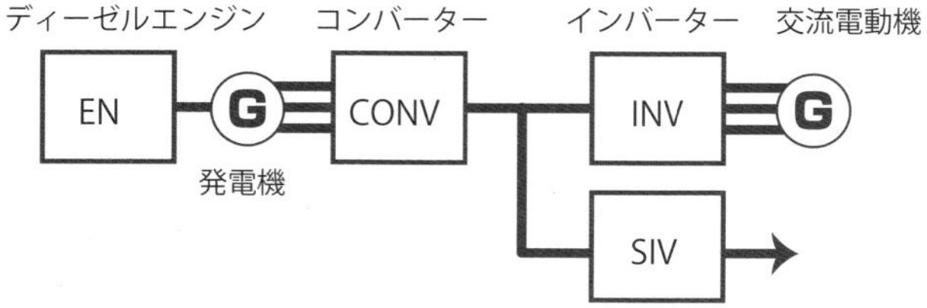

ディーゼルエンジン始動時は、変換装置内の蓄電池とコンバーターで交流発電機をモーターとして回転させてディーゼルエンジンを始動します。ディーゼルエンジンが所定回転数になり、自立・安定的な運転状態と移行すると基本的なディーゼルエンジンと交流発電機の構成になり、コンバーターで一旦直流に変換し、インバーターで交流駆動電動機を制御をし、車両を加減速します。

特徴

従来のディーゼルエンジン部分が小型軽量化され、車輪に回転力を伝達する推進軸等の機械部品が簡略化され、歯車装置は残りますが、交流発電機＋変換装置＋交流電動機等の電気設備で構成します。

この変換装置は最近の通勤電車に使用されている機器との共通化を図り、保守軽減等で維持管理が軽減され、電車並みの走行性能を実現しました。

高効率なディーゼル発電機と高効率な駆動システムの実現で、従来の気動車に比べて、車両の軽量化とも相まって省エネ性・省保守性も格段に向上しました。このDECは、ハイブリッド気動車から蓄電池を除いた構成で、軽量化を図り、省エネ化を考慮しています。

応用例

JR東日本、JR北海道、JR九州、JR西日本等の非電化区間の気動車に対する高性能な車両の代替えで急速に普及し始めています。

▲JR東日本：羽越本線
＊写真提供：島村聡彦

▲JR北海道：函館本線

▲JR九州：佐世保線
＊写真提供：笠原広和

▲JR東日本：五能線

▲JR西日本：DEC700

▲JR北海道：宗谷本線

13-7 DMV

デュアル・モード・ビークル（DMV: Dual Mode Vehicle）とは、鉄道とバスを乗り換えなしで利用でき、住民のための地域公共交通がより便利に、より効率的になり、世界に類のない車両交通システムです。また車両自体が観光資源となり、地域活性化が期待されています。

概要

このDMV方式はヨーロッパで考案されましたが実用化されませんでした。その後JR北海道のローカル線向けに開発され、現在は四国の阿佐海岸鉄道のDMV（軌道と道路を走行）として、世界で初めて実用化されました。鉄道の非電化区間（気動車）と道路（バス）の両方を走行できる小容量の輸送システムです。非電化区間のレールバスの代替え・応用です。

地方交通に関する鉄道のシームレス化・鉄道MaaSの例でもあります。バスと鉄道の乗換がなく、高齢者にもバリアフリーのシステムです。

導入の目的と特徴

鉄道の閑散線区の地域活性化、鉄道と道路のシームレス化、バリアフリー化、災害発生時の移動手段の確保等が導入の目的です。その特徴は以下のとおりです。

①観光資源として地域活性化に貢献します。
②高齢化が進む地域における鉄道とバスの継ぎ目を無くしたシームレスな交通体系の構築を目指します。高架駅での階段など、足の不自由な方や高齢者の移動の負担をなくし、まちと病院を直結できます。
③防災面での貢献ができ、災害が発生した場合、移動手段や物資の輸送などに鉄道も道路も利用できます。

構造（モードチェンジ）

自動車に鉄車輪を装備して、道路ではゴムタイヤで自動車走行します。鉄道では、道路⇒鉄道走行の「モードチェンジ」に入ったら、車体の下から前後の鉄車輪が下降します。その後、鉄車輪がレールに乗り、前のゴムタイヤが浮くまで押し上げられ、後ろタイヤはずっと接地したままです。

このモードチェンジが完了したら、鉄車輪がレール上をガイドして、後ろのゴムタイヤの力でレール上を走行します。鉄道から道路へはこの逆に鉄道⇒道路走行のモードチェンジをして道路上を走ります。

乗客は乗れませんが、軌道維持管理用トラックの軌陸車(きりくしゃ)に似ています。

応用例：阿佐海岸鉄道

DMVは阿波海南文化村から阿波海南駅までをバスモードで、阿波海南駅から海部駅、宍喰駅、甲浦駅まで8.5kmを鉄道モードで、再度バスモードになって海の駅東洋町、道の駅宍喰温泉までの区間を往復 運行します。

また、土日祝日は上記の運行に加え、海の駅東洋町から室戸方面 へ1日1往復運行し、むろと廃校水族館、室戸世界ジオパークセンタ ー、室戸岬、海の駅とろむ（室戸ドルフィンセンター）で停車します。

阿波海南駅では、JR四国牟岐線と乗り継ぎができ、海の駅東洋町では 高知東部交通と徳島バス南部との接続場所となっています。

■運行路線図■

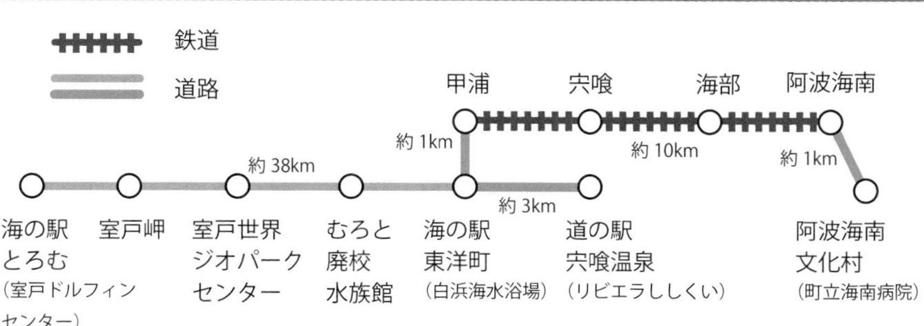

■DMVの運行状況■

▲鉄道走行時

▲道路走行時

▲モードチェンジ時

▲鉄道用前車輪の様子

▲鉄道用後車輪の様子

▲モードチェンジ部

▲海岸線に沿って走る阿佐海岸鉄道 DMV

おわりに

本書制作の経緯と謝辞

秀和システムの『図解入門 よくわかる 最新 鉄道の技術と仕組み』の姉妹編である『図解入門 よくわかる 最新 都市交通の基本と仕組み』をお届けします。

本書制作の背景を簡単に書いておきます。『鉄道の技術』（2020 年）を発刊したあと、担当編集者と都市交通について話をしていましたら、「面白そうなので企画案を作ってください」と言われたのが 2021 年 3 月のことです。そこで、都市交通やまちづくりの専門家に声をかけ、企画案と目次案を詰めていきました。その結果、2021 年 6 月に企画を通していただき、制作作業が本格化しました。

『鉄道の技術』に参加していただいた磯部栄介氏・阿佐見俊介氏・鷲田鉄也氏には継続して参加いただき、都市交通やまちづくりに詳しい田中圭介氏・川端剛弘氏・山内康弘氏・左近嘉正氏・上野元嗣氏に新規執筆者となっていただきました。これで制作体制が整いました。

しかしながら、新型コロナウイルス感染拡大に伴ない、直接の打合せがほとんど困難になり、オンライン会議やメール・電話による連絡により編集作業を進めました。本来なら 1 年前に刊行の予定でしたが、情報収集や内容の検討に時間がかかり、結局 2023 年 3 月の発刊となりました。

今回の本も図解シリーズですので、図だけでなく、都市交通システムの写真を多く掲載することにしました。コロナ禍で写真撮影は困難なため、磯部栄介氏の豊富な写真ライブラリーを活用させていただきました。

多くの方々に本書を活用していただき、SDGs で目標とする地球環境問題改善の一助になれば、執筆者一同大変嬉しく思います。

最後になりましたが、本書制作にあたりお世話になった方々のお名前を挙げ、謝辞に代えさせていただきます。

本書制作でお世話になった方々

●法人など（順不同）

独立行政法人国際協力機構（JICA）、国土地理院、公益財団法人鉄道総合技術研究所、東日本旅客鉄道株式会社、三菱重工業株式会社、東急株式会社、東急建設株式会社、公益財団法人東日本鉄道文化財団交通博物館、一般社団法人日本地下鉄協会、一般社団法人横浜みなとみらい21、大阪市高速軌道株式会社、横浜市交通局、福岡市交通局、宇都宮市役所、いすゞ自動車株式会社、ダイムラー・トラック社（Daimler Truck Holding AG）、名古屋ガイドウェイバス株式会社、三菱ふそうトラック・バス株式会社、株式会社鉄友社、AGT研究所、有限会社ケイエム·プラニング トランデュ·モンド、慶応義塾大学鉄道研究会

●個人（50音順、敬称略）

穴水俊太朗、岩滝雅人、大井孝弘、大場喜幸、岡見沙里夏、荻原俊夫、亀井秀夫、後藤文男、笠原宏和、酒井邦登、下田城、島村聡彦、根岸圭介、萩原武、藤森啓江、増川正久、松本陽、三浦一幹、三上晴康、望月健人、森下達志、矢崎康雄、山田健斗、山田信一、陸康思

2023年2月

秋山芳弘

索　引
INDEX

T

U V

W X Y Z

あ行

か行

さ行

た行

な行

は行

ま行

や行

ら行

●参考文献

『図解入門 よくわかる最新鉄道の技術と仕組み』(秋山芳弘・阿佐見俊介他、秀和システム、2020 年)
『鉄道技術用語辞典 第 2 版』((財) 鉄道総合技術研究所、丸善、2006 年)
『数字でみる鉄道 2021』(国土交通省鉄道局監修、(一財) 運輸総合研究所、2022 年)
『新しい都市交通システム－ 21 世紀のよりよい交通環境をめざして』(都市交通研究会、山海堂、1997 年)
『これからの都市交通』(都市交通研究会、山海堂、2002 年)
『鉄道の地理学』(青木栄一、ＷＡＶＥ出版、2008 年)
『東京の鉄道ネットワークはこうしてつくられた－東京を大東京に変えた五方面作戦－』(高松良晴、交通新聞社新書、2015 年)
『まちづくりと一体となった LRT 導入計画ガイダンス』(国土交通省都市・地域整備局、2005 年)
『鉄道で世界をつなぐ－海外プロジェクトの現状と展望』(国際協力機構 (JICA) 運輸交通ナレッジ、日刊建設工業新聞社、2021 年)
シリーズ「日本の開発協力史を問いなおす」第 5 巻『インフラ協力の歩み－自助努力支援というメッセージ』(山田順一、東京大学出版会、2021 年)
『最新 図解で早わかり MaaS がまるごとわかる本』(楠田悦子・森口将之、ソーテック社、2020 年)
「DB Navigator 10 年の進化と『その先』 －アプリでできること・できないこと－」(遠藤俊太郎、『運輸と経済』、(一財) 交通経済研究所、2020 年 4 月)
『MaaS モビリティ革命の先にある全産業のゲームチェンジ』(日高洋祐・牧村和彦・井上岳一・井上佳三、日経 BP、2018 年)
『Beyond MaaS 日本から始まる新モビリティ革命 ―移動と都市の未来―』(日高洋祐・牧村和彦・井上岳一・井上佳三、日経 BP、2020 年)
『MaaS が都市を変える : 移動×都市 DX の最前線』(牧村和彦、学芸出版社、2021 年)
『世界の鉄道』((一社) 海外鉄道技術協力協会、ダイヤモンド社、2020 年)
『完全版 世界の地下鉄』((一社) 日本地下鉄協会編、ぎょうせい、2020 年)
『世界の鉄道調査録』(秋山芳弘、成山堂書店、2020 年)

●著者プロフィール

秋山　芳弘（あきやま　よしひろ）

1953年岡山県西大寺市生まれ。1976年東京大学工学部卒業後、日本国有鉄道に入る。日本鉄道建設公団・（社）海外鉄道技術協力協会を経て、現在は日本コンサルタンツ（株）に所属。世界101か国を訪問し、約40か国で鉄道コンサルティングを行なうとともに、海外の鉄道情報を日本の鉄道関係者に幅広く紹介する。
専門は鉄道計画・交通計画。主な著書に『世界の鉄道調査記録』（成山堂書店）、『世界の鉄道』（編著、ダイヤモンド社）、『鉄道で世界が見える！』（全9巻、旺文社）、『世界にはばたく日本力　日本の鉄道技術』（ほるぷ出版）、『世界鉄道探検記』（全3冊、成山堂書店）などがある。

全体監修
執筆：5章　6章　8章　12章　他

阿佐見　俊介（あさみ　しゅんすけ）

1989年、滋賀県野洲市生まれ。2014年京都大学大学院農学研究科を卒業後、西日本旅客鉄道株式会社に入る。主に運転部門の業務を経験した後、日本コンサルタンツ株式会社に出向。インド国鉄道の安全性向上調査、コロンビア国の都市交通計画、インドネシア国鉄道運営維持管理プロジェクトなど、海外鉄道に関するコンサルティング業務に携わる。現在は総合系コンサルティングファームに所属。
専門は運転。共著に『図解入門　よくわかる　最新鉄道の技術と仕組み』（秀和システム）、『世界の地下鉄』（ぎょうせい）などがある。

執筆：9章　他

磯部　栄介（いそべ　えいすけ）

1948年、東京都世田谷区生まれ。1971年、慶應義塾大学工学部卒業後、株式会社日立製作所に入る。現在、一般社団法人日本地下鉄協会で、地下鉄に関する技術協力を行なう。
専門は電気鉄道とその関連技術。慶應義塾大学鉄道研究会所属。電気学会・日本技術士会所属、技術士（総合技術監理、機械、電気電子部門）。第　31回市村産業賞受賞、電気学会「第10回　でんきの礎」顕彰受賞
主な共著に『最新　世界の地下鉄』（ぎょうせい）、『図解入門　よくわかる　最新鉄道の技術と仕組み』（秀和システム）、『これからの都市交通』（山海堂）などがある。

執筆：3章　8章　11章　13章　他

上野 元嗣（うえの もとつぐ）

1988年、兵庫県生まれ。2012年、静岡大学工学部を卒業後、東海旅客鉄道株式会社に入社。駅係員や新幹線乗務員を約7年間経験した後、日本コンサルタンツ株式会社に入社。入社後は、東南アジア諸国における都市鉄道に関する新規開業路線の運転計画の策定や諸外国の鉄道に関する各種調査業務に従事。現在は、総合系コンサルティングファームに所属し、国内の鉄道事業者向けのコンサルティング業務に従事。
専門は乗務員の教育・指導業務や運転計画の策定など。東海道新幹線の運転士をしていた経験を有する。

執筆：5章 10章 コラム 他

川端 剛弘（かわはし たけひろ）

1984年、岐阜県高山市生まれ。2010年に東北大学大学院情報科学研究科を修了後、建設コンサルタント会社にて国内外の鉄道、道路事業における計画、設計及び維持管理業務に従事。2017年より（独）国際協力機構にて東南アジア、南アジア、南米及びアフリカの公共交通事業の形成や設計、運営維持管理段階における技術協力に従事。2022年よりフィリピンの鉄道事業を担当。
共著に、「世界の地下鉄」（ぎょうせい）、「鉄道で世界をつなぐ －海外プロジェクトの現状と展望」（日刊建設工業新聞社）などがある。

執筆：7章 10章 他

左近 嘉正（さこん よしまさ）

1972年滋賀県栗東市生まれ。1998年に京都大学大学院工学研究科を修了後、中央復建コンサルタンツ株式会社に入社。日本国内の道路構造物（トンネル、橋梁など）の計画・設計業務に従事したのち、2010年より海外鉄道のコンサルタント業務に従事。アジアやアフリカ諸国の開発途上国を中心に鉄道技術に関する情報収集調査、技術支援調査などの現地調査に参加。現在は、日本国内外の地下鉄構造物の新設設計や改良設計に従事。
共著に、「世界の鉄道」（ダイヤモンド社）、「世界の地下鉄」（ぎょうせい）、「新幹線と世界の高速鉄道」（ダイヤモンド社）などがある。

執筆：4章 6章 他

田中　圭介（たなか　けいすけ）

1982年、大阪府八尾市生まれ。2007年、東京大学公共政策大学院修了後、国土交通省入省。同省鉄道局国際課、英国留学（オックスフォード大学大学院地理・環境学部）、在マレーシア日本国大使館（鉄道等の運輸交通担当）、等を経て、現在は（独）国際協力機構・社会基盤部運輸交通グループにて勤務中。フィリピン、ベトナム、ミャンマー、東欧等の開発途上国の鉄道関連プロジェクトを担当。
専門は、鉄道政策、経済地理。共著に「鉄道で世界をつなぐ　－海外プロジェクトの現状と展望」（日刊建設工業新聞社）。

執筆：10章　12章　他

山内　康弘（やまうち　やすひろ）

1970年、札幌市生まれ。1995年、東北大学大学院情報科学研究科を卒業後、八千代エンジニヤリング株式会社に入る。国内の街づくりや交通施設の調査、計画業務を経験し、現在、主に海外の道路や鉄道などの交通インフラ整備のコンサルティング業務を行う。
専門は交通計画・都市計画。これまでアジア、中東、南米、アフリカ等世界30カ国以上を対象とした業務を経験する。技術士（総合技術監理部門、建設部門）。

執筆：7章　他

鷲田　鉄也（わしだ　てつや）

主に国内の鉄道を対象にした「乗る」「撮る」「調べる」をライフワークとする鉄道愛好家。鉄道関連書の企画、執筆にも携わる。
主な共著・執筆協力：
「分冊百科　歴史でめぐる鉄道全路線（ＪＲ・国鉄編、大手私鉄編、公営鉄道・私鉄編）」（朝日新聞出版）、「世界の高速列車Ⅱ」（ダイヤモンド社）、「図解　鉄道の技術」（ＰＨＰ研究所）、「日本鉄道事始め」（ＮＨＫ出版）、「動く図鑑　MOVE　鉄道」（講談社）、「図解入門　よくわかる最新　鉄道の技術と仕組み」（秀和システム）など

執筆：1章　2章　他

図解入門 よくわかる 最新 都市交通の基本と仕組み

発行日 2023年 3月17日 第1版第1刷

監　修 秋山　芳弘

著　者 阿佐見　俊介／磯部　栄介／上野　元嗣
川端　剛弘／左近　嘉正／田中　圭介
山内　康弘／鷲田　鉄也

発行者 斉藤　和邦

発行所 株式会社　秀和システム
〒135-0016
東京都江東区東陽2-4-2　新宮ビル2F
Tel 03-6264-3105（販売）　Fax 03-6264-3094

印刷所 三松堂印刷株式会社　Printed in Japan

ISBN978-4-7980-6572-4 C0065